上海社会科学院哲学社会科学创新工程
"中国特色新型智库研究平台"系列成果

上海社会科学院智库研究中心
当代国际智库译丛

杨亚琴 李凌 / 主编

Think Tanks as Catalysts

DEMOCRATIZATION AND
MARKET REFORM
IN DEVELOPING AND
TRANSITIONAL COUNTRIES

智库的催化作用
转型国家的改革之路

[美] 詹姆斯·G.麦甘 (James G.McGann) / 著

谢华育 等 / 译

上海社会科学院出版社
SHANGHAI ACADEMY OF SOCIAL SCIENCES PRESS

Routledge
Taylor & Francis Group

"当代国际智库译丛"编委会

致　谢

冷战以后，世界许多国家都经历了政治和经济改革，在这些改革中，智库发挥了重要作用，本书正是多年来对这一问题研究的成果。这一工程可不小，我有幸得到学者、公共和私人捐助者、智库管理者和政府间组织的帮助，这样就可以识别出对 20 多年前的民主化和市场改革进程起关键作用的智库。许多个人和组织为本书推荐了可供研究的案例，对他们我要表示感谢，同时我还要感谢为这些案例提供背景信息的机构。对于这一研究项目的成功，这些贡献至关重要。

我之前的几个研究实习生为本书的手稿收集数据，他们的作用同样重要，他们是：奥古斯丁·玛里奈利、弗朗西斯卡·布罗迪、凯尔·贝尔、达比·克雷厄、凯蒂·梅特卡夫、凯瑟琳·普吕斯、西达尔特·沙阿、苏明·索恩、汉娜·塔克。

最后，我想感谢我的妻子艾米丽（Emily）和女儿玛娅（Maya），每天在漫长的研究和写作之后，她们总会把光明和欢笑带进我的办公室。

译丛总序

2008 年 6 月，习近平同志写信祝贺上海社会科学院院庆时提出，"从新的历史起点出发，继续全面建设小康社会，加快推进社会主义现代化，必须坚定不移地繁荣发展这些社会科学"，要求我院"高举中国特色社会主义伟大旗帜，大力推进学科体系建设，加强科研方法创新，为建设国内一流、国际知名的社会主义新智库而努力奋斗"。2009 年，上海社会科学院智库研究中心成立，成为全国首家专门开展智库研究的学术机构。

为了体现"国内一流、国际知名"的要求与目标，智库研究中心紧紧围绕"智库研究"与"智库产品转化"两大核心内容，秉持实体化、专业化、国际化路线，首开中国智库排名之先河，率先在全国范围内开展智库问卷调查，通过主、客观相结合的方法，建立智库评价标准，获得了学界和决策咨询部门的认可；同时，中心持续跟踪国内外智库动态，通过举办"上海全球智库论坛"和"新智库论坛"，广泛联结各类智库机构和决策部门，凝心聚力有影响力的智库专家、学者和建设者，形成了以《中国智库报告——影响力排名与政策建议》为品牌、以上海新智库专报为平台、以智库论坛为纽带的工作机制，为引导和推进中国特色新型智库体系建设贡献绵薄之力。

智库研究中心十分重视智库研究的国际化，特别是与国际顶级智库之间的密切联系与合作，旨在立足广阔的全球视野，推动中国智库蓬勃发展。早在 2010 年，中心就组织科研力量，翻译了安德鲁·里奇的《智库、公共政策和专家治策的政治学》和唐纳德·埃布尔森的《智库能发挥作用吗？——公共政策研究机构影响力之评估》两本在国际上颇具影响力的智库专著；2012 年，中心与美国宾夕法尼亚大学智库项目组签订了战略合作框架，邀请麦甘博士来访；2013 年年底，《中国智库报告》项目组回访美国宾夕法尼亚大学智库项目组；2015 年，上海社会科学院进入国家高端 25 家试点单位之后，中心进行实体化运作；2016 年，中心项目组再度造访美国，与布鲁金斯学会、华盛顿信息技术与创新基金会、哥伦比亚大学魏德海东亚研究所和诺恒经济咨询公司的智库专家开展面对面交流；2017 年 6 月，《中国智库报告》(英文版)首度在海外(伦敦)发布，中心项目组还同时拜访了查塔姆学会，以及伦敦政治经济学院国际事务与外交战略研究中心、伦敦国王学院中国研究院、皇家三军防务研究所、国际战略研究所、英国国家学术院等多家英国著名智库。

呈现在读者面前的这套"当代国际智库译丛"，是自 2016 年起智库研究中心与上海社会科学院出版社共同策划的一项重要成果，也体现了智库研究中心一直以来的国际化特色。智库研究中心精心挑选，认真组织科研力量进行翻译工作，旨在借助于世界一流智库专家的最新著述，把他们的观点与学识引入国内，以期引起国内同行及智库建设者的关注与研讨，增长见闻、拓宽视野。希望这套丛书的出版，为读者全面了解不同国家和地区智库发挥作用的机制及其差异，揭示智库成长的一般规律与特殊条件，从国别、年代、制度等多个维度考察智库的影响力打开"一扇窗户"，给读者带来更多的启示、借鉴与思考，为中国特色新型智库体系建设，借他山之石，谋更好发展。

上海社会科学院智库研究中心名誉理事长　王荣华
2017 年 10 月

译者序

《智库的催化作用:转型国家的改革之路》是詹姆斯·G.麦甘博士又一智库研究的力作。麦甘博士把视角聚焦在全球各大洲的发展中国家,考察这些国家的智库对该国转型和改革之路是否产生了积极影响,即"催化"作用。

本书最精彩之处在于,书中给出了诸多发展中国家智库发展的经典案例,这些智库大多在其国家发挥了强大的决策资政作用。麦甘博士一方面以美国宾夕法尼亚大学"智库研究项目"《全球智库报告》的评价标准给予这些发展中国家智库多方位的分析,另一方面,他又意图使智库研究与西方主流的政治理论和转型经济理论相衔接,为智库研究奠定相应的理论基础。毫无疑问,这些探索值得称道,其中的一些研究思路和方法也值得我们借鉴。但是,应该提请读者注意的是,阅读本书时应该对其中的许多论断进行批判性的鉴别,特别是作者理论建构上的薄弱和意识形态上的偏颇,我们都应该以一种科学、严谨、客观的态度加以对待。

本书的翻译是上海社会科学院智库研究中心一项重要的学术研究。谢华育负责全书正文、部分案例表格和注释的翻译。姜泽协助完成了注释部分的翻译,并从事了大量案例表格部分的翻译,参与案例部分翻译的还有唐亚汇、张春林、窦大鹏等。本书的翻译过程得到了智库研究中心执行主任杨亚琴老师、副主任李凌老师的鼎力支持,智库研究中心的其他成员王成至老师、周亚男和王贞也都在翻译过程中给予了极大的帮助,在此向他们表示最真挚的谢意。

译者
2017 年 10 月

目 录

附　录

导　言

　　在美国和其他地方,智库学者、捐赠者和参与者的数量在增加,借此人们注意到独立的公共政策研究机构——通常所说的"智库"——在数量和影响力上的发展。① 地区性和全球性的政府间组织,如联合国、世界银行、亚洲发展银行和北大西洋公约组织,它们近来都认识到其在政策制定过程

---

① 参见詹姆斯·麦甘《美国的智库与政策咨询:学者、咨询者和宣传者》(*Think Tank and Policy Advice in the US: Adacemics, Advisors and Advocates*, Oxford: Routledge, 2007);詹姆斯·麦甘和埃里克·C. 约翰逊(Erik C. Johnson)《比较智库、政治和政策》(*Comparative Tanks, Politics and Public Policy*, Cheltenham: Edward Elgar, 2005)、安德鲁·里奇(Andrew Rich)《智库、公共政策和专家治策的政治学》(*Think Tanks, Public Policy, and the Politics of Expertise*, Cambridge: Cambridge University Press, 2004);詹姆斯·A. 史密斯(James A. Smith)《思想的经纪人:智库和新政策精英的兴起》(*Idea Brokers: Think Tanks and the Rise of the New Policy Elite*, New York: Free Press, 1991);詹姆斯·麦甘、R. 肯特·韦弗(R. Kent Weaver)《智库与公民社会:思想和行动的催化剂》(*Think Tanks and Civil Societies: Catalysts for Ideas and Actions*, New Brunswick: Transaction, 2000);黛安娜·斯通(Diane Stone)、安德鲁·德纳姆(Andrew Denham)和马克·加内特(Mark Garnett)《跨国智库:一种比较方法》(*Think Tanks across Nations: A Comparative Approach*, Manchester: Manchester University Press, 1998);唐纳德·E. 埃布尔森(Donald E. Abelson)《智库重要吗? 评价公共智库影响》(*Do Think Tanks Matter? Assessing the Impact of Public Policy Institutes*, Montreal and Ithaca: McGill-Queen's University Press, 2002);唐纳德·E. 埃布尔森《国会的想法:智库和美国外交政策》(*A Capitol Idea: Think Tanks and US Foreign Policy*, Montreal and Ithaca: McGill-Queen's University Press, 2006);詹姆斯·麦甘《学者到意识形态的盲从者:美国智库简史》(Academics to Ideologues: A Brief History of Think Tanks in America)、《政治科学和政治学》,1992 年 12 月,以及 R. 肯特·韦弗《智库的变动世界》(The Changing World of Think Tanks),《政治科学和政治学》,1989 年 9 月,第 563—578 页。

中的重要作用。这些组织成立了新型智库网络以协助制定和评估政策及项目，同时在国家、地区和全球层面，它们又是联系公民社会群体的纽带。

智库的作用是公共政策研究、分析和制定，它组织以制定政策为导向的研究、分析，并对国内和国际事务给予政策建议，它使政策制定者和公众在就公共政策议题做出决定时有所准备。智库可以隶属于政党、大学或政府，或者隶属于一个已成为永久实体的独立机构，而不是什么特别委员会。这些机构通常被称为学术界和治策群体之间的桥梁，它们通过把应用的和基础性的研究转变成可被政策制定者和公众理解、信赖、感受到的语言，服务于公众。政策研究机构有以下作用：提供原创性的研究和分析，同时提供新信息；给出政策建议；评价公共政策和项目；确定、培养、造就人才；为暂离行政体制，或者将来会在政府中担任要职的公众人物提供职位；召集政府内外的专家提出政策建议，并达成共识；教育和吸引政策制定者、媒体和公众。[1]

应该注意到，出于研究目的，智库被看成是公民社会的一部分，或者被理解为第三部门。公民社会组织占据了被南希·巴拉扎（Nancy Baraza）所谓的"既非政府，也非商业，由依据自身需求而行动的市民占据的空间"。[2]伦敦经济学院公民社会中心把第三部门定义为公民社会，家庭和市场，通常复杂、含混、值得讨论。公民社会通常包括多样性的空间、参与者和机构形式，其正式程度、自治水平和权力各不相同。[3]

戴蒙德注意到在民主政治中公民社会有以下重要特征：

1. 公民社会不能企图征服国家。它不能包括顽固不妥协的利益团体，或者以反民主为目标和手段的团体。

---

[1] 有关华盛顿特区智库作用的精彩讨论，可参见理查德·H. 哈斯（Richard H. Hass）《智库和美国外交政策：政策制定者的视角》（Think Tanks and US Foreign Policy：A Policy-Maker's Perspective），见美国国务院电子刊物《美国外交政策问题》，2002 年 11 月。关于智库作用变化的概况，参见詹姆斯·G. 麦甘《智库和外交政策的跨国际化》（Think Tanks and the Transnationalization of Foreign Policy），《美国外交问题》，2002 年 11 月，（http://usinfo. state. gov/journals）。

[2] 南希·巴拉扎，引自全球公民参与联盟（CIVICUS）1997 年年度报告，第 5 页。

[3] 公民社会中心：《什么是公民社会》，伦敦经济学院，www. lse. ac. uk/collections/CCS/what_is_civil_society. htm，2004 年 3 月 1 日。

2. 公民社会必须具备高水平的机构组织,其选民能理解必须对其施以保障。

3. 公民社会必须民主化运作,这样才能使其成员按照民主的方式行事。

4. 多元主义能确保公民社会组织之间进行协作和协商。

5. 最佳的状态下,公民社会是集聚,这样公民社会的成员可以参加不止一个组织。①

一些观察者相信,智库属于公民社会中的含混区域,因为智库被组织起来直接或间接地向政府提供咨询或帮助。但是,我认为智库与公民社会是一体的,在世界各地,智库在民主的兴起和推广中起到了重要的催化作用。智库的形式多样,就像其他构成公民社会的机构一样。它们的共同点在于,它们是非营利性的,独立于政府,并致力于把政策性问题转化成恰当的公共政策。②

目前,智库在多样化的政治体系中运作,参与到一系列与政策相关的活动中,并构成了多样的机构,这些机构的组织形式各不相同。目前,在163个国家中可以找到超过5000个学术导向的研究机构(在本质上类似于大学,但不招收学生)、合同制研究组织、政策推广机构和隶属于政党的智库。尽管各国及各机构之间,这些组织的构架、运作方式、听众或市场群体以及资助方式各不相同,但许多智库有着相同的目标,即提供高质量的研究和分析,这些研究与分析能适应于各种形式的公众参政活动。

也就是说,所有智库都面临相同的挑战:如何获得和保持它们的独立性,使自身可以"对权力说真话",或者只是提供知识、证据和专业技能,以影响决策过程。不幸的是,不是所有智库都拥有经费、知识和法律上的独立性,而只有拥有独立性才能使其为公众性政策制定提供咨询。这些问题在发展中和转型国家是非常尖锐的,能使这些组织得以运作的法律空间被

① 拉里·戴蒙德(Larry Diamond):《重新思考公民社会:通向稳固的民主》(Rethinking Civil Society:Towards Democratic Consolidation),《民主杂志》5(3),1994年,第4—17页。
② R. 肯特·韦弗、詹姆斯·麦甘:《变动时代的智库和公民社会》(Think Tanks and Civil Society in a Time of Change),麦甘和韦弗编《智库》。

严格限定。正是这些特点使北半球和西半球的智库同发展中和转型国家的智库显著不同。

政府研究组织的数量和整体影响在逐步提升和扩展。1999 年对智库进行的一次调查发现，当今世界上所有从事公共政策研究和分析的组织中有 2/3 成立于 1970 年以后，一半成立于 1980 年以后。《2006—2007 全球智库调查报告》提供的初步数据显示，智库数量在 20 年里首次减少。导致这一现象的原因有待于更广泛的研究和分析，但是我们怀疑这是由于多种因素共同作用所导致：资金的转移、机构有限的能力、不良的政府管制，这些都限制了智库的数量和影响力。就像过去矿工使用金丝雀检测潜在的威胁一样，对于了解一个国家公民社会的状况而言，本土智库可以被视作一个重要指标。如果与智库有关的分析家和批评者可以被给予自由，那么公民社会中的其他人也可以那么做。

在撒哈拉以南的非洲、中东欧、东亚、南亚和东南亚的发展中和转型国家，政策研究中心得以迅速发展，这些机构中的大多数成立于近 10—15 年。类似的中心还出现在拉丁美洲和加勒比海地区，它们最早在 20 世纪 60 年代和 70 年代就开始运作。

在全世界的发展中和转型国家中，独立智库是公民社会和民主机构的催化剂。在像波兰、菲律宾、秘鲁、南非这样截然不同的国家，智库可以通过以下方式推动政治和经济改革：

1. 为独立分析和引起全国注意的议题讨论创造空间。
2. 培养政策制定者和知识的排头兵，促使封闭社会转型需要这些人。
3. 全方位推动公民参政议政。
4. 制定和推动具体的转型政策。

在开放民主的社会中，智库为支撑脆弱的民主提供了一张公民社会的安全网。在从权威政制向这种开放民主社会转变的初期，以上这些活动被认为尤为重要。

一、研究设计与方法

近 15—20 年来，为支持全球的民主化和市场化改革，人们付出巨大努力。在这一点上,这些努力在东欧和中欧带来的成功是明显的,但是人们却并不十分清楚在多大程度上像智库这样的公民社会组织对发生在该区域和世界其他地方的转型发挥了作用。我们的研究意图以适当方式回答这个问题。

要理解智库在这一过程中的作用,就要对亚洲、拉丁美洲、非洲和中东欧国家进行细致的案例研究。智库可以在推进法治、民主化和市场化改革的复杂过程中发挥作用,进行这些案例研究的目的正是揭示这一作用。在20世纪80年代和90年代,智库有助于推动立法,使如政党、工会、利益团体、宗教团体、社群发展组织这样的公民社会组织和民主机构获得生存空间;为政府主管部门和立法委员会成员起草法律法规中的关键部分;告知并动员公众支持必要的政策和机构改革;最后在这些之前封闭的社会中,为了与根深蒂固的官僚制度作战,培养领导者和主力军。本书旨在说明智库在转型改革时期所起的作用。在做这些之前,我们有必要讨论民主和自由市场发展,以及智库在对政策施加影响中的作用。

这项研究中提到的国家和智库是在广泛征询智库学者、国别和区域专家之后选取出来的。许多智库在转型国家成为具有影响力的变革促进者,我们目的正是想了解这些智库[①](完整的有关所包含的国家和智库的列表可在附录第一部分和第三部分找到)。学者和专家要回答以下问题:

● 是否有国家应该加入我们潜在案例研究列表中或者从中删去?

● 如果是这样,什么国家更能有力地体现智库在政治和经济改革中的催化作用?

● 哪些智库是变革中最重要的机构?

● 是否有具体案例支持这一观点?

给予专家的答复,这项研究中的国家和智库被列于表1.1中。

以下是这一研究中每家智库信息内容的概览,包括:

● 成立情况

● 机构领导

---

① 汉娜·塔克,区域专家函件,2004年5月26日。

- 任务说明
- 主要活动/宣传模式
- 研究重点
- 对市场化和/或市场改革有贡献的研究项目
- 出版物

有关智库的其他信息来自机构出版物、与智库领导者的访谈、相关智库活动外部材料引用的案列、与所选智库的通信联系等。

二、标准与局限

当研究影响力时，就会出现一些固有的偏见。只能说，我们并不了解智库的声望与其在政府影响力间的联系。通常，影响力的客观表现源自有效的自我推广和媒体的关注，而并非来源于智库对政治和公共政策产生的实际影响。机构竞相展示吸引力以博取公众和政策制定者有限的关注，在这样的体制中，媒体关注是了解智库的关键要素，但这毕竟不是严格而有效的研究和分析指标。这项研究中所涵盖的案例可以说既具有重要性又符合严格的研究。

表1.1　本书所分析国家和智库概览

地区	国家	智库
拉丁美洲	智利	发展研究中心（CED）、自由与发展研究院（LyD）、公众研究中心（CEP）
	秘鲁	自由与民主研究院（ILD）、阿波伊研究所（IA）
东欧	波兰	转型、一体化和全球化经济研究所（TIGER）、私有产权和民主研究院（IPED）、亚当·斯密研究中心（ASRC）、社会和经济研究中心（CASE）基金会
	斯洛文尼亚	经济和社会分析中心（MESA.10）、F·A·哈耶克基金会（FAHF）、经济发展中心（CED）

续　表

地区	国家	智库
非洲	南非	南非民主选择研究所（IDASA）、政策研究中心（CPS）、南非种族关系研究所（SAIRR）
	博茨瓦纳	博茨瓦纳发展政策分析研究所（BIDPA）
亚洲	菲律宾	研究和交流中心（CRC）、菲律宾发展研究所（PIDS）、菲律宾发展学院（DAP）
	泰国	泰国发展研究所（TDRI）、巴差提朴国王研究所（KPI），泰国中心，亚洲
	越南	中央经济管理研究所（CIEM）

单个个人对治策过程施加影响的证据难以衡量。[①] 政策制定是一个复杂而具有多个层面的过程，政策制定最终结果通常是智库群体内外多位专家工作的综合所得，而不只是单个专家的努力。当无法清晰衡量智库实际运作情况，专家们在对智库进行取舍时，会因为受到媒体或别人的关注而进行具有偏向性的选择。本研究使专家们进行独立的选择，并且给出可被检验的案例，案例中的每个智库都对转型过程有所贡献，以此试图对这种潜在的偏向加以控制。

一旦被选出，这些调查中包含的智库就会因为推广它们自身的历史观而获得特殊的利益。公开而言，每个智库都在政府政策形成中发挥主要作用。智库和政府群体中那些治策过程的参与者会对相关智库有所印象，由此也可以认为智库具有影响力，自利的智库也不会对此加以否认。此外，由于无法进行预评估和后评估，也无法与所有智库股东进行面谈，精确的评估是不可能的，但是进行广泛的案例研究，涵盖诸多国家，这会有助于我们理解，是否这一章所考察的不同国家中，智库在政治和经济改革中也有所不同。

---

① 为智库开发可信的政策影响力指标是非常困难的，有关于此的更为完整的讨论，参见詹姆斯·麦甘的《评价智库影响》，2007 年。

第一部分　理论框架

第一章　民主化和市场改革

一、民主的定义

由于本书涉及智库在民主化过程中的作用，所选的民主定义尤为重要。科利尔（Collier）和列维斯基（Levisky）[1]建议应该根据不同阶段考虑民主的定义，每一个相续的阶段都包含了民主最终的特点。他们认为首要的也是最为基础的定义是"选票至上"[2]的定义。依据这个定义，民主的基础是体现公平竞争并不存在欺骗的选举。很多学者都认同这种观点，包括熊彼特（Schumpeter）、[3]柯克帕特里克（Kirkpatrick）、[4]福山（Fukuyama）。[5]另一种民主的定义不仅包括公平的、竞争性的选举，还包含了对公民基本自由的保障，包括言论、结社、集会的自由。这指的是民主

---

[1] 戴维·科利尔、斯蒂芬·列维斯基：《"冠以形容词的民主：比较研究的概念创新》（Democracy 'with Adjectives'：Conceptual Innovation in Comparative Research. Kellogg Working Paper No. 230，August 1996，http://kellogg. nd. edu/publications/workingpapers/WPS/230. pdf. ）

[2] 科利尔和列维斯基，第 9 页。

[3] 约瑟夫·熊彼特：《资本主义、社会主义和民主》（*Capitalism*，*Socialism and Democracy*，New York：Harper，1947）。

[4] 珍妮·J. 柯克帕特里克：《民主选举，民主政府和民主理论》（"Democratic Elections，Democratic Government，and Democratic Theory"，in *Democracy at the Polls：A Comparative Study of Competitve National Elections*，ed. David Bulter，Howard R. Penniman，and Austin Ranney，Washington：American Enterprise Institute，1981）。

[5] 弗朗西斯·福山：《历史的终结与最后的人》（*The End of History and the Last Man*，New York：Avon Books，Inc. ，1992）。

的"程序性最小限度"①定义。这种民主观可以在很多文献中找到,包括奥唐奈(O'Donnell)和施密特(Schmitter)、②戴蒙德、林茨(Linz)和利普赛特(Lipset)、③梅因沃林(Mainwaring)、④迪·帕尔玛(Di Palma)⑤以及普沃斯基(Przeworski)。⑥

从这些民主的定义中又产生了第三个定义,即"扩展的程序性最小限度"⑦定义。除了公平和竞争性的选举、对基本公民权利的保障,扩展的程序性最小限度定义包含了这样的内容,即民选政府能有效进行治理。之所以会有这样的定义,是考虑到一些拉丁美洲的情况,尽管这些国家的政府是自由公平地选举出来的,并且也对基本的公民权利提供保障,但是当政府控制力缺乏时,军队会拥有过度的影响力。使用这一定义的学者包括巴伦苏埃拉(Valenzuela)、⑧卡尔(Karl)、⑨亨廷顿

---

① 科利尔和列维斯基,第9页。

② 吉列尔莫·奥唐奈、菲利普·C.施密特:《从威权统治转型：关于不确定民主的初步结论》(*Transitions from Authoritarian Rule：Tentative Conclusion about Uncertain Democracies*, Baltimore：Johns Hopkins University Press, 1986)第二章。

③ 拉里·戴蒙德、胡安·林茨、西摩·马丁·利普赛特:《发展中国家的民主》(*Democracy in Developing Countries*, Boulder：L. Rienner, 1989)。

④ 斯科特·梅因沃林:《向民主和民主巩固期转型》("Transitions to Democracy and Democratic Consolidation," in *Issues in Democratic Consolidation：The New South American Democracies in Comparative Perspective*, ed. Scott Mainwaring, Guillermo O'Donnell, and J. Samuel Valenzuela, Notre Dame：University of Notre Dame Press, 1992)。

⑤ 朱塞比·迪·帕尔玛:《打造民主》(*To Craft Democracies*, Berkeley：University of California Press, 1990),第28页。

⑥ 亚当·普沃斯基:《民主与市场》(*Democracy and the Market*, Cambridge：Cambridge University Press, 1991),第10页。

⑦ 科利尔和列维斯基,第9页。

⑧ J·萨缪尔·巴伦苏埃拉:《后转型环境中的民主巩固期：概念、过程和成长条件》("Democratic Consolidation in Post-Transitional Settings：Notion, Process, and Facilitating Conditions," in *Issues in Democratic Consolidation：The New South American Democracies in Comparative Perspective*, ed. Scott Mainwaring, Guillermo O'Donnell, and J. Samuel Valenzuela, Notre Dame：University of Notre Dame Press, 1992)。

⑨ 特里·林·卡尔:《拉丁美洲的民主困境》("Dilemmas of Democratization in Latin America," in *Comparative Political Dynamics：Global Research Perspectives*, ed. Dankwart A. Rustow andKenneth Paul Erickson, New York：HarperCollins, 1991)。

(Huntington)①以及施密特和卡尔。② 最后,还有科利尔和列维斯基所谓的"已确立的工业民主的典型概念"。③ 他们指出,尽管这一概念经常被提及,但是对它的定义却很少令人满意。民主的这一定义包含了工业化民主的特征,也就是稳固的政权、对执政权力的检查、"有效的公民参与"、④一个高效的政府、强力政策承诺以推动社会福利以及强有力的国家主权。

尽管学术界有关民主的定义非常丰富,但是一些人还是喜欢一个更加以政策为导向的定义。政策导向的定义更易评估,它们给出了许多定义明确的标准,因此也更为实用。USAID 的民主和治理中心发布的报告给出了一个民主的定义,来看一下这个定义。⑤ 该报告给成功的民主罗列了四个特征,它们是:

1."真正竞争性的政治进程",包括公正、公开的选举,对民众反应灵敏的代议制政党、可以进行有效治理的民选官员。⑥

2."透明而负责任的政府机构",这意味着政府各部门之间关系是公开且权力界限明确、反应敏捷的政府机构、经得起监督的政府行为。⑦

3."(强有力)的法治和对人权的尊重",包括法律面前的公平、有效公正的司法制度、可以推动以市场经济的法律体系、可以保证基本人权和性别平等并符合国际准则的法律法规。⑧

4."政治上活跃的公民社会",⑨包括积极介入治策过程和政府监督的

---

① 萨缪尔·P. 亨廷顿:《第三波:二十世纪后期的民主化浪潮》(*The Third Wave: Democratization in the Late Twentieth Century*, Norman: University of Oklahoma Press, 1991)。

② 菲利普·C. 施密特、特里·林·卡尔:《民主是什么又不是什么》("What Democracy Is . . . and Is Not", in *The Global Resurgence of Democracy*, ed. Larry Diamond and Marc F. Plattner, Baltimore: John Hopkins University Press, 1993),第49—62页。

③ 科利尔和列维斯基,第9页。

④ 同上,第9页。

⑤ USAID,民主与治理中心,全球项目局,领域支持与研究《民主与治理项目指标手册》(*Handbook of Democracy and Governance Program Indicators*, Washington: USAID, August 1998)。

⑥ USAID,第68页。

⑦ 同上,第162页。

⑧ 同上,第28页。

⑨ 同上,第124页。

公民、信息公开、民主的政治文化、能够保护和支持公民社会的法律体制，最后在经费和制度上可独立运行的公民社会组织(CSO)。

达尔(Dahl)在对多元民主(polyarchal democracy)进行定义时，给出了与这些特征相同的学术化表述。他的定义包括"民选官员""自由、公平和频繁的选举，在选举中胁迫行为鲜有发生""表述的自由"，包括对政府和意识形态的批评，"可以从其他渠道获得信息，包括不受政府和政治团体控制的渠道""社团自治"，或者自有结社的权利；以及"广泛的公民权"，保障以上权利可以为所有居住在国家中的公民所享受。① 扎卡里亚(Zakaria)甚至把 USAID 的定义和多元理解为宪政自由主义，他将之定义为"法治、分权、保护言论、结社、宗教和产权这些基本的自由"。②

对于本书而言，"民主"指的是上文所言 USAID 的定义、相比较于传统的学术性定义，它的优势在于它是易评估的，USAID 的报告给出了细致的指标和子指标，这可以被运用到大量案例中。此外，考虑到 USAID 报告中的定义与达尔的定义有类似之处，理论的、抽象的民主本质不能因为便于实用而被牺牲掉。

二、定义民主化

无论民主的定义有多么不同，大家都可以认同的是民主化指的是逐步或者立即实现民主。怀特海(Whitehead)认为："最好不要把'民主'理解为一种结局预先设定的状态，它是长期过程产生的结果，且结局不确定……由此，可以这样认为，民主化——趋向一个不明未来的过程——必须被理解成一个复杂、动态、长期的事件。"③争议的焦点在于是否民主化会调整稳定的民主所必需的国家、社会和机构。许多国家正在通往民主的路上，但

① 罗伯特·A.达尔:《论民主》(On Democracy, New Haven: Yale University Press, 1998)，第85—86,90页。
② 法里德·扎卡里亚:《自由的未来：国内外不自由的民主》(The Future of Freedom: Illiberal Democracy at Home and Abroad, New York: W. W. Norton, 2004)，第17页。
③ 劳伦斯·怀特海:《民主化：理论与经验》(Democratization: Theory and Experience, Oxford: Oxford University Press, 2002)，第3页。

在通往终点的过程中要达到预想的标准是很困难的。要想完成这一旅程
完全要看如何定义民主。

比如，在许多专家中，亨廷顿喜欢强调对可运转的民主而言必须的制
度，比如法治、有效的法律体制、由私有产权构成的运作体系。其他的专
家，如著名的普沃斯基喜欢强调竞争性选举和自治的重要性。① 依据美国
宪法，达尔把基本的自由和公民权利列入法律就等于民主化，也等于把民
主实践制度化。利斯佩特(Lispet)和莱金(Lakin)都认为，在民主的转变过
程中，即可起草宪法有助于民主化过程的合法化。② 奥唐纳和施密特区分
了 *democradura*，一种民权受到限制的民主，和 *dictablanda*，一种允许部分
公民自由和个人自由的威权政体。③ 这些都可以被认为是转型政体，但是
它们都不能被理解成完善充分的民主。

受已故的约翰·罗尔斯(John Rawls)影响而形成的思想流派把民主
的明确定义理解为一种"分配正义"的形式，也就是十分强调立法保障和社
会的名义平等。这种观点反映了以前东欧和亚洲社会主义"人民共和国"
的基本信条。④

其他学者，如吉布森(Gibson)⑤和威尔达夫斯基(Wildavsky)⑥把民主
理解为一系列文化因素。只有当公民把民主社会的理想内化，才能说这
个国家确立了民主。对于这样的一个过程，宽容的信念、符合正当法律
程序的权利和法律面前的平等，包容的观念，接受失败的能力，这些都是

---

① 普沃斯基。
② 西摩·马丁·利斯佩特、简森·莱金：《民主的世纪》(*The Democratic Century*，Norman：
University of Oklahoma Press，2004)，第 217 页。
③ 奥唐纳和施密特。
④ 欧文·霍罗维茨(Irving Horowitz)：《为民主奋斗》("The Struggle for Democracy,"
National Interest，Spring 2006，www. findarticles. com/p/articles/mi_m2751/is_83/ai_
n16133367)。
⑤ 参见詹姆斯·吉布森、阿曼达·古斯(Amanda Gouws)：《克服南非的不宽容》
(*Overcoming Intolerance in South Africa*：Experiments in Democratic Persuasion，New
York：Cambridge University Press，2003)。
⑥ 参见迈克尔·汤普森(Michael Thompson)、理查德·埃利斯(Richard Ellis)、艾伦·威尔
达夫斯基(Aaron Wildavsky)：《文化理论》(*Cultural Theory*，Boulder：Westview Press，
1990)。

一体的。达尔相信民主作为一种政治建构具有一致性，而吉布森强调这一过程中独有的文化因素。[1] 利斯佩特和莱金认为，至少从短期看，在民主转型中文化很重要。他们注意到，大多数社会可能能适应民主的一般含义。[2]

简而言之，民主是一个拥有多层含义的概念，它可能有许多种解释。这是一个持续的过程，绝对不是线性的。民主化的轨道通常难以确定。我们因此确定可以用来评价民主进程的参照体系是非常关键的。在渴望自由民主的国际社群中形成了一种共识，考虑到这一点，我选择了一个具有包容含义的定义。就本书而言，我认为一个国家民主的成功要满足USAID报告所列的前四个条件。

三、民主化的阶段

从理论上说，民主化有四个阶段。

1. 前转型

林茨和斯特潘（Stepan）[3]区分了以下几类明显的现代非民主政体的类型：

（1）极权政体——这种政体"已根除所有在政体存在前业已存在的政治、经济和社会多元主义，它有一个统一的、清晰的、指导性的乌托邦意识形态，它拥有有力而广泛的动员机制，有着具有魅力的领导，其统治无法制约，也难以预料，精英与非精英都会对之不满"。[4] 斯大林治下的苏联就是极权政体。

（2）威权政体——"这种'政治体系'有着有限而难以捉摸的多元主义，没有详尽而具指导性的意识形态，却有独特的思想，没有有力而广泛的动员机制，只有在其发展中的某些时刻，领导者，或者有时也可能是一

---

[1] 霍罗维茨。

[2] 利普赛特和莱金，第187页。

[3] 胡安·J.林茨、阿弗雷德·斯特潘：《民主转型与巩固：南欧、南美与后共产主义的欧洲》（巴尔的摩，约翰霍普金斯大学出版社，1996年），第38—54页。

[4] 林茨和斯特潘，第40页。

个小团体,能在形式上界定不清的范围内操弄权柄,但是他们的行为是可预计的。"①比如,1939—1975 年佛朗哥治下的西班牙就是一个威权国家。

(3) 后极权主义——其特征是"国家中重要而复杂的机构多元性";②相比较于传统的极权政体,"社会多元性更具重要性",③这可以从一种"第二"文化或者说"平行"文化中得以体现;领导权被局限在革命性政党,但是通常"相比于个人魅力式的统治,它更官僚化,主要通过技术实现国家统治";④"从经验看,官方意识形态与现实日益脱离";⑤尽管国有组织依然充斥着公民社会,但是它们的力量日益式微;⑥大多数后极权政体存在于 20 世纪 80 年代,比如,匈牙利、捷克斯洛伐克、保加利亚。⑦

要向民主转变,林茨和斯特潘⑧认为必须创造五种必要的条件:

1. "法治和公民社会的自由"。⑨

2. "政治团体自治"以及"为此而必须的信任和法律条件"。⑩

3. "依据宪法对权力进行民主化分配的统治"。⑪

4. "接受且服务于民主政府的国家管理机构"。⑫

5. "经济和经济主体享有充分自治,以保证公民社会、政治团体和经济团体的多元性"。⑬

---

① 胡安·J. 林茨:《"一个独裁政权":西班牙,在分裂,意识形态和政党制度:比较政治社会学的贡献》,编辑:埃里克·阿拉特和约里奥·利图宁(Yrjo Littunen)(赫尔辛基:韦斯特马克学会,1964),引自林茨和斯特潘,第 38 页。

② 林茨和斯特潘,第 43 页。

③ 同上。

④ 同上,第 47 页。

⑤ 同上,第 48 页。

⑥ 同上,第 49 页。

⑦ 林茨和斯特潘也确定了¼的政权类型,苏丹化这种制度由于没有任何相关的案例研究,故在此不作讨论,参见林茨和斯特潘,第 3 章。

⑧ 林茨和斯特潘,第 62—64 页。

⑨ 同上,第 62 页。

⑩ 同上。

⑪ 同上,第 63 页。

⑫ 同上。

⑬ 同上,第 64 页。

从以上有关非民主政制的讨论出发，就是否每种政制能满足这五个条件而言，显然一定会出现大量变体。遗憾的是，对于这一主题进行全面探讨并非本书的意图，许多学者对之有过充分探讨。① 这里我们只是给出充分的例证。比如，对于先前还是极权统治的国家，由于官僚机构原本就具有政治化的特点，所以它们必须被拆解，而在之前还威权统治的国家中，可能就不必这么做。但是，也有很多完全不同的例子。② 比如，多数转型民主国家，也可能包括一些先前是威权统治的国家，它们都需要发展充分的宪政统治，以通过民主化方式分配权力。③

2. 转型

奥唐纳和施密特给予了转型一个宽泛的定义，"某种政治政体和另一种政治政体之间的状态"。④ 他们认为：

> 一方面，转型可以这样描绘，即肢解威权政制的过程，另一方面，可以这样描述，即设置某种形式的民主，回归某种形式的威权统治，或者革命性替代方式的出现……当威权体制的当政者出于某种原因，可给予个人和团体的权利更多保障时，转型开始的。⑤

奥唐纳和施密特注意到，转型的关键特征是，政治参与者在根据政治游戏的规则行事，以及当他们的决定会造成长期影响时，他们都会感到存在不确定性。⑥ 转型时期的特征是出现逐步制度化的民主构架，包括起草宪法、通过自由选举产生政府，建立支持议会和总统的制度和机构。这就带来了和平解决政治纷争的制度框架。

梅因沃林提出了一种有效的三分法以区分不同类型的转型，其依据是

---

① 参见林茨和斯特潘，特别是第 4 章；罗伯特·A. 达尔：《多元政治：参与与反对》（纽黑文耶鲁大学出版社，1971）；梅因沃林、奥唐纳、维伦苏埃拉：《民主巩固问题》。

② 林茨和斯特潘，第 63 页。

③ 同上。

④ 奥唐纳和施密特，第 6 页。

⑤ 同上。

⑥ 同上。

新出现的政体为了影响进一步的转型而保留权力的情况。① 第一种是他所说的"废除政制的转型"。② 这是一种极端的状况,威权政制崩溃,只保留极少的权力以影响转型的期限。但是,他认为,废除政制的原因各不相同,这会影响转型后所出现的政体。③ 梅因沃林提出的第二种路径是"解脱转型",④这种转型发生在这样的情况下,威权政体保留了足够的权力以对转型的重要层面进行指导,但是威权政体已十分虚弱。第三条路径"交易转型"⑤代表了另一种极端情形。在这种情境下,"威权政体选择在政治领域实现开放,因为:(1)保留权力的成本在增加,而自由化的成本在减少,(2)最初只是想对危机状态进行干预,在短暂的时期之后恢复民主"。⑥ 梅因沃林进一步讨论了第三条路径。他给出了为什么保留权力的成本会增加的三个原因:军事内聚力的衰落,政体合法性的减弱,以及"持续的危机"。⑦ 梅因沃林还提出两条理由来解释为什么威权政体的民主化成本会降低:一是威权政体的合法性来源于其可感知的威胁,但是这一威胁已不存在;二是国家的社会经济条件已经趋于稳定。转型国家的一个典型的案例是尼日利亚,尼日利亚的选举经常充满争议,也是造成分裂的原因,它经常对民主进程的稳定性造成威胁。但是,公民社会的形成以及富裕程度的增加可以使之进入民主转型的另一个阶段。

3. 巩固期

"当公平选出的政府和立法官员的权威确立……同时主要的政治参与者和广大公众希望民主政制能持续下去,有一个可以预见到的未来",⑧这

---

① 斯科特·梅因沃林:《民主转型与民主巩固:理论和比较的问题》,《巩固》,梅因沃林、奥唐纳和维伦苏埃拉,第294—342页。

② 梅因沃林,第323页。

③ 为了更深入的讨论政权的失败,梅因沃林向阿弗雷德·斯特潘提出,"走向重新民主化:理论和比较认为",《威权统治的转型:比较的视角》,编辑:吉列尔莫·奥唐纳、菲利普·C. 施密特和劳伦斯·怀特海(巴尔得摩,约翰霍普金斯大学出版社,1986),第64—84页。

④ 梅因沃林,第323页。

⑤ 同上。

⑥ 同上。

⑦ 同上。

⑧ 小塞缪尔·维伦苏埃拉:《后过渡时期的民主巩固:概念、过程和便利条件》,梅因沃林、奥唐纳、维伦苏埃拉,第57—104页。

个时候巩固期就出现了。巴伦苏埃拉区分了民主巩固期必须避免的四种阻碍。第一个是巴伦苏埃拉①所说的"监护权力"，指政治参与者或团体"宣称代表了民族国家渐渐形成的根本而持久的利益，并试图对政府及其政策决定进行监督"。② 如果不通过选举机制产生的政治参与者或团体对民选政府保有极大的影响力，就不能说民主会得到巩固。民主化的第二个障碍是"保留的权力"，这种权力"会从民选官员手中剥夺政府权威和实际的政策制定功能"。③ 尽管监督权力比保留权力含混得多，但是它们都会通过给予非民选的政治参与者或团体凌驾于民选政府官员之上的权力，限制民主得到巩固。

　　巩固期的第三个障碍是"选举过程中存在的歧视"。④ 尽管巴伦苏埃拉对于民主体制总会有或多或少的偏见，他这里所指的选举歧视意味着，选民中很重要的一些群体在体制上没有被充分代表，而另一些人的代表权力却过大。民主显然对这种情况非常厌恶，因为它把许多人排除在选举过程之外。转型状态下的民族认同可以起到缓和作用，林茨和斯特潘注意到，二战以后波兰的同质特征，波兰人占国家的多数，信仰罗马天主教。这些因素都可以得出，波兰在历史上第一次成为有凝聚力的民族国家。⑤

　　最后巴伦苏埃拉指出了巩固期的第四个阻碍，"组成政府的选举方式具有集中性特征"。⑥ 对于这一点，他指的是控制政府的其他非民主方式，比如，政变与暴动，选举参与者不会认为这是可行的方式。如果这种情况出现，他解释道：

　　　　非民选的政治参与者具有强大的权力，民选的政治参与者相对是少数，他们都可能具备与民主相一致的组织能力……但是他们依然会依靠自身力量使民主进程中断，以增加其能力通过正常的民主途径，

---

① 维伦苏埃拉，第62—70页。
② 同上，第62—73页。
③ 同上，第64页。
④ 同上，第66页。
⑤ 林茨和斯特潘，第288页。
⑥ 维伦苏埃拉，第67页。

获得他们所偏好的政策选择。①

处于巩固期的国家包括阿根廷、巴西、南非和印度,这些国家的政党通常根据民族、文化或地理分界线划分,而不是根据意识形态。20 世纪 80 年代,阿根廷和巴西经历了民主化,并且看起来做得不错,尽管巴西存在持续的贫穷和不平等问题。南非在 1992 年进入这一阶段。另一方面,印度从其独立开始就可以说已经拥有了民主,但是深层次的地区、宗教和种族分裂始终在产生混乱,同时挑战这个国家民主制度的基础。但是,即便如此,充分的社会安全网允许这些民主国家即便是在危机时期,也处在民主化的巩固阶段。

4. 稳定期或成熟期

稳定或成熟的民主才是民主真正到来的时刻,这是民主化想得到的唯一结果。② 换句话说,全新的民主政府从稳固阶段安然出现。特别是,稳定民主"从行为上""从态度上""从宪法上"③都与其转型时的情形迥异。在林茨和斯特潘看来,稳定的民主在行为上是不同的,"没有什么重要的民族、社会、经济、政治或制度的参与者会耗费大量的资源以通过建立一个非民主的政制,或者通过暴力或外国势力的干预从这个国家中脱离出来,从而达到他们的目的"。④

从态度上说,稳定民主中的大多数人都相信,"在像他们这样的社会中,民主程序和制度是治理公共生活最合适的方式",⑤对于反制度的运动,几乎没有人会支持。这一信念反映出这一制度中存在一定程度的社会信任,而这对于民主制度的有效运作是必须的。⑥ 最后,从宪法的角度说,"在整个国家中,政府和非政府的力量都遵从和习惯于通过新的民主过程,在特定法律、程序、制度内解决分歧"。⑦ 这种类型可以在北美、西

---

① 维伦苏埃拉,第 68 页。
② 林茨和斯特潘,第 5 页。
③ 同上。
④ 同上,第 6 页。
⑤ 同上。
⑥ 雅诺什·科尔奈、波·罗斯坦、苏珊·罗斯阿克曼(编辑):《在后社会主义过渡时期建立社会信任》(纽约:麦克米兰出版社,2004 年)第 4 页。
⑦ 林茨和斯特潘,第 6 页。

欧和北欧、澳大利亚、新西兰和日本找到。过去至少50年的时间中，在这些国家，权力在民选领袖之间平稳交接。同样需要注意的是，这些国家具有最高的发展水平，在世界人均GDP列表中，它们在前30位中占据了21个。

四、定义市场改革

市场改革包括许多要素，多数经济学家和政治学家认为，经济转型战略会引起制度性和结构性变化，包括国家权力的削减，以及与此同时发生的市场力量的增强。① 市场改革是一个确定的、预计好的过程，它意味着通过间接的国家管制和经济自由主义，"立刻彻底实现改变"。每个国家的转型经历千差万别，这完全有赖于国家最初的条件、外在的环境以及在转型期间实施的特定政策。是否成功通常由结构性和制度性改革的本质决定，更为综合性的改革会引致更为成功的转型。②

市场改革在形式上是从国家计划式的指令性经济向市场导向的经济转型。③ 指令经济和市场经济的关键区别不在于政府影响经济的程度，而在于政府如何使用其影响力。指令经济的特征是强大的政府干预，从形式上，这种干预体现为对稀缺资源的分配，以及掌握价格的决定机制，而在市场经济中，资源的分配有赖于买者和卖者之间商品和服务的交换。在许多前苏联国家以及一些亚洲国家的转型过程中，这类改革很常见。④

五、市场改革的各种解释

市场改革没有一致的过程和方式，尽管专家普遍认为市场改革包含四

---

① 麦甘和韦弗。
② 国际货币基金组织：《第三章：过渡时期：经验与政策问题》，世界经济展望：聚焦转型经济体，www.imf.org/external/pubs/ft/weo/2000/02/pdf/chapter3.pdf。
③ 世界银行组织：《向市场经济过渡》，http://www1.worldbank.org/sp/safetynets/transition.asp。
④ www.fact-index.com/m/marketeconomy.html。

个环环相扣的要素,它们是物价稳定、自由化、私有化和制度化。① 在这四个特征之外,对于市场改革的本质究竟是什么,可谓众说纷纭。对于市场改革的主要思想流派,我简单地介绍一下。

市场改革的问题起初被认为是一个结构性再定位的问题。就此而言,指令经济的经济决定是集中化的,这引起了市场扭曲,这困扰着前转型的经济体。经济政策就是要迅速消除市场扭曲,包括取消贸易壁垒、价格浮动和劳动力自由流动、国有资产私有化、资本经常项目的可兑换,转型的经济处方就根植于对围绕这些政策的市场改革给出结构性的解释。这种方式经常会被称作激进的或"休克疗法"的改革。激进的改革者,广为人知的有波兰的巴塞罗维兹(Balcerowicz),他们认为渐进式改革不足以持续下去,快速彻底的改革会带来难以逆转的变化,②这会促进持久的转型,因为在迅速自由化的经济中,政府干预也相对较少,这使得政府没有机会运用管制政策阻碍改革或使改革逆转。政治转型可以促进经济变革,这种动态环境会带来"机会窗口",而渐进式改革之所以受到批评,就因为它会错失这一点。激进市场改革早期的支持者,包括利普顿(Lipton)和萨克斯(Sachs)(1990);③当中东欧在推进改革进程时,这种观点得到了更多支持,包括克劳斯(Klause)(1994④ 和 1995⑤),巴塞罗维兹和盖尔布(Gelb)(1994),⑥以及巴塞罗维兹(1995)。⑦

---

① 萨菲克·伊斯兰、迈克尔·曼德尔鲍姆(编辑):《建立市场:东欧与后苏联国家的经济转型》(纽约:外交关系委员会出版社,1993),国际货币基金组织:《转型经济体:国际货币基金组织关于进步与前景的展望》,2000 年 11 月 3 日。

② 莱谢克·巴塞罗维兹,引自沃尔夫·霍格尔:《转型策略:选择与结果》,普林斯顿国际金融研究第 85 号(普林斯顿大学经济学系国际金融部,1999 年)。

③ 戴维·利普顿、杰弗瑞·萨克斯:《在东欧建立市场经济布鲁金斯经济活动报告》,1999 年第 1 号,第 75—133 页。

④ 瓦茨拉夫·克劳斯:《月度报告:我们亟需需要廉洁市场经济》,《过渡通讯》(世界银行)第 2 期(1991 年 9 月),第 8—9 页。

⑤ 瓦茨拉夫·克劳斯:《十条训令的再审视》,《世界经济》第 7 号(1993 年 9、10 月)第 36—39,70 页。

⑥ 莱谢克·巴塞罗维兹、艾伦·盖尔伯:《市场经济转型时期的宏观政策》,《世界银行年度发展经济学研讨会论文集(1994 年)》,第 21—56 页。

⑦ 莱谢克·巴塞罗维兹:《社会主义,资本主义及其转型》(布达佩斯:中欧大学出版社,1995 年)。

　　渐进主义作为另一个思想流派在对激进改革者观点的回应中发展起来。渐进改革的支持者宣称，激进的结构改革就其自身而言并不是计划经济有效的处方，因为这些经济体缺乏的正是让市场运作的制度，比如管理机制、银行体系和保障产权和合约履行的法律体制。这些制度减少了交易成本，并促使经济参与者做出理性选择，进而提升经济效率。渐进改革者认为，没有这些必要的制度，基金改革者提出的迅速的结构调整可能导致市场失灵，[1]并延长由转型造成的经济紧缩。渐进改革者提出的政策主要围绕逐步建立市场机制："转型经济中的经济改革应该在价格放开之前，[2]确立制度基础"。认为应进行渐进改革的学者包括西伯特（Siebert）、赖泽尔（Raiser）和兰哈默（Langhammer）（1996）、德瓦特里庞（Dewatripont）和罗兰（Roland）（1992），[3]莫雷尔（Murrell）（1993、1995、1996），[4]以及阿姆斯登（Amsden）、科查诺维兹（Kochanowicz）和泰勒（Taylor）（1994）。[5]

　　还有一种观点对激进改革和渐进改革都提出批评，这种观点认为将这两种观点对立起来是没有意义的。范·布拉班特（Van Brabant）（1993）认为，激进改革就是一个悖论，因为任何有效的转型政策必须既有激进改革的要素，也有渐进改革的要素；比如，在私有化之前必须保持宏观经济的稳定。[6] 克洛德科（Kolodko）反复强调，激进和渐进改革都是通向成功的要素，他写道，基金自由化的努力是好的，但是宏观经济重构必须是渐进的。[7]

---

[1] 参见沃尔夫，第 4 页为假设的例子。

[2] 霍尔特·西伯特、马丁·赖泽尔、罗尔夫·兰哈默：《中欧与东欧的转型》（基尔：世界经济研究所，1996 年），第 8 页。

[3] 马赛厄斯·德瓦特里庞、赫拉德·罗兰：《向市场经济转型的渐进性与合法性的优点》，《经济学报》第 102 期（1992 年 3 月），第 291—300 页。

[4] 彼得·莫雷尔：《根据马萨诸塞之剑桥的转变》，《经济文献杂志》第 33 期（1995 年 3 月），第 164—178 页。

[5] 艾丽斯·阿姆斯登、亚切克·科查诺维兹、兰斯·泰勒：《市场与市场竞争》（剑桥：哈佛大学出版社，1994 年）。

[6] 约瑟夫·M. 范·布拉班特：《过渡时期的政治经济学：历史与方法双重掌控》（伦敦：劳特利奇出版社，1998 年），第 106 页。

[7] 格热戈日·W. 克洛德科：《休克疗法：后社会主义转型时期的政治经济学》（纽约：牛津大学出版社，2000 年），第 37 页。

六、市场改革的先决条件

市场改革包括五个基本条件：第一是政治意愿。一个政府必须有足够强有力的意愿，这样才能经受阻力，抵御政治风险。第二是有关预想的市场状况，这些政治选择包括政治社群的构成、产权的分配、有形的市场、无形的市场。这两个因素关系着下面有关社会政治认同的讨论。第三是建立合法有效的制度，比如监管机构，这对于确立法律规章以实施合法的行政决定和监管是必须的。有人认为这样的机构依然存在，这是转型阶段常见的错误。第四是推动具有代表性的利益团体成为一种监管替代，避免政府直接介入市场。第五是思想和文化上的转型，形成"市场文化"，认可自利成为人类行为的主要推动因素，并将这一准则内化到每个人心里，这是绝对必要的。①

为了成功执行经济改革政策，转型国家的政府必须获得并保持民众的合作，或至少是他们的默许。范·布拉班特将之称作"社会政治认同"：

> （社会政治认同）意味着，对当权者宣传和执行的广泛政策，至少存在默认；如果可以获得民主的结果，对这些政策的支持要超过选民所给予的反对，与若不然他们也不会为破坏现有的政制而战；实际上那些当权者不能违背这种信任。②

对于政府和民众之间达成谅解，有三个层面的问题。首先，对于经济转型本身应该存在政治认同。其次，政治领袖与公民应该就转型成本的多少、成本的承担者是谁、承担这些成本的时间长短有所了解。再次，对于国家在经济中的新作用，公民从国家得到多少社会经济保护，也应该达成

---

① 凯仁·阿齐兹·乔杜里：《经济自由化与国家谱系》，《比较政治学》第 27 期第 1 篇（1994年），第 1—25 页。
② 范·布拉班特，第 303 页。

共识。[1]

在转型过程中，通过称职的治理和维持社会项目，民众对政府的可信度会增强，政府也会得到社会政治认同。好的治理意味着国家必然能够管理社会经济事务，以鼓励竞争，促进社会和经济参与者之间的合作，同时有助于协调社会和经济参与者的行动。治理建立了政府的信任度。[2] 同样重要的是，政府维持社会服务。尽管计划经济时代庞大的社会开支必须被削减，政府应该维护社会安全网络（失业津贴、教育、就业协助、养老金等）以帮助在转型中受到伤害的人们。如果不能提供社会服务，这将会损害政府的可信度，削弱社会政治认同，同时影响社会安定，阻碍经济改革。[3]

七、经济改革的四要素

应该注意到，学者们对于这些要素的先后次序并未达成一致看法，正是在这点上的分歧影响了激进论和渐进论之间的争论。

1. 物价稳定

物价稳定是财政和货币政策研究的问题，它会使市场不确定性，比如通货膨胀，得到控制。从指令经济向市场经济的转型过程中，物价稳定及随后的自由化是关键因素。使脆弱的经济得到稳定，这个过程包括减少贸易不平衡，削减赤字，以及实施政策稳定国内通货，并使之坚挺。要使市场改革的这四个相互关联的要素运作起来，就必须要有相当数量的国外援助和投资。此外，市场改革的这四个要素必须同时存在——否则，市场改革政策实际上是更为有害的。

比如，在转型经济中，只执行强力的短期物价稳定，而不施行其他更为全面的改革，这会使改革进程恶化，导致更为严重的通货膨胀和经济衰退，因为投资受阻，私营经济增长滞后。尽管许多国家成功抑制了通货膨胀，并在短期内控制了收支平衡，如果其他改革措施无法严格实施，转型经历

---

① 范·布拉班特，第304—306页。
② 同上，第307—315页。
③ 同上，第335页。

反复也很常见。在 1990 年改革之前,波兰的经济环境十分有利,在实施相关改革措施,增加需求,促进私有经济增长,控制通货膨胀之后,国家的调整也顺利展开。但是,由于政治和社会的不稳定,以及由于全面改革而造成的经济紧缩,到 1991 年经济实际上大幅衰退。显然,如果能营造政治和社会稳定的环境,经济改革的其他相关要素能同时发挥作用,经济稳定很可能延续下去。[①]

2. 自由化

自由化是允许市场自主决定价格,减少贸易壁垒。自由化是市场改革中的关键部分,因为它开放国内企业和商业活动,即投入世界经济中,从而使这些企业更具效率和竞争力。使指令经济自由化包括这些步骤:调整国内通货,使之能在经常账户交易实现可兑换,保证由市场决定价格,通过人口、资本、产品、服务和理念的自由流动,增加经济竞争。自由化在改革过程中是必要的,但是为此而采取的措施也会间接导致经济受到伤害。比如,由市场进行定价会加剧通货膨胀。就贸易自由化而言,调整通货会使其适合于国际交易,但这实际上会挫伤国内商业活动,而不是使国内商业主体成为强有力的竞争者,进入国际市场。[②]

3. 私有化

私有化即建立商品的私有产权体系,旨在优化资源分配,使资本获得更好的生产率。范·布拉班特对私有化给出了更为宽泛的解释,他认为,私有化包括现存国有机构的改革,使其运作能最大限度减少成本,最大限度提升资本价值;机构的实际规模并不重要,重要的是机构能敏感地对经济和市场刺激做出反应。

结果,私有化被作为一种方式,使一系列修正过程围绕对资产的控制展开,即通过将国有权转移到其他机构,直接促使资本资源分配给非国有的实体。[③]

有几种路径可以实现私有产权,包括分配赠券、管理层收购以及直接

① 伊斯兰和曼德尔鲍姆,第 199—207 页。
② 伊斯兰和曼德尔鲍姆,1993 年,第 183、199—206 页。
③ 范·布拉班特,第 212 页。

出售。① 如果我们吸收范·布拉班特有关私有化的定义，其他可能的途径包括国家把生产转包给私营机构，把国有机构出租给私人运作，或者国家出售特许权。② 谨慎管理的拍卖通常是出售国有资产的最佳方式，因为转型经济缺乏成熟的证券市场，拍卖相对而言是公开透明的。但是，私有化没有可以优先选择的方式；政策制定者必须根据具体情况制定方案。③ 在钟(Chong)和西兰斯(de Silanes)看来，私有化的四个步骤包括私有化之前的立法、解除管制、出售国有企业、再管制。④ 其他专家认为，政府在将机构出售之前就应该对其进行改革，他们确信，市场条件适合私有化(比如，监管不充分的市场进行私有化会导致机构垄断)，同时根据机构和经济的特点，选择何事的私有化方式。⑤

4. 制度化

制度化确定了国家在经济中的作用，并形成了竞争政策。⑥ 乔杜里(Chaudhry)把制度区分成七种类型：

> (制度)包括抽租(税收、信息收集)、行政(法律、产权)、监管(通货、价格、公共品、度量、银行业务、许可)、抑制和鼓励(政策、管制)、分配(补贴、转移)、再分配(补贴、转移、福利项目)和生产。⑦

乔杜里有关市场文化的概念以及自利原则也是种制度。法律对政府在经济中的作用给予了新颖而完全不同的界定，公民必须接受这些法律。此外，理性的自利必然"取代……荣誉、自私、复仇和激进的派系仇恨"，成为推动经济行为的主要动机。因此新市场参与者之间的竞争是由自利驱

---

① 国际货币基金组织：《第三章：过渡时期：经验与政策问题》。

② 范·布拉班特，第 219 页。

③ 同上，第 235—237 页。

④ 阿尔伯特·钟、弗洛伦希奥·洛佩兹·德·西兰斯(Florencio Lopez de Silanes)：《关于私有化的事实》(美洲发展银行，2004 年)。

⑤ 范·布拉班特，第 220—226 页，范·布拉班特，第 220—232 页详细分析了私有化的障碍。

⑥ 国际货币基金组织：《转型经济体：国际货币基金组织的发展与期望》。

⑦ 乔杜里，第 5 页。

动的,而不是"前资本主义独有形式"或"非理性的"观念。尽管不如政治和法律制度那么具体,这些行为制度对于市场经济而言至关重要;没有它们,参与者会在"无法支持"这些行为的市场框架中做出"经济上不理性"的决定。①

---

① 乔杜里,第 7 页。

第二章　智库同经济和政治转型

一、公民社会与民主转型

公民社会与民主存在关系并非始自最近的政治经济转型浪潮,托克维尔在对 19 世纪早期美国民主的观察中就对此有所描述。[①] 他认为,他称之为"公民协会(civil association)"的独立组织是民主的基础。托克维尔会有这样的观点,是因为他相信,当民主制度中的公民被迫在自由和平等间进行选择时,他们会牺牲前者而选择后者。然而,托克维尔认为这样的制度会产生一个为了个人自由而付出等级制度和稳定的社会。社会独立于国家机器之外,从最宽泛的意义上说,公民社会可以被理解为这种社会的一部分。在托克维尔看来,开放的和民主的社会具有某种难以驾驭的本质,要对此进行管理,公民社会与民主制度的内在关系是一个基本要素。他在《美国的民主》中写道,公民社会使民主制度更加完善。[②] 他进一步建议,"只有在按照民主方式构建的国家中,人们才需要协会,对党派的专制或者君主的绝对权力进行限制"。[③]

当我们在分析智库、公民社会同民主化与市场改革过程的内在关系时,托克维尔对美国的观察与我们的分析直接相关。公民社会独立于国家,智库作为主要的公民社会参与者,也具备这一重要特征。民主体制会

① 阿历克西·德·托克维尔《论美国的民主》,译者亨利·里夫,修订弗兰西斯·鲍恩,编辑菲利普·布拉德利,第二卷(纽约:克诺夫出版社[1835,1840],1990 年)。
② 杰拉德·克拉克:《非政府组织(NGOs)与发展中国家政治》,《政治学研究》第 46 期第 1 篇,1998 年,第 36—52、50 页。
③ 德·托克维尔。

强迫公民一起为了相互的利益和社群的利益行动,这样民主制度会引起反社会的趋势,公民协会正可以削弱这一趋势。① 如果社会存在强有力的贵族,精英们可以动员他们巨大的资源以扩大他们的利益,高尔斯顿(Galston)写道,而"在民主社会""公民个体既不能自我防卫,也不能迫使他人行动,②只有自发的协会才能克服公民个体力量薄弱的劣势"。③ 在高尔斯顿看来,更普遍地说,公民协会可以调和个人主义、"原始的自利",使公民协会如托克维尔描述的"正确理解的自利",④平息个人冲动以利于民主的存续。⑤

与之类似,未来研究中心在最近的一份报告中强调了公民社会对有效国家的重要性,⑥给予《联邦党人文集》所提出的原则,⑦有效国家可以控制其公民和国家自身。从历史上看,这样的安排是政府和组织化的公民团体博弈的结果。正如之前所说,起草一部宪法可以为这样的协商提供基础,它要么引来和解,要么导致暴力。⑧ 但是发展中国家在创立一个有效国家的过程中,经常面对不同的挑战。通常,这些国家的政治制度是从发达的民主制度借鉴过来。结果,这些制度在本质上跳过了政府与公民社会协商这一阶段,因此缺乏合法性进行有效统治。

在东欧剧变前几年,公民社会与民主制度关系的问题又受到关注。亨廷顿认为,民主制度的一个"前提"是多样化的社会结构,包括自治的、非家庭的团体。⑨ 这些团体让社会限制国家权力,亨廷顿总结道,社会团体就这

---

① 威廉·A. 高尔斯顿:《公民社会与"协会艺术"》,《民主杂志》第 11 期第 3 篇,2000 年,第 64—70 页。
② 高尔斯顿,第 67 页。
③ 同上,第 70 页。
④ 德·托克维尔,第二卷第 123 页,引自高尔斯顿,第 70 页。
⑤ 高尔斯顿。
⑥ 未来研究中心:《更加有效状态的征兆》,论文于 2006 年 1 月 19—21 日俄罗斯圣彼得堡召开的第七届全球开发大会提交,www. gdnet. org/middle. php? oid = 237&zone = docs&action = doc&doc = 10960。
⑦ 未来研究中心报告援引《联邦党人文集》第 51 号,参见《联邦党人文集》第 51 号,耶鲁大学法学院阿瓦隆项目,1996 年,www. yale. edu/lawweb/acalon/federal/fed51. htm。
⑧ 英国税收政策发展被特别说明,参见未来发展中心,第 5 页。
⑨ 塞缪尔·P·亨廷顿:《会有更多的国家变得民主化吗?》,《政治学季刊》第 99 期第 2 篇,1984 年,第 193—218 页。

样为有效的、民主的政治制度提供了最好的基础。戴蒙德、利普赛特和林茨将这一推理直接运用到成功的民主转型上，并认为，公民社会是否牢固与是否有机会实现稳定的民主之间存在"清晰的关系"，他们把哥斯达黎加、印度、委内瑞拉和菲律宾作为例证。① 利普赛特和莱金认为，对于民主制度的成功，公民社会（还有政治党派）是必要条件，尽管不是充分条件。②

戴蒙德把公民社会定义为"有组织的社会生活，这种社会生活是开放的、自愿的、自我生成的、至少部分是自食其力的、在国家中实现自治的，并受到法律秩序和共享规则的约束"。③ 对于我们理解智库作用而言更为根本的是，戴蒙德认为，"公民社会在某些方面与国家相关联，但是公民社会无意获得正式的权力或掌握国家机器。更应该说，公民社会从国家获得让步、福利、政策改变、救济、补偿，或让政府对自己负责"。④ 这篇小小的文章抓住了本项研究的核心意图，即通过案例研究强调智库在推动变革和增加公众利益中的作用。

东欧剧变助长了这样的观点，公民社会能防止国家践踏公民权利。一些计划体制的异见分子把公民社会作为反对极权国家的利器。"通过比较"，萨达莫夫（Sardamov）指出：

> 以及辨识一些市民协会在计划体制衰落过程中起到的作用，在20世纪90年代，一系列NGO组织具有公民社会特征，它们被认为构建了草根行动的牢固网络。这样，人们期望NGO发挥多种作用，激发深层次的社会、政治和经济变革。⑤

林茨和斯特潘重申了这一思想：

---

① 拉里·戴蒙德、西摩·马丁·利普赛特、胡安·林茨：《发展中国家民主政府建设与维持的初步探索》，《国际事务》第150期第1篇，1987年，第17页。
② 利普赛特和莱金，第61页。
③ 拉里·戴蒙德：《反思民主社会，期望民主巩固》，《民主杂志》第5期第3篇，1994年6月，第5页。
④ 戴蒙德，第6页。
⑤ 伊夫林·萨达莫夫：《"公民社会"与民主援助的局限性》，《政府与反对党》第40期第3篇，2005年，第387页。

在最近东欧和拉美反抗非民主政体的斗争中,这样一种话语被建构起来,它强调"公民社会与国家的对立"——这种两分法的哲学谱系可谓悠久。这种话语在政治上对于一些国家出现的民主运动而言是有效的,在这些国家,政治组织被禁止,因此它们非常虚弱。在许多国家,公民社会无疑被认为是民主反抗和转型的英雄。①

这一论述近来被重提,研究中东民主的学者采纳了这一想法。在这一语境中,一些学者坚持认为,如果威权政体采取"有意义的"改革,比如为智库或其他公民社会组织提供更大的空间,这样民主转型将随之而来。②

公民社会可以抵消威权统治的另一个例证是纳粹德国。由于缺少积极反抗,纳粹党巩固并保持了自己的权力,为了阻止来自公民社会的反对,纳粹党禁止工会、教会团体、其他政党甚至体育联盟或唱诗班存在。在纳粹党初次掌权以后,他们精心策划了一场"一致化"运动,或者使所有市民协会纳粹化,以此巩固纳粹的政治权力。他们组织了希特勒青年团、德国少女联盟,每个职业都有纳粹组织,建立了纳粹工会、纳粹体育俱乐部甚至纳粹仪仗队,并且禁止其他政党存在。因为人们不会一起表达政治主张,发表异见,或者在独立于纳粹统治之外的公民组织谋划反抗,这样就不会有任何反抗运动。没有了独立于国家社会党之外的公民社会,人们彼此间相互孤立,社会分崩离析。在德国,缺少了独立于政体之外的公民社会,这就抑制了抵抗运动的产生,并使极权统治得以昌盛。政治运动可以迫使改革和民主转型,③健康的公民社会对这种政治运动而言是必需的。

戴蒙德认为,公民社会在许多方面有助于引导一个国家向稳固的民主国家转型,包括:

- 制约国家,并限制其权力;
- 促进政治参与,增加公民的政治作用;

---

① 胡安・J. 林茨、阿弗莱德・斯特潘:《展望民主政体》,《民主杂志》第 7 期第 2 篇,1996 年,第 17—18 页。
② 肖恩・L. 扬姆(Yom):《阿拉伯世界的公民社会与民主化》,《国际事务中东评论(MERIA)》2005 年第 9 期,第 14 页。
③ 威廉・谢里丹・艾伦:《纳粹夺取政权》,第 217—230 页。

- 帮助发展其他民主特征，比如容忍、节制以及愿意妥协；
- 建立言论、集会和表达利益诉求的渠道；
- 产生广泛的相互关联的利益，进而缓解主要的矛盾对立；
- 招募和培养新的政治领导人才；
- 采取非党派的选举监督，阻止欺诈，增强选民信心，确认结果合法性；
- 传播信息，进而在对公民利益和价值的共同追求和捍卫中帮助公民；
- 协助融入政治联盟中，政治联盟对于成功的经济改革是必须的；
- 培养社会对国家的尊敬，推动社会积极介入国家生活，改善国家治理能力，并使国家值得公民自愿服从其安排。[1]

我认为，只有智库能有效承担这些作用，我也希望本书呈现的案例有助于说明这一点。

有关公民社会和民主化的文献并不限于转型阶段，尽管本书仅限于研究转型阶段的问题。比如，林茨和斯特潘认为，公民社会对于民主得以成功壮大至关重要。[2] 特别是，他们强调，在巩固民主制度过程中，自由和有活力的市民社会可以发挥作用，提出替代性的政策方案，并监督政府。[3]

自由之家(Freedom House)最近的研究为公民社会和成功的民主转型间的理论关系提供了经验证据。[4] 这项研究发现，在 67 个已经完成向民主制度转型的国家中，有 50 个国家，"公民反抗"，包括罢工、抗议、抵制活动以及不服从的行动，成为重要因素。此外，"公民反抗"强烈的国家发展出最为成功的民主制度。报告作者明确指出，"在促成民主的过程中，强健有力的非暴力联盟是最为重要的要素"。[5]

不是所有的学者都认为公民社会和民主转型之间存在关联，注意到

---

① 戴蒙德，第 7—11 页。
② 林茨、斯特潘：《展望民主政体》。
③ 林茨、斯特潘，第 17 页。
④ 阿德里安·卡拉特尼茨基、彼得·阿克曼：《如何赢得自由：从公民抵抗到持久民主》(纽约：自由之家，2005 年)，www. freedomhouse. org/uploads/special_report/29. pdf。
⑤ 卡拉特尼茨基、阿克曼，第 7 页。

这一点很重要。一些学者不认为在公民社会和民主化之间存在因果关系，[1]伊克勒格贝(Ikelegbe)认为，在尼日利亚公民社会组织伤害了这个国家处于萌芽中的民主制度。[2] 最后菲奥拉蒙蒂(Fioramonti)认为，在公民社会对民主化的影响可被确认之前，有关公民社会更为微妙的观点是必要的。[3]

二、经济转型

有关经济改革的传统观点认为，公民社会最好排除出这个过程。这种观点源自一种担忧，如果利益团体，特别是工会，介入转型过程，随后的改革将会因为社会压力而变得不连贯，且缺乏效率。[4] 然而学者们在这个理论中区分出两类问题：第一，把经济政策制定者隔绝于社会压力之外，并不能保证其政策是有效的。第二，没有公众监督的决定总是适得其反，或者具有伤害性。[5] 考虑到这些反对意见以及过去20年发生的重大事件，这种观点要大幅修正。

针对这一情况，学者们开始提出"协商"理论，这种理论赞成公民社会在经济转型中发挥实质性作用。[6] 恩卡纳西翁(Encarnación)解释道，协商把有关经济改革的磋商拓展到非议会的政治参与者，包括工会和雇主协

---

[1] 普遍看法参见萨德摩威(Sardamov)，中东相关观点参见扬姆(Yom)，西班牙相关观点参见奥马尔·G.恩卡纳西翁：《佛朗哥后的西班牙：民主化的经验教训》，《世界政治杂志》第18期第4篇，2000—2001年，第35—44页。

[2] 奥古斯丁·伊科勒格贝：《公民社会与民主化：假设、困境与南非经验》，《现代非洲研究杂志》第39期第1篇，2000年，第1—24页。

[3] 洛伦佐·菲奥拉蒙蒂：《公民社会与民主化：假设、困境与南非经验》，《理论：社会和政治理论杂志》第107期，2005年8月，第65—88页。

[4] 奥马尔·恩卡纳西翁：《双重转型的政治》，观点来自斯蒂芬·哈格德和史蒂文·B.韦伯的《改革投票：民主、政治自由化与经济调整》、斯蒂芬·哈格德和罗伯特·考夫曼的《民主转型的政治经济学》，《比较政治学》第28期，1996年7月，第477—492页。对于在公民社会无法发挥作用的工作，参见哈格德和考夫曼。

[5] 同上，第484页。

[6] 参见其中路易斯·卡洛斯·贝塞尔·佩雷拉、宙斯·玛丽亚·马瓦尔和亚当·普沃斯基：《新民主国家的经济改革：社会民主主义的方法》(剑桥：剑桥大学出版社，1992年)。

会。① 他进一步解释道，"使经济改革从属于协商过程不仅可以完善改革的专业质量，而且可以建构一个政治基础，以支持具体的改革策略"。②

为了验证协商理论，恩卡纳西翁考察了20世纪70年代西班牙的经济改革。学者们总是赞赏佛朗哥统治以后的博弈过程，认为它为全新的工业劳动关系奠定基础，抑制了过度通货膨胀，带来了随后的物价稳定，设计了重构国家经济的改革计划。协商营造出一种氛围，在其中政府经济改革更为适宜，如果转型过程中公民社会被排除，情况就不会这样。③ USAID的一份报告强化了这种观点。这份报告分析了在乌干达、津巴布韦、加纳和南非经济改革中同时出现的协商论坛，并强调了公民社会如何为各种相关党派发声："经济政策变化造就了成功者和失败者，潜在的失败者被给予机会表达他们的忧虑，或者因为他们遭受的损失而获得补偿，这是非常必要的。"④这份报告指出，把公民社会的参与者吸纳进经济改革，新的政策通常较易被接受，因为相关党派能够表达他们的不满，他们也更容易被说服，在改革中政府是有诚意的。

看一看墨西哥的例子。在这个国家，职业协会、非政府组织、大学和智库构成了亲市场的网络，这些网络成功推动了自由化、私有化和去管制政策。⑤ 在那些公民社会被排除在改革进程之外的国家，总会出现激烈反应。恩卡纳西翁指出，在阿根廷和巴西，经济改革被悄悄设计出来，但是最终失败了，在这个过程中，可以了解国家军队的耐心力和公民社会的灵活性，但是改革最后摧毁了政府的公信力，埋葬了限于经济改革的民主改革。⑥

如伊克勒格贝所说，公民社会在民主转型和经济转型中发挥了有价值

① 恩卡纳西翁：《双重转变的政治》，第484页。
② 恩卡纳西翁：《双重转变的政治》，第484页；参见贝塞尔·佩雷拉、马瓦尔和普沃斯基。
③ 恩卡纳西翁：《双重转变的政治》，第484—485页；恩卡纳西翁：《佛朗哥后的西班牙》。
④ 美国国际开发署，民主与治理中心，全球规划局，场地支持与研究：《非洲的参与、协商与经济改革：经济论坛》，2001年，www. usaid. gov/our_work/democracy_and_governance/publications/occpapers. html＃pnacm001。
⑤ 亚历山大·萨拉斯波拉斯：《改变墨西哥政治支持的基础：商界网络和市场改革进程》，观点来自《国际政治经济》第12期第1篇，2005年，第129—154页。
⑥ 恩卡纳西翁：《双重转变的政治》，第484页。

的作用。① 桑德尔(Sandle)用这个关系来分析智库:

> 在许多对中东欧智库发展的分析中,有一个潜在的主题,即民主化、市场化和智库的明确关系。随着全球范围内计划体制的衰败,人们在推进民主制度和市场经济的框架内讨论智库。这样它就作为公民社会发展的表征。尽管在另一个层面智库被认为是民主制度、公民自由和市场经济的缔造者和捍卫者。改革的参与者、宣传者和分析家都支持这种观点。②

从直觉上说,智库和经济转型的联系似乎确实存在。向市场经济转型中存在的复杂性极强,特别是对于缺乏市场经验的政府更是如此。就此而言,智库的作用看起来主要是提供服务——智库工作人员,特别是那些受过市场经济训练的人员,在协助政府起草和实施那些通常相当复杂的私有化和自由化政策时,是至关重要的。

一些例子有助于说明智库对经济改革施加的影响。比如,20 世纪 80年代,中国的经济类智库配合政府的市场化导向政策,提出了政策创新。在那个时代,中国智库能够运用对经济议题的影响力,支持各种转型方法和一系列改革政策建议。③ 在台湾地区,由于政府、智库和学术界的紧密联系,该地区经济并没有受到 20 世纪 90 年代亚洲金融风暴的影响。④ 在阿根廷,智库先于政党清晰表达了加快民主化和市场改革的要求。⑤ 马来西

---

① 伊克勒格贝,第 1 页。

② 马克·山道尔:《智库,后共产主义与民主化在俄罗斯与中东欧》,来自《智库传统:政策研究与思想政治》,编辑黛安娜·斯通、安德鲁·德纳姆(曼彻斯特:曼彻斯特大学出版社,2004 年),第 136 页。

③ 班瑞·诺顿:《中国经济智库:1990 年代的角色转变》,《中国季刊》第 171 期,2002 年,第625—635 页。

④ 李晨秋(Lee-in chen chiu):《台湾经济政策制定过程中学者与智库的作用》,《NIRA 评论》,1999 年春,www. nira. go. jp/publ/review/99spring/chiu. html。

⑤ 米格尔·布莱恩、安东尼奥·西西奥尼、尼古拉斯·D. 达科特:《发展中国家:阿根廷的经验教训》,出自斯通和德纳姆,第 198—212 页;埃瑞克·C. 约翰逊:《智库如何改善公共政策》,《今日经济改革》第 3 期,www. cipe. org/publications/ert/index. php,第 34 页。

亚的政策研究中心在 20 世纪 60 年代和 70 年代，①推动了经济改革，并支持推动国家新经济计划。在撒切尔政府时期的英国，保守派智库可以对经济政策施加巨大影响。在亚当·斯密研究中心的影响下，自由市场原则被引入公立医疗体系。经济事务研究所和政策研究中心在实施退休金改革和私有化过程中发挥了巨大作用。② 在俄罗斯，国家和法律研究所成功推动叶利钦签署法令，使国有农业私有化。③

三、智库的作用

前面说明了智库和公民社会在民主和经济转型中会发挥重要作用。现在将考察智库同样重要的一个特点，即它们是如何影响政策的。首先，应该注意到，影响力难以被衡量，但是通过分析案例可以对其进行评估。其次，注意到转型过程的复杂性也很重要。尼尔森（Neilson）曾指出，治策模式非常多。④ 在尼尔森看来，这些模式总体上可以分为两类，"理性"模式，它认为研究可以直接引起政策变化；"政治"模式，它则认为许多参与者介入治策过程，而正是借着这股复杂的动力治策才能实现。⑤ 理性模式包括线性模式、⑥"渐进"模式、⑦"交互"模式。⑧ 政治模式包括"政策网络"或

① 苏明邱（Su-ming Khoo）：《智库与马来西亚发展》，引自斯通和德纳姆，第 179—197 页。
② 西蒙·詹姆斯：《思想掮客：智库对英国政府的影响》，《公共管理》第 71 期，1993 年冬，第 491—506 页。
③ 约翰逊，第 34 页。
④ 参见斯蒂夫妮·尼尔森：《IDRC 支持的研究及其在公共政策的影响力：知识利用与公共政策进程：文献综述（评估组，国际发展研究中心 IDRC，2001 年）》，www. idrc. ca/en/ev-12186-201-1-DO_TOPIC. html；黛安娜·斯通等：《衔接研究与政策》，（论文发表于英国国际发展讲习班，沃里克，2001 年 7 月 16—17 日）用以解释。
⑤ 安妮·菲尔伯特：《姆万扎故事的转折：HIV 研究是否会改变全球政策?》，http://nt1. ids. ac. uk 编号 21，引自尼尔森第 12 页。
⑥ 参见丽贝卡·萨顿：《政策进程概述》（伦敦：海外发展研究所，1999 年）；斯通等人（2001 年）；费尔南多·赖默斯、诺尔·麦基恩盖尔：《对话：通过研究影响全球教育政策》（伦敦：普雷格出版社，1997 年）。
⑦ 参见查尔斯·C. 林德布罗姆：《政策制定过程》（恩格尔伍德：普兰迪斯-霍尔公司，1980 年）。
⑧ 参见莫瑞利·格林德尔、约翰·W. 托马斯：《公共选择与政策变迁：发展中国家政治经济改革》（巴尔的摩：约翰霍普金斯大学出版社，1991 年）。

"知识社群"、①"议程设置"、②"政策叙事"、③"政策转化"。④ 很遗憾,更加细致地讨论这些模式超出了本书的范围,但以上罗列的条目足以说明这个过程是多么迂回周折。

智库研究,更笼统地说知识,是如何在治策过程中被使用的,克鲁(Crewe)和杨(Young)区分了三个影响这个问题的因素。⑤ 他们区分的第一个因素是"环境",或者"政治和制度"。⑥ 政治制度、决策者的意识形态和政治约束、公民社会、经济体制类型、所提出政策的适应性,这些都会影响研究是否会被用于治策以及如何被用于治策。他们区分的第二个因素,被他们称为"关注度"或"可信度和交流能力"。⑦ 这指的是研究的声誉如何,以及它是如何传播的。低质量的研究或者交流不充分的研究不可能影响任何政策。弗雷德·伯格斯滕(Fred Bergsten),美国国际经济研究所的主任解释道:

> (出版物)放书架上起不到任何作用。就治策时刻表而言,发布这些出版物的时间太早或太晚,它们就不会有影响,太晚的话更是致命。所以能够了解政策议程表上的议题,以便在需要的时候给出相关分析,这是非常重要的。⑧

最后,克鲁和杨强调了政策形成过程中"关系"的重要性。"关系"指的是在治策过程中,主要利益相关方的"影响力和合法性",他们的作用和声

---

① 参见黛安娜·斯通:《捕捉政治谋划:智库与政策进程》(伦敦:弗兰克凯斯公司,1996年)。

② 参见约翰·肯顿:《目的、余地与公共政策》(波士顿:小布朗公司,1984年)。

③ 参见埃默里·M.罗:《发展报告:充分利用发展规划》,《世界发展》第19期第4篇,1991年,第287—300页;以及萨顿,1999年。

④ 参见大卫·洛威兹、大卫·马什:《从谁学到什么?政策转变综述》,《政策研究》第44期第2篇,1996年,第343—357页;以及斯通等人。

⑤ 艾玛·克鲁、约翰·杨:《衔接研究与政策:背景、论据与链接》,ODI工作论文173期(伦敦:海外发展研究所ODI,)2002年9月,www. odi. org. uk/rapid/Publications/ODI_pubs. html。

⑥ 克鲁和杨,第5页。

⑦ 同上。

⑧ 弗雷德·伯格斯滕:《国际经济研究所》,引自麦甘。

望，以及他们之间的联系都会对研究如何影响政策产生作用。①

记住这些因素，研究和政策如何相互影响，学者们在解释这种关系时提出了各种模式，简要提及这些模式非常重要。直到 20 世纪 70 年代，学者普遍假定在决定政策时，政策制定者会例行公事地使用学术研究的成果。② 这被称为研究应用的理性模式。在这个过程中，研究者为政策制定者提供了完整的分析，并在一个问题上提供完备的选项，在作出有根据的决定前，政策制定者会对这些选项进行深思熟虑的研究。遗憾的是，政策决定通常并不是这样做出的。③ 研究者觉察到治策过程中影响力缺失的问题，为了回应这一问题，他们提出了被称为"两社群"模式的研究应用理论。④ 这种理论认为，将研究转化成政策之所以困难，是因为学者和决策者之间存在内在行为差异。这一模式也已经被证伪，⑤一些更新的、差异更加细微的模式将之取代。斯通等人细致地区分了三个模式："应付"模式、知识应用模式、⑥政策典范模式。⑦ 政策决定者会面对竞争性的需求，他在做出政策决定时会受此限制，他要在决定中通过妥协的方式，满足所有的目标，而不是有所偏重，这样才能让各个党派都满意。知识应用模式强调，尽管一项研究很少直接影响政策，研究成果积累到一定程度，才会逐步改变

---

① 克鲁和杨，第 5 页。

② 参见卡罗尔·韦斯、埃瑞克·林德奎斯特：《卡罗尔·韦斯和埃瑞克·林德奎斯特在公共政策制定与研究层面的对话》，斯蒂芬·戴尔采访，《报道》（2003 年 9 月 11 日）；卡罗尔·海肖恩·韦斯：《研究成果利用》，论文发表于渥太华国际发展研究中心（IDRC）论坛（2003 年 3 月 24—25 日）。

③ 斯通等人，第 5 页。

④ 内森·卡普兰：《两社群理论与知识利用》，《美国行为科学者》第 22 期第 3 篇，1979 年，第 459—470 页。

⑤ 参见尼尔森，2001 年；卡罗尔·韦斯：《政策目的研究：社会科学研究的启示功能》，《政策分析》第 3 期第 4 篇，1977 年，第 531—545 页；大卫·J. 韦伯：《政策推进过程中政策知识的分布与运用》，《知识与政策》第 4 期第 4 篇，1991 年，第 6—36 页；保罗·萨巴捷、汉克·詹金斯·史密斯：《政策转变和学习：倡导联合方法》（博德尔：韦斯特维尔出版社，1993 年）。

⑥ 参见詹姆斯·L. 森德奎斯特：《研究掮客：薄弱链接》，《知识与政策：不稳定的联结》，编辑 L. E. 林恩（华盛顿：国家科学研究院，1978 年）。

⑦ 参见彼得·霍尔：《政策范式、专家与国家——以英国宏观经济政策制定为例》，《社会科学者，政策与国家》，编辑 S. 布鲁金斯和 A. G. 加尼翁（纽约：普雷格出版社）。

对问题、成因和解决方法的认识。最后,政策典范模式是基于这样的观念,治策者的视角受到最主要的分析框架影响。这里,经济、社会、政治因素决定了是否研究与典范相符,并能被接受。①

智库在治策过程中起到了重要的作用,麦甘把智库定义为"公共政策研究、分析和参与的组织",其主要目标是"在国内和国际议题上,帮助政府理解和做出有根据的政策选择"。② 但是智库、非政治性实体没有任何权威,它如何能帮助政府做出决定,其中的机制并不清晰。斯通写道:"智库在政策转化中的地位并不是自明的。智库不能强行让政治体系接受自己的政策选择。它们只能通过劝说方式。"③智库劝说的效果,每个国家都不相同,在后几章中会对此进行说明。

为了阐明智库在复杂的治策过程中的作用,斯通区分了这类机构需要承担的四种作用。④ 之所以叫智库,其最重要的作用在于认识问题和创造知识。斯通认为,相比于政府,智库总是对刚出现的问题更为敏感,因为智库缺少政治和制度羁绊,而政府官僚体系却必须面对这些束缚。但是,智库也关心能决定政策的理论和方法。斯通解释说,"特定观点或项目的政策转化可以通过更深入的、优先的认知过程得到加强"。⑤ 智库不只是想改变特定的政策,更想要"影响社会认知",以改变社会通行的价值取向。⑥

另外,智库是信息和专业知识的"交易所"。斯通认为,在各个方面,"智库就是一个有关其他国家和地区知识和专业信息的储备池,这些信息随时会被用到"。⑦ 除此之外,智库对知识的累积有助于改变决策制定者制定政策所需的典范框架。通常并不是确定的研究改变政策制定者如何思考一个问题,而是累积的证据改变了当权者思考和看待问题的方式。政治参与者按照典范框架行事,根据这个典范框架,不同的政策会被认为更

---

① 斯通等人,第4—8页。
② 麦甘,第11页。
③ 黛安娜·斯通:《独立政策研究影响民间政策转向的策略》,《治理:国际政策与行政杂志》第13期第1篇,(2000年1月)第47页。
④ 斯通,第53—60页。
⑤ 同上,第59页。
⑥ 同上,第60页。
⑦ 同上,第53页。

有优势，或者更易被世界文化所接受。决定不是在真空中做出的。决策是根据所处的环境制定的。智库这个信息交易所创造的政策选项、大量的信息，以及智库与政策制定者是否亲近，他们的关系如何，这些因素结合起来产生了"知识渗透"。想法、研究和新视角改变了研究问题的典范框架和认识。政策制定者周遭的一切都可能被它们渗透，它们改变了政策制定者处理问题的方式和理解潜在政策选项的方式。

　　知识渗透的一个例子可以通过环境政策的制定加以理解。二战以后积累的科学证据指出，工业化危害了环境。智库其他非政府组织将这一信息传达给政策制定者，并把环境议题作为优先讨论的政策议题。对环境造成危害的政策不再被接受，对政策如何影响环境的理解也发生了变化。①

　　如康奈尔（Cornell）所说，智库不仅为政府提供信息，也为公民提供信息。② 比如，智库研究者经常接受政府委员会和机构的任命，这使他们可以运用自己的技术知识，并提供具体的政策建议。③ 约翰逊（Johnson）指出，智库也可以起草法律，为政府职员提供培训和教育，为政府提供合格的政府职员。④ 智库也是思想的孵化器——它们能够保存政策思想，直到时机到来，将这些思想引入政策之中。比如，智库可以容留在野政党，提供物质支持，接受他们的政策主张，直到他们重返政府。⑤ 或者政府也可以提出思想，但是秘而不宣，直到政治环境更加合适。⑥

　　作为信息的交易所，智库也可以向公民提供重要的政策信息。⑦ 表面上来看，智库研究通过提供通常是中立的非党派性质的研究，告知公众复杂的政策议题。⑧ 但是，约翰逊和康奈尔认为，通过教育公民，智库为民主

---

① J. L. 坎贝尔：《思想，政治与公共政策》，《社会学年度评论》第 28 期，2002 年，第 21—38、21—25 页。

② 汤姆斯·F. 康奈尔：《想法付诸实践：智库与民主》，《今日经济改革》第 3 期，www. cipe. org/publications/ert/index. php，第 2—4 页。

③ 斯通，第 54 页。

④ 约翰逊，第 34—38 页。

⑤ 艾伦·莱普森：《亨利·L·史汀生中心》，引自麦甘。

⑥ 约翰·J. 哈姆雷：《战略与国际研究中心》，引自麦甘。

⑦ 参见康奈尔；约翰逊。

⑧ 约翰逊。

制度作出了贡献。民主制度下的公民必须对政策议题有所了解,这样才能做出成熟的决定,并参与政策议题的讨论;智库在这一过程中起到了协助的作用。① 康奈尔认为,受过教育的公民在民主和经济转型中特别重要。在民主转型过程中,了解情况的公众参与政治活动,决定了会建构起哪种类型的政治制度。对经济转型来说,受过教育的公民同样重要,就此,康奈尔写道:"现存的标准依靠私人的倡导和努力。"②他继续说道:

> 向公众解释什么引起了通货膨胀和如何避免通货膨胀,这样的努力为反通货膨胀政策赢得了广泛支持。对这些问题的讨论必然来源于地方性组织,不是国际金融机构,如果讨论是有效的话。③

在这两个例子中,地方倡导对于成功至关重要④(参见之前有关西方民主制度确立过程中的妥协进程的讨论)。

智库提供的信息和研究也有助于公民社会的发展。在这方面,阿达莫(Adamo)注意到,智库可以推动各党派间的对话,特别是那些之前被排除在治策过程之外的党派。⑤ 约翰逊也同意这一点,他解释说,智库研究可以推动非政府组织发展。⑥

更普遍地说,通过充当信息交换平台,智库参与了韦斯(Weiss)所谓的"启蒙"过程。⑦ 智库和其他公民社会组织很少能声称对特定立法负责。斯通解释道:

> 这一学派提出,知识和研究需要一个漫长的时间阶段进行渗透和

① 约翰逊;康奈尔。
② 康奈尔,第 3 页。
③ 同上,第 4 页。
④ 同上。
⑤ 阿布拉·阿达莫:《通过 IDRC 支持研究影响公共政策:文献综述》(渥太华,国际发展研究中心评论组,2003 年),www.idrc.ca/en/ev31926-201-1-DO_TOPIC.html.
⑥ 约翰逊,第 36,38 页。
⑦ 卡罗尔·韦斯:《政策目的研究》,第 531—545 页;卡罗尔·H.韦斯:《不稳定伙伴关系:智库与政府》,出自布鲁金斯和加尼翁。

传播……研究本身的说服力和全面性都不足以使其成为主要的政策创新源头。相反，科学成果的积累会逐步改变政策制定者的观念。①

林德奎斯特(Lindquist)认同这一想法，他写道："成果、新观念、新理论能起到直接影响……这很少见。相反，它们融汇在一起，最终人们改变了对问题的认识，以及合理解决问题的方式。"②

智库越来越多地承担起了治策过程中的第三个作用——宣传。对于智库而言，这是相对较新的作用，相比于简单提供信息，这也更具进取性。要做到这一点，智库必须拓宽他们的信息传播方式，除了传统的出版、会议和举办研讨班，还要尝试更多地接触政府官员、政治党派、商业和媒体。通常，志趣相同的群体会相互联合以扩大影响力。这就形成了智库在治策过程中的最后一个作用——网络功能。网络为交流信息、刚出现的议题和可能的解决方案提供了渠道。特别是智库就是这样一个渠道，为专家和决策者的交流提供方便。以这种方式，智库成为"研究经纪人"，把相关信息从研究生产者转移给研究的消费者。③

因为间接影响难以衡量，④一些具体的案例有助于阐明智库对决策过程的影响。在老挝人民民主共和国，研究者通过研究学校辍学者人数、留级的频率、学生年龄、性别、种族分布，帮助教育部制定教育政策。⑤ 对智库主要负责人的调查说明，国际食物政策研究所能够通过监督大米市场可以影响越南大米价格、分析对农民和消费者的影响、提出替代政策、为主要政

① 斯通，第54页。
② 韦斯与林德奎斯特，第2页；克鲁和杨，第4页；马吉·德·微伯、英格堡·霍夫兰、约翰·杨。汉纳·塔克，给地方专家的信件，2004年5月26日。为了更完整地讨论智库政府发展可靠政策影响力指数的困难，引自布鲁斯和加尼翁。斯通，第54页。韦斯与林德奎斯特，第2页；同样参见克鲁和杨，第4页；马吉·德·微伯、英格堡·霍夫兰、约翰·杨：《衔接研究与政策：文献综述》，ODI工作论文第174篇(伦敦：海外发展研究所，2002年9月)，www.odi.org.uk/rapid/Publications/ODI_pubs.html，第60—61页。
③ 斯通，第58页；阿达莫。
④ 参见麦甘，尤其第5章。
⑤ 唐·亚当斯、格沃·瓦·克(Geok Hwa Kee)、林林(Lin Lin)：《老挝人民共和国教育发展的研究、政策与战略规划》，《比较教育研究》第45期第2篇，2001年，第220—241页。

府机构培训员工,影响越南的大米贸易政策。[①] 此外,波斯尼亚的萨拉热窝经济研究所对货币市场的研究,引发了相关的立法,班加卢卡经济研究所与健康和财政部门合作,提出了健康计划。[②]

① 吉姆·瑞安:《评估食品政策影响的研究：越南稻米贸易政策》,《食品政策》第 27 期,2002 年,第 1—29 页。

② 雷蒙德·J.斯特鲁伊克、凯里·卡加、克里斯托弗·米勒:《是否波斯尼亚政策研究组织在 2006 年比 2003 年更有效率? 技术援助是否发挥作用?》,《公共行政与发展》第 27 期第 5 篇,第 426—438 页,在线出版于 2007 年 7 月 27 日。

第二部分　案例研究

第三章　智利

　　智利是拉美市场改革的先驱，它保持了经济增长，削减了贫困，成功地实现了民主转型。①

一、智利民主化的历史

　　在 1973 年政变以前，始自 1830 年的民主选举让智库受益良多。在 143 年的时间里，这个国家只经历了 13 个月的非民主统治。② 因此，智利被认为是这一地区民主制度发展最好的国家之一。但是，在 1973 年 9 月 11 日，悠久的民主传统被迅速抹去。

　　被时任总统萨尔瓦多·阿连德(Salvador Allende)任命为陆军总司令的奥古斯托·皮诺切特(Augusto Pinochet)强力废除了这位民选领导人，并以军事集团领导者的身份接管了权力。许多政变支持者希望军队重建和普选，就像之前那样。但皮诺切特无意使国家回到民主制度。相反，军人政府破坏了政治制度，取缔政党，关闭议会，废除宪法，禁止选举登记，取缔劳工和农民组织，占领了工厂和大学。在最初 6 个月，近 8 万人被逮捕，20 万人被流放。

---

① 南希·伯索尔、卡罗尔·格雷厄姆：《新市场，新机遇？新兴市场经济流动性问题》，论文发表于施蒂格利茨夏季贫困专题讨论会(华盛顿，1999 年 7 月 6—8 日，http://www1.worldbank.org.prem/povert/wdrpoverty/stiglitz/Birdsall.pdf)，第 3 页。

② 菲利普·奥克霍恩(Oxhorn)：《组织公民社会：智利的大众部门与民主斗争》(大学园区出版社，1995 年)。

　　由于国际上对人权问题的谴责带来了压力，且顾及执政的合法性，1978 年，皮诺切特重新召集公民选举，以延续自己的执政。皮诺切特把选举的胜利视为开启了新的统治，之后他创立了新宪法，使自己的统治更正式，并禁止任何形式的政党。① 在他的新宪法中，皮诺切特给予自己共和国总统的头衔。他的任期会维持 8 年，之后通过选举继续延长自己的任期。

　　20 世纪 80 年代，智利人开始重新推动回归民主制度。这一转型通常具有两个阶段。皮诺切特推行的自由放任政策造成了 1982—1983 年的经济危机，危机点燃了民众的不满。转型的第一阶段始于 1983 年 5 月，反对政府的抗议活动爆发。第二阶段始于 1986 年，各类反皮诺切特的精英策划了一场制度变革。② 1988 年的公民投票中，55％的智利人反对军人政府再继续执政 8 年，1989 年的全国选举把独裁者从总统位子上赶下来。③ 但是，皮诺切特继续担任陆军总司令直到 1998 年。

　　智利在 1990 年开始了民主转型并随之进入巩固期。这一年建立了真相与和解委员会（Truth and Reconciliation Commission），以调查对人权的侵犯。数以百计的践踏人权者被成功带上法庭，他们要对难以计数的罪行负责。④ 2005 年 9 月，宪法得以修正以肃清极权统治诸多遗留下的问题并削弱国家安全委员会的作用，包括任命 9 名特命参议员和终生参议员，以及设置一些条款以备进一步修宪。⑤

　　随着皮诺切特卸任陆军总司令，智利成功转型成一个稳定的、已得到巩固的民主制度，不会再受到威胁倒退回极权统治。在回归民主制度后举行的 4 次选举都称得上自由和公平。⑥ 这种稳定是由于智利政府腐败程度

---

① 肯尼斯·M. 罗伯茨：《深化民主？智利与秘鲁的现代左派与社会运动》（帕罗·阿尔托：斯坦福大学出版社，1998 年）。

② 罗伯茨。

③ 皮诺切特继续担任参议院直至 2002 年辞职。1998 年，皮诺切特因为西班牙的引渡要求在伦敦被拘留。2000 年，智利法官指控皮诺切特犯有谋杀罪与绑架罪，却因声称有精神问题而免于受审。

④ 自由之家：《自由地图：国家报告；智利》，www. freedomhouse. org/template. cfm? page = 22&year = 2005&country = 6714。

⑤ 美国国务院：《背景说明：智利》，www. state. gov/r/pa/ei/bgn/1981. htm。

⑥ 同上。

较低带来的,智利公共事务透明率居世界前 20% 的国家之列。在国际透明
组织年度清廉指数排名(2005 年)中,智利与日本一起位列第 21,比西班牙
高一位,落后美国四位。①

　　在自由之家年度世界自由度排名中,智利获得了最高可能的分值,由
于在政治权利和公民自由上水平较高,其积分与工业化的北美和西欧国家
相同。② 只有哥斯达黎加和乌拉圭在拉美国家获得相同排名。2001 年的
新闻自由法案进一步强化了民主,它废除了许多皮诺切特时代对媒体的限
制。③ 尽管一些有关新闻检查的法律保留下来,总体而言媒体可以独立运
作,智利媒体自由度在世界上的排名居 55 位。④ 此外,智利人在一个活跃
的公民社会中通过有力的草根组织,运用他们的民主制度,这体现了大众
组织的持续发展。⑤

二、智利市场改革历史

　　对于拉美经济转型而言,智利堪称典范。传统基金会国际经济高级政
策分析师安娜·I. 埃拉斯(Ana I. Eiras)称赞智利"在如何使国家脱离周而
复始的援助,走向自发的增长上,树立了榜样"。⑥ 智利的市场改革在过去
30 年时间中始终在进行,它始于皮诺切特当政时期。在政变之前,萨尔瓦
多·阿连德大举实行国有化,土地被征用归集体所有,并通过需求带动增长,
他的计划式经济改革造成了经济危机,危机使智利遭受重创。这些政策使通

① 国际透明组织:《新闻稿:国际透明组织年度清廉指数排名 2005 年》,http://ww1.
transparency. org/cpi/2005/2005. 10. 18. cpi. en. html#cpi。
② 自由之家:《综合平均分级——独立国家 2005 年》,www. freedomhouse. org/template.
cfm? page = 193&year = 2005。
③ BBC 新闻:《美洲,国家概况:智利》,http://news. bbc. co. uk/1/hi/world/americas/
country_profiles/1222764. stm。
④ 自由之家:《自由地图:国家报告:智利》。
⑤ 奥克桑。
⑥ 安娜·I. 埃拉斯:《智利:走出援助走向繁荣的十步骤》,美国传统基金会,2003 年 5 月 20
日,www. heritage. org/research/latinamerica/bg1654. cfm。

货膨胀率达到 1000％,投资大幅削减,生产率降低,使经济陷入混乱。[1]

讽刺的是,威权统治虽然有损于民主制度,但是却戏剧性地为市场改革扫清道路。1974 年,皮诺切特执行了统一关税政策,对进口征收 10％关税,并取消了补贴和进口配额。较低的税收是产品多样化,从而降低价格。其次,政府实施了两次主要的税收改革,引入了税率固定的增值税,并降低了企业税。转型随后经历了三轮私有化,始于 1974 年,终止于 1990 年,并因为金融体系自由化而得到进一步深化。20 世纪 70 年代中后期,皮诺切特统治层降低了利率,放宽了准备金要求,放松了价格和工资限制,并向外国直接投资打开市场。[2]

改革为成功的市场经济奠定基础。20 世纪 90 年代,智利以拉美地区发展速度最快的经济体为傲,今天它也是拉美地区人均 GDP 最高的国家之一,仅次于阿根廷。智利的繁荣使它不同于其债务缠身的领国,主要的一个原因是这个国家不再依赖国际援助。此外,经济高速发展也得益于消除不平等、贫穷和失业。智利非正式经济始终保持在 GNP 的 19.8％,这在拉美是最少的。[3]

20 世纪 80 年代以来,尽管智利已经成为市场改革的典范,里卡多·拉戈斯(Ricardo Lagos)总统取消了一些改革,比如劳工管制撤销、减税、精简开支。这些举措增加了投资成本。最近的腐败丑闻导致中央银行总裁辞职,这最终使人们开始怀疑,智利的未来能否成为仿效的标准。[4] 传统基金会/华尔街日报经济自由指数给智利打了 1.88 分,在世界上最自由经济体中位列 14 位,仅落后于加拿大和芬兰。[5]

三、智利的公民社会

数以百计公民社会组织出现,是因为威权统治导致了新问题和新需

[1] 弗雷德·D·利维:《智利：转型中的经济体》(华盛顿：世界银行,1980 年)。

[2] 埃拉斯。

[3] 同上。

[4] http://cf. heritage. org/index2004test/country2. cfm? id＝Chile.

[5] 传统基金会:《2006 年经济自由指数排名》,http://heritage. org/research/features/index/countries. cfm。

求。由于取缔政治团体，并严重侵犯人权和自由，智利人想寻找替代方法，以解决自己逐渐增多的顾虑。① 在皮诺切特统治的头 10 年，由于使用高压手段，反对力量偃旗息鼓。普里尔（Puryear）在对知识分子和民主的研究中解释道："公民社会机构被取缔，他们的领导者要么被流放，要么被监禁，要么被驱逐……有组织的反对绝无可能。人们最主要的顾虑是生存。"②

　　尽管独裁统治的压迫使民主倒退，但是智利悠久的民主历史助长了军人统治下公民社会的成长，这主要有两个原因：首先，20 世纪 60 年代期间，那些起初批评公民社会趋势的人，他们从参与政治团体、工人运动和民众组织中获得了初步的组织经验。智利人也具备优势，他们从过去的经验中学会了如何有效组织起来改善自己的生活质量。其次，有效停止公开的政党活动，却导致群众组织增加，同时自治的程度和诉求的数量前所未有。③ 公民社会的强化可视为针对军事独裁统治的一种自我保护，在公民社会中个人和组织试图修复自己的民主权利。④

　　尽管近年来公民社会持续发展，但是不同阶层的发展情况也不同。在伦敦经济学院看来，智利圣地亚哥的"中产阶级团体数量大幅增加，影响力也有提升，但是普通民众的政治力量在分散，与政治也在疏远"。⑤ 中产阶级的专业协会，特别是那些从事私人慈善活动的机构，在实力和政治上都得到了发展，因为他们在协商技巧上具备了工会的特征。

　　从公民社会更宽泛的意义看，在治理民主转型中知识分子起到了出众的作用。1973 年政变以前的大多数研究都是在大学的资助下进行的；但是，在威权统治期间，许多学者被迫离开大学或政府机构。在高校以外进行研究是艰难的，这迫使许多团体在天主教会中寻求庇护。然而，到 20 世纪 80 年代，致力于研究和分析的独立组织建立起来，它们使学者以一种不

① 奥克桑，第 285 页。

② 杰弗瑞·普里尔：《思想政治：智利的知识分子和民主政治，1973—1988》（巴尔的摩：约翰霍普金斯大学出版社，1994 年），第 35 页。

③ 奥克桑，第 93 页。

④ 阿尔多·潘费齐：《南美公民社会与民主治理》，发展研究所，1999 年 1 月，http://nt1. ids. ac. uk/ids/civsoc/docs/southcone. doc，第 5 页。

⑤ 彼得·P. 豪特雷奇（Houtrage）等：《权利、代表与贫困：对比拉丁美洲与印度》，发展研究所，2002 年 7 月，www. lse. ac. uk/collections/DESTIN/pdf/WP31. pdf，第 4 页。

寻常的公开方式，积极参与研究、讨论、出版著作，并在有力的反抗活动中发挥核心作用。普里尔赞扬他们的积极态度，并注意到，"在智利，知识分子告诉我们转型有怎样的作用，并传递了一些有关知识分子如何促进民主转型的新信息"。① 智库有助于在政治家、社会参与者和专家之间建立信任，同时传播有关的信息、分析和批评。参考私营研究组织，普里尔说：

> 所以，他们以独特的方式展示他们日常的分析和解释。知识分子在四个领域为政治领袖展现战略视野：理解军政府统治下社会如何发生变化；对民主转型和治理进行再思考；批评社会动员策略；就后威权时代的政策，推动社会达成一致意见。②

此外，许多智利智库的领导者在新生的民主制度中成了关键的政治和经济人物。

四、补充说明：智利的今天

1998 年废除军人统治后，皮诺切特成为了一名终生参议员。那一年，皮诺切特因为西班牙的引渡要求在伦敦被拘留，在西班牙许多人指控他谋杀。在英国被拘留一年后，他被宣布由于身体原因不适合接受审判，并被允许返回智利。回到智利后，政府宣布这位退休将军为犯罪嫌疑人。但是2002 年，智利最高法院宣布他在精神上不适合接受有关侵犯人权的审判。2006 年 11 月，他被起诉杀害萨尔瓦多·阿连德的两位保镖。一个月以后，他因心脏病去世，享年 91 岁。③

在 1988 年公投以后，智利被认为是南美最稳定和繁荣的国家之一。20 世纪 90 年代，智利是拉美经济发展速度最快的国家。1990 年执政联盟

---

① 普里尔，x。
② 普里尔，第 98 页。
③ BBC 新闻：《概述：奥古斯托·皮诺切特》，http://news.bbc.co.uk/2/hi/americas/3758403.stm，2006 年 12 月 3 日。

当选,并从军事统治末期开始领导这个国家。米歇尔·巴切莱特(Michelle Bachelet),智利第一位女总统从 2006 年开始,统治这个国家。她的父亲,一位空军将军在皮诺切特统治下被关押和折磨。巴切莱特和她母亲在 1973 年政变以后也曾被短期拘押。① 皮诺切特统治下人权侵害的受害者当选了总统,这说明智利已经成为一个稳定的民主国家。

五、智利智库活动的分析

1. 发展研究中心(CED)

在智利民主化进程中,CED 的作用与其他智库并不相同。有些人认为这个组织是为转型服务的“最积极也最具效率的机构”。② 它由加夫列尔·巴尔德斯(Gabriel Valdés)建立于 1981 年,其目的是为在智利实现民主转型并使之巩固服务,③CED 研究成员的意识形态倾向主要与基督教民主党相似。④ 在为民主党人提供政策分析、投票资料,举办论坛,以使民主党不只是反对军政统治的活动中,CED 是主要参与者。⑤

早年这个机构体现了基督教民主党的政治影响,主要关注影响强烈的政治议题,并提出一系列以转型为导向的政治建议。当 1985 年埃德加多·伯宁格(Edgardo Boeninger)管理 CED 以后,这一机构脱离了政党,开始走上一条新路。⑥ CED 不再只是注重传统的政治议题,而是强调学者与同反对派有联系的政治人物进行对话。⑦ CED 认为反政府抗议起不到效果,它寻求的是替代方法,它认为真正的问题是社会和政治参与者之间缺乏信任。在伯宁格看来,重建信任是再民主化的前提。为了这个目标,他

---

① BBC 新闻:《国家概况:智利》,http://news. bbc. co. uk/2/hi/world/americas/country_profiles/1222764. stm, 2007 年 9 月 9 日。
② 普里尔,第 93 页。
③ CED:《CED 是什么》,www. ced. cl。
④ 普里尔,第 92 页。
⑤ 丹尼尔·利维:《建设第三部门:拉丁美洲私有研究中心与非营利发展组织》(匹兹堡:匹兹堡大学出版社,1996 年),143 页。
⑥ 普里尔,第 92 页。
⑦ 汉森,第 29 页。

要"在普通人、组织化的团体、政党和社会参与者之间通过共存、对话和交流重建信赖关系，进而重构政治和社会构架"。①

1984年，CED启动了一项为期3年的大型项目，被称为"政治协商、国家计划和民主"，参加者来自不同党派，他们经常相聚交流和讨论观点。议题虽有不同，但是都围绕民主问题。CED赞助举办了一系列由学者和政策制定者参与的专题讨论会，名为"稳定民主的政治条件"，讨论民主转型中的困境。此外，CED还运用"和解措施"，把反对派劳工领袖聚集在一起讨论转型。下一步是修复社会构架，以促进军政府官员和政治家之间的对话。这些项目的实施营造了一种氛围，促使人们相互信任，进而有助于推动转型。在塞尔希奥·莫利纳（Sergio Molina）看来，"这些对话非常重要，因为它们摧毁了谎言和偏见"。② 在适合公开讨论替代政策的氛围缺失的情况下，CED为讨论提供了空间。③

CED举办了"转型方案与对策"讨论会，或许这类论坛的最大作用是"促使政府向自由民主的型态逐步演化"。④ 这些讨论会成功地使公众相信，反抗活动不是迫使皮诺切特下台并实现民主转型的有效途径，这两点只有通过选举才能达到。⑤ 1987年，CED和拉丁美洲转型研究所（ILET）帮助反对派制定方案，在1998年公投中，教育和动员公众在重新选举皮诺切特时投反对票，利用媒体告知公众这样投票的意义。⑥

在整个转型时期，CED起到了重要的催化作用，这一机构在研究者和政策制定群体之间成为了受人关注的桥梁。机构的前负责人中，有些成为国内政府和国际组织的要员。加夫列尔·巴尔德斯是现任驻美大使，埃德加多·伯宁格成为了总统办公室秘书长。CED在智利政坛，以及民主化过程中的巩固期和稳定期中，持续发挥重要作用。这一组织推动了政策制定者、企业家、公民社会组织领袖、学者和政府公务员之间的对话，同时它向

---

① 普里尔，第93页。

② 同上，第93—97页。

③ 南希·特鲁伊特：《拉丁美洲智库》，麦甘和韦弗，第543页。

④ 特鲁伊特，第543页。

⑤ 普里尔，第102页。

⑥ 汉森，第29页。

国家政府领导提供有关公共政策的建议。CED 已成为"明确的领导，特别是它能使政治参与者关注有关民主转型的理论和经验，并组织理性的讨论"。①

2. 自由与发展研究所（LyD）

在智利，LyD 在巩固市场改革和民主化进程中发挥了重要作用。这一机构成立于 1990 年，旨在推进政治、经济和社会自由。作为一个相对年轻但颇具能力的机构，LyD 出现于转型成功结束以后。尽管年轻，但是 LyD 在民主化的持续进程中成为关键的参与者。

或许 LyD 最引人注目的地方是它卓越的团队，它拥有一批经验丰富、名声显赫的研究者，他们中的许多人曾长期在政府供职，或者领导企业，或者在知名高校任教。埃尔南·布奇（Hernán Büchi）是 LyD 国际经济中心的创立者和现任主席，曾是前经济部长和国家规划部部长、银行和金融机构主管、议会事务部部长，并曾在 1989 年全国大选中参选总统。此外，LyD 团队还包括了国际基金组织前执行主管、一位外债谈判参与者、几位前议会长事务部部长、智利私有化国家委员会的前成员以及反垄断委员会前主席。

3. 公众研究中心（CEP）

公众研究中心（CEP）是一家成立于 1980 年的中右翼智库，成员包括一批经济学家、商界领袖，他们希望通过撇清新保守政治和经济思想与军政府的关系，使之合法化。CED 是一家独立、非营利的研究机构，团队由顶尖的学者和政策制定者组成。② 尽管成立于皮诺切特执政时期，但是 CEP 推动了智利民主化进程。

在皮诺切特统治期间，CEP 组织了一系列会议，讨论与民主转型相关的问题，与会讲演者是当地和国外的知识分子。这些集会非常重要，它们为学界领袖提供交流机会，讨论完全不同的观点。反对派领导和右翼领导可以相互坦陈自己的观点。以此方式，CEP 确立了"民主进程中右翼势力

---

① 普里尔，第 101 页。
② 同上，第 91 页。

的特征和合法性"。①

CEP 推动对话的传统直至今日依然盛行，每个月都会举办一系列活动，向学者、大学生、企业家、政府官员和普通公众开放。这些活动包括由当地和国际知名领袖参加的讨论会、研习会和演讲。②

CEP 的季度刊物《公众研究》(Estudios Públicos)在智利国内和国际上被认为是一份跨学科的、政治和经济研究的优秀刊物。这份刊物的作者有 3000 人之多，其文章并非仅出自 CEP 研究人员，而是包括各类思想家，包括米歇尔·诺瓦克(Michelle Novack)、弗雷德里希·哈耶克(Friedrich Hayek)、萨缪尔·亨廷顿(Samuel Huntington)、弥尔顿·弗里德曼(Milton Friedman)和其他知名学者。③ 刊物的文章在许多学术研究中得到试用，使用者包括许多知名的机构和人士，包括世界银行和国际发展银行，政治领袖和学者。

从 1987 年开始，CEP 出版了 40 多本民意调查，在普里尔看来，"这些调查是这个国家最知名的民意调查，这些调查为政治领导者提供了可靠的信息"。④ 由于 CEP 民意调查的全球影响力，CEP 成为国际社会调查项目(ISSP)的成员，国际社会调查项目曾帮助智利公民社会组织国际化。⑤ 此外，CEP 拥有海量数据，包括其出版物、研究和调查报告，这些在其网站都可以得到。在治理向民主制度转型的过程中，CEP 具有很强的影响力。但是，CEP 始终推动对话，并在国内和国际上组织政治议题并开展研讨活动。

表3.1　CED 发展研究中心(www.ced.cl/)简介

案例	民主化
推荐人	杰夫瑞·普里尔于《思想的政治学：1973—1988 年间智利的知识精英与民主》(Thinking Politics: Intellectuals and Democracy in Chile 1973 - 1988)

---

① 普里尔，第 91 页。

② CEP。

③ 同上。

④ 普里尔，第 91 页。

⑤ CEP。

续　表

案例	民主化
成立情况	由加布里埃尔·巴尔德斯(Gabriel Valdés)和自由派学者于1981年创立，旨在为民主化的转型与巩固提供战略支持。CED是一个"开放、多元的研究中心"。[1]
领导者	莫里西奥·耶弗斯(Mauricio Jelves)，执行主任
任务描述	CED的目标包括为政策制定者、行政部门、地区政府和地方政府提供公共政策管理的意见；促进民主思想的传播；使公民社会知悉政策与民主的重要性。[2]
工作领域	无
主要活动/信息传播类型	CED的活动类型非常广泛，包括研究、调研、建议、讨论小组、论坛、专题讨论会和分析。
优先研究领域	分权； 地方发展和公民参与； 政治策略； 传播、新技术与社会； 军队和社会； 环境； 公民安全。[3]
民主化相关项目	"政治协调、国家项目和民主"(1984—1987) 该项目组织了一系列专题研讨会和讨论小组，来自政治和思想领域的个人与团体围绕"重构社会结构"和营造民主化环境的目标展开了激烈的辩论。参与者定期会面，在一个低调而又充满学术氛围的环境中分享并讨论他们的观点。CED往往选取一些智利民主转型过程中的争议话题作为研究与讨论的焦点议题。这些议题包括： ● "稳定民主所需的政治环境"，社会行动者和学者共同讨论一个稳定的民主制度所需的前提条件。 ● "转型的不同情境与战略"，召集党派领袖和学者们探讨通过选举程序而非社会运动的方式来逐渐实现民主，并使皮诺切特下台。 ● 其他的研讨会则召集观点相左的两方，如劳工与企业家、政客与军官、青年政治领袖与学生联合会。[4] *"促进民主发展，筹备1988年全民公投"* CED与其他机构联合在一起，教育民众在1988年公民投票中投"否"的益处。 CIS动用了大量媒体资源来使大众相信，在全民公投中投票是一种比起反对政府决策更有效的让皮诺切特下台的方法。[5]
市场改革相关项目	无

续　表

案例	民主化
出版物	CED 出版了一份杂志：《第二个百年发展手册》，每一期都针对一个智利人民关注的棘手问题；塞尔吉奥·米克和爱德华多·塞弗里奥（Sergio Micco & Eduardo Saffirio），《抛弃总统制？总统、破裂与再民主化》（2000）。 简·吉列尔莫·埃斯皮诺萨（Juan Guillermo Espinosa），《拉美的新自由经济学与社会经济学》（2001）。

注释：
1. 普里尔，92。
2. CED，什么是 CED？
3. CED，研究领域，www. ced. cl（accessed 30 July 2006）。
4. 普里尔，93—97。
5. Gary Hansen，USAID Program and Operations Assessment Report No. 12，Constituencies for Reform：Strategic Approaches for Donor-Supported Civic Advocacy Groups，February 1996，www. usaid. gov/our_work/democracy_and_governance/publications/pdfs/pnabs534. pdf（登录于 2006 年 7 月 30 日），29。

表 3.2　LyD 自由与发展研究所（www. lyd. cl/）简介

案例	市场改革
推荐人	阿特拉斯基金会 国际私营企业中心（CIPE）
成立情况	由赫尔南·布基（Hernán Büchi）于 1990 年创立的一家私营研究中心，独立于任何宗教、党派、企业和政府机构。LyD 致力于分析公共政策议题和推广自由社会的价值与原则。[1]
领导者	卡洛斯·卡塞雷斯（Carlos Caceres），理事长 克里斯蒂安·拉鲁莱特（Cristián Larroulet），执行主任
任务描述	作为一个研究机构，LyD 通过分析、研究和对公共政策的传播来为构建自由的社会秩序提供坚实的建议，从而实现政治、经济和社会的自由状态。[2]
工作领域	该研究所将其工作分为 6 个项目：国内与国际经济项目、社会事务项目、政治和制度项目、法治项目、环境项目和传播项目。
主要活动/信息传播类型	活动包括出版和分发月度期刊、组织研讨会和新闻发布会。该机构的目标受众包括议会成员、记者、政府官员、经济学家、分析师、工会领袖、学者。
优先研究领域	无
民主化相关项目	无
市场改革相关项目	无

续　表

案例	市场改革
出版物	LyD 出版一份双月刊《公共议题》(Public Issues),关注智利社会中不断变化的重要议题。该机构还有一个有关立法与政策评论的图书馆,其中大部分内容可以在他们的网站上获取到。另外,LyD 还出版了多本有关市场转型的著作。如克里斯蒂安·拉鲁莱特主编的《公共问题的私营解决方案》(1991)。 这本著作的主要目标是通过介绍智利的经验——允许私营企业进入保险、医疗、教育、市政、电力、传媒和交通等非传统领域——从而加强自由市场经济在智利与其他国家的传播。 María de la Luz Domper 主编的《微观经济学革命的政策》(2003) 这本著作的目标是介绍推动微观经济学革命所必须的政策工具,促进经济的结构性变化。这些政策工具包括私有化、信心建设、产权保护。在《每日财经》中(Financial Daily),LyD 刊登了一个基于该书思想的政策提案。

注释:
1. LyD,《关于我们》,www. lyd. cl(登录于 2006 年 7 月 30 日)。
2. LyD, www. lyd. cl(登录于 2006 年 7 月 30 日)。

表 3.3　CEP 公众研究中心(www. cepchile. cl/)简介

案例	民主化
推荐人	杰夫瑞·普里尔于《思想的政治学:1973—1988 年间智利的知识精英与民主》
成立情况	由一群经济学家和商业领袖于 1980 年成立,定位是一家私营、无党派、非营利的研究型基金会。[1]
领导者	艾利奥多罗·马特·拉腊因(Eliodoro Matte Larraín),董事长
任务描述	CEP 专注于培育、分析和传播自由民主秩序所基于的价值与原则。[2]
工作领域	无
主要活动/信息传播类型	该机构的活动非常广泛。他们每月都会组织一系列活动,包括辩论、研讨会和讲座。讲座多由著名人物发言,比如马里奥·巴尔加斯·略萨(Mario Vargas Llosa)、埃尔南多·德·索托(Hernando de Soto)、弗里德里希·哈耶克(Friedrich Hayek)和玛格丽特·撒切尔(Margaret Thatcher)。这些活动都对公众开放,参与者包括学者、学生、商人、政府官员和政治家。 CEP 每年都会根据智利社会的需求制定不少特殊项目。他们还有一些长期项目,其中最重要的是"公共意见项目",这一项目定期进行国内民意调查并发布调查结果。

案例	民主化
优先研究领域	该中心是一个讨论智利议题与问题的论坛，并且是组织全国性辩论的重要行动者。CEP 致力于"以独立与批判的眼光，分析哲学、政治、社会、经济问题和普遍的公共问题"。[3]
民主化相关项目	无
市场改革相关项目	无
出版物	CEP 出版物的受众包含了国内、国际 3000 余人。他们出版了一份名为《金融研究》的季刊，用于刊登学者与专家们的论文、研究与评论。这份期刊被人额为是南美同类刊物长的佼佼者。此外，CEP 还发布工作论文、简报和一系列书籍。 米格尔·冈萨雷斯（Miguel González）和阿图罗·方丹（Arturo Fontaine）主编，《在阿连德的 1000 日》第一卷、第二卷(1997)。 菲利普·拉腊因（Felipe Larraín）和罗德里格·贝尔加拉（Rodrigo Vergara）主编，《治理的经济转型》(2000)。 哈罗德·贝耶尔（Harald Beyer）和罗德里格·贝尔加拉（Rodrigo Vergara），《现在该做什么？对于发展的建议》(2001)。

注释：
1. 普里尔，91。
2. CEP, www. cepchile. cl（登录于 2006 年 7 月 30 日）。
3. 同上。

表3.4　智利民主化与市场改革时间表

政府的行动	年份	智库的行动
11 月 马克思主义者萨尔瓦多·阿连德（Salvador Allende）成为总统，它将是军事政变前最后一位民选领袖。	1970	
9 月 奥古斯托·皮诺切特（Augusto Pinochet）发动军事政变，解散民主制度，实行市场化改革措施。	1973	
军事政府降低了补贴与配额，对进口商品征收 10% 的统一关税，并实行固定税率的增值税，开始第一轮私有化。	1974	
制定新宪法，皮诺切特政府被合法化。	1980	CEP 成立。

政府的行动	年份	智库的行动
	1981	CED 成立。
智利现代历史上最严重的经济危机。	1982	
5 月 智利人民通过抵制活动反对皮诺切特，推动民主化。	1983	
	1984	CED 发起三年对话项目，"政治协调、国家项目和民主"。
	1987	CED 组建 CIS 联盟（与 ILET 和 Sur）并开始动员公众在全民公投中投"否"。
皮诺切特在全民公投中失利，被迫辞职并允许 1989 年开启民主选举。	1988	
17 年中第一次民主选举，基督教民主党的帕特里西奥·艾尔文（Patricio Aylwin）当选总统。	1989	
	1990	LyD 成立。
	1991	LyD 出版《公共问题的私营解决方案》。
	1997	CEP 出版《在阿连德的 1000 日》第一卷、第二卷。

第四章　秘鲁

秘鲁重建民主制度令人瞩目，它推动经济更加市场化……权力从国家层面的政府移交到地区和区域层面，减少腐败，采用两院制立法机构，与美国和墨西哥开展自由贸易，这是秘鲁的国家政策。在过去几年，经济增幅接近5％，使秘鲁成为为数不多的实现经济正增长的国家。[①]

一、秘鲁民主化的历史

自1821年从西班牙独立以后，秘鲁的政治史就陷入纷扰，不满、暴力、军事独裁和威权政府摧毁了这个国家。军事统治从1969年持续到1980年，之后在1980年和1985年经历了两届民主选举，这是这个国家在40年内首次实现从一个民选政府向另一个民选政府过渡。[②]

20世纪80年代，秘鲁已经成为民主化最有力和最成功的国家之一。但是，经济衰退，以及秘鲁臭名昭著的组织——光辉阵线，始终威胁着国家，满是希望的选民选出了阿尔韦托·藤森（Alberto Fujimori），随后藤森不知不觉成为威权政府中引人注目的一位，并在后来实施了一系列高压政策。[③] 由于就像是带来了毁灭的浪潮，他在1990年获得的选举胜利被称为

---

① 传统基金会：《经济自由指数排名2004年：国家：秘鲁》，http：//cf. heritage. org/index2004test/country2cfm? id＝Peru，通过谷歌获取。

② https：//www. state. gov/r/pa/ei/bgn/35762. htm.

③ 罗伯茨，第201—202页。

海啸。1995 年,藤森政府废除了 20 世纪 80 年代的政党体制,学者们认为在这一刻,民主在秘鲁终结。

1992 年,藤森在军队的支持下发动自我政变,解散议会并中止宪法。有趣的是,藤森认为他只是在运用选民赋予他的民主权力,不仅如此,许多秘鲁人也相信在此之前并不存在有意义的民主。一年后也只有 18% 的人不赞成这场政变。尽管藤森在 1995 年再次当选,公众的支持开始减少,他的统治开始失去合法性,且日益远离民主。① 尽管如此,在又一场合法性受到怀疑的选举之后,藤森在 2000 年再次当选。同年,由于贿赂而起的腐败指控,以及实施强硬政策,他在耻辱中辞职,在随后的自由公正选举后,亚历杭德罗·托莱多(Alejandro Toledo)当选总统。②

由于选举缺乏政治自由,对政府官员问责的途径也较少,或者说公众没有机会对政策施加影响,秘鲁民主多少受到了限制。③ 在世界银行看来,"因为缺乏问责,又缺少政策协同,加之与之相关的公众薪酬支付和就业体系缺失,公共管理深受其害"。④ 但是,秘鲁逐渐开展了民主变革,特别是 2001 年,宪法修订,确立了公开透明的政府官员问责制。⑤ 托莱多政府加强了公共机构,2001 年设立了公民圆桌会议作为在天主教会、非政府组织和地方政府之间讨论改革和政策的咨询机制。⑥

如果设定一个从 1 到 7 的自由度级别,1 是最自由,7 是最不自由,在自由之家 2003 年的的评选中,⑦秘鲁的政治自由得分为 2,公民自由得 3。在国际透明组织清廉指数排名中,在世界最不腐败国家中秘鲁列第 65,与

---

① 查尔斯·肯尼:《藤森的政变与拉丁美洲民主的崩溃》(圣母院,圣母院出版社,2004 年),第 212—234 页。
② 美国国务院:《背景介绍:秘鲁》。
③ 自由之家:《国家报告:秘鲁,2003 年》,www. freedomhouse. org/template. cfm? page = 22&year = 2003&country = 465。
④ 世界银行:《秘鲁概述》,http://web. worldbank. org/WBSITE/EXTERNAL/COUNTRIES/LACEXT/PERUEXTN/0。
⑤ 自由之家:《国家报告:秘鲁,2003 年》。
⑥ 世界银行:《秘鲁概述》。
⑦ 自由之家:《国家报告:秘鲁,2003 年》。

它相同的有墨西哥、加纳、巴拿马和土耳其。① 新闻媒体已经基本私有化，可称得上自由。②

二、秘鲁市场改革的历史

20世纪60年代中期之前，秘鲁都称得上拉美最成功的经济体。但是，1968—1980年的军事统治给秘鲁带来了剧烈变动，并使之走向灾难。1968年军事政变之后，政府迅速使许多企业国有化，限制国外投资，以找到在资本主义和社会主义之间的"第三条道路"。这一时期的特征是保护主义、国家主义和宏观经济失衡。③

尽管在20世纪80年代秘鲁就开始进行市场改革，并通过施行金融改革和降低贸易壁垒回归民主制度，但是一系列的宏观经济问题使1985年的通货膨胀上升到165％。结果，时任总统阿兰·加西亚·佩雷斯（Alan Garcia Pérez）以民粹主义的改革导向减缓改革进程。一开始，GDP增加了9.5％，1986年通货膨胀率跌至78％。但是，经济扩张增加了进口，外债扩大，余下的银行开始实施国有化，然而国家却并未完全掌控这一进程。④ 随之而来的是灾难。经济控制不利导致1988—1990年过度通货膨胀，直至藤森政府采用激进的稳定措施，通货膨胀率才有所降低。

市场改革的另一项尝试是藤森开启了一系列私有化进程，营造了适宜投资的氛围，改进了经济管理。通货膨胀率从1990年的7650％下降到1991年的139％。1994—1997年，在一系列经济导向的改革和国内投资增加之后，秘鲁经济开始了强劲增长。⑤

秘鲁是亚太经合组织（APEC）和世贸组织（WTO）成员，并积极与美国开展美洲自由贸易协定的谈判。从秘鲁施行经济稳定和自由政策开始，它减少了贸易壁垒，削减了对资本流动的限制，开放了私人投资，秘鲁被认为

① 国际透明组织：《国际透明组织年度清廉指数排名2005年》。
② 自由之家：《国家报告：秘鲁，2003年》。
③ 美国国会图书馆：《国家研究：秘鲁》，http://countrystudies.us/peru/。
④ 同上。
⑤ 美国国务院：《背景介绍：秘鲁》。

是世界上投资最自由的经济体。① 总体而言,秘鲁在经济自由度排名中位列全球第 63。传统基金会认为其经济总体自由。②

三、秘鲁的公民社会

秘鲁的公民社会虽然活跃,但脆弱而破碎。非政府组织大规模增长,这类组织从 1970 年的 18 家,增长到今天的 740 家。导致这种现象的部分原因在于民主转型,以及高失业率和贫困率带来的困境。③ 在军事统治时期(1968—1980 年),各种组织开始独立运作。由于社会日益不安和不满,社会开始躁动。阿尔多·潘费齐(Aldo Panfichi)认为:

> 国家满足社会需求能力的崩溃以及经济危机的加剧(价值贫困和失业水平的增加)降低了社会组织的政治影响力,社会组织需要依靠它们吸引民众的能力,才能达到它们的特定目的(特别是劳工运动)。始于光明之路和图帕克·阿马鲁革命运动的政治暴力加剧了这种态势。不止一次,公民社会组织(特别是农民和印第安社群)卷入了由内战造成的对立中,陷入争端。④

> 根据这些发展情况,新兴的公民社会以特定的议题为导向。比如,人权组织的激增,是对军政府侵犯人权问题的反应。然而,近 10 年来,公民社会组织的兴起,是为了满足民众的基本需求。⑤

秘鲁公民社会组织有四种类型:专业协会、草根组织、非政府组织和前民主运动团体。1/4 的秘鲁人是专业协会成员,尽管如此,在可以影响公共政策制定的组织中,它们只占 15%。⑥ 由于技术和经济资源的限制,这些

---

① 美国国务院:《背景介绍:秘鲁》。

② 传统基金会:《经济自由指数排名 2006 年》。

③ www. civicus. org.

④ 潘费齐,第 21 页。

⑤ 同上,第 22 页。

⑥ www. civicus. org.

机构,包括智库在内,面临大量问题。这些限制严重影响了智库研究的有
效性,因此它们只能影响政府官员。奥尔蒂斯·德·塞瓦略斯(Ortiz de
Zevallos)认为:

> 政策建议是否会影响政策制定,又如何影响,在这个问题上,智库
> 的品牌极为重要。只要政客们觉得某些智库并非中立或者与他们的
> 政治地位相去较远,他们就很少直接从这些智库听取政策建议。①

智库的另一个难题是为它们的项目获取资助。秘鲁的智库清楚地知
道要从多种渠道获得资助,它们分别从国内、国际获得资金,使资助有所
保障。②

四、补充说明: 秘鲁的今天

中左翼的前总统阿兰·加西亚·佩雷斯击败了得到委内瑞拉总统乌
戈·查韦斯(Hugo Chavez)支持的左派人士奥良塔·乌马拉(Ollanta
Humala),在 2006 年 6 月接替托莱多。加西亚之所以赢得大选,是因为承诺
向贫穷开战,并发展经济,他以智利为秘鲁的榜样。但是,他是否能成功依然
有待观察。由于拍卖亚马逊部分流域供石油开采,加西亚也受到了攻击。③

五、秘鲁智库活动的分析

1. 自由与民主研究院(Instituto de Libertady Democracia, ILD)

经济学家埃尔南多·德·索托(Hernando de Soto)在经过大量的调查
后发现,要建立一个小企业需要花上 289 天时间,才能获得合法运营的执

---

① 加百利·奥尔蒂斯·德·塞瓦略斯:《阿波伊研究所》,麦甘和韦弗,第 551—560 页。

② 奥尔蒂斯·德·塞瓦略斯。

③ BBC 新闻:《国家概述:秘鲁》,http://news.bbc.co.uk/2/hi/americas/country_profiles/
1224656.stm,2007 年 12 月 18 日。

照、花费金额是平均最低月工资的 31 倍,1984 年,他建立了自由与民主研究院(ILD)。1981—1984 年,德·索托和他最初的 ILD 研究团队继续他们的调查,并发现秘鲁的经济是靠不受法律许可和保护的力量推动的。由于财产法不完善,所有小型工业企业中的 90％,城市交通运营机构中的 85％,秘鲁渔船中的 60％(这在全世界范围内是最高的),杂货商店中的 60％,都是不被法律许可且不受法律保护的。① 德·索托认为,市场经济应该建立在完善的产权制度和法律制度之上,因此他建立了 ILD。如果不能建立产权制度,秘鲁也不能实现市场改革。②

　　为了通过构建合法的产权制度推动民主化和市场改革进程,ILD 创造、设计和实施了相关策略,他们认为合法的产权制度"实际上是构成市场的那些看不见的建筑构架……这缺失的一环会带来企业家地位的普遍提升"。③ 在国际私营企业中心(CIPE)看来,"过去 20 年,ILD 在两方面取得了成功,它作为一支知识团体推动了变革,在此基础上,它促使百万企业和家庭从地下经济变成经济的主流"。④ ILD 的方案分四个主要步骤:改革财产法以使之更易适应穷人的需要,以法治方式促使穷人融入市场体系,提供必要的手段旨在实施市场改革,以及为政府提供五步走转型方案(意识、诊断、改革设计、实施、资本信息和良性治理)。⑤ 约翰·D. 沙利文(John D. Sullivan),CIPE 执行主任,表达了对 ILD 工作的支持:

　　　　在 CIPE 对 1983 年以来资助的所有 700 个项目进行集中评估排序后,我们把 ILD 的项目列在第一,因为它比其他任何一项的影响都要大。它过去是,未来也会是我们支持的最成功的项目。ILD 所做的改变了对发展的讨论。人们不再关注华盛顿共识、文化,或者新自由主义。要讨论的是如何让穷人能融入市场经济,因为当他们融入以

---

① ILD:《ILD 的由来》,www. ild. org. pe/eng/history1. htm。
② ILD:《ILD 简述》,www. ild. org. pe/netshell. htm。
③ ILD:《ILD 简述》。
④ CIPE:"另辟蹊径:恐怖主义的经济应对",2003 年 4 月,www. cipe. org/whats_new/events/websevents/otherpath. pdf。
⑤ CIPE:《另辟蹊径》。

后，他们会和其他人一样获得成功。①

ILD 在影响政策上发挥了巨大作用。在 CIPE 的一次《海外报告》中与德·索托会面后，这位主任谈到了 ILD 在影响秘鲁政策中的巨大作用：

> 我们在政治层面提出的许多改革，包括建立讨论和公告周期制度，调查腐败制度、问责制度，在法律事实前进行立法成本和收益分析等，都在宪法中实施。②

ILD 的成果还有许多。1984 年 4 月立法令第 283 号和最高法令 071 - 84 - PCM 中的具体内容都是根据 ILD 推动决策程序改革的草案制定的，ILD 建议在法律制定过程中给予普通民众更大话语权。1993 年宪法就包含了大量草案和 ILD 的建议，包括创立秘鲁首家腐败调查办公室，设立有关公共官员问责的法律（档案 IV 和档案 V）。该组织为行政策略起草的草案旨在简化行政流程，便利机构改革，这些草案得到了议会一致认可。③ ILD 自 1990 年以来为 75％的在押罪犯（近 1.4 万人）伸张正义，这些犯人未经审判就被羁押。秘鲁特别事件律师何塞·乌加兹（José Ugaz）曾起诉藤森和蒙特西诺斯（Montesinos），在他看来，"ILD 完善了相关法律，在这些法律颁布的第一年，就促使 3000—4000 名犯人得到释放"。④ 播撒民主的种子，推动了正规产权制度的诞生，随之营造建设包容健康的市场经济所必须的条件。

1982—1996 年，ILD 从 USAID（1700 万美元）和 CIPE（120 万美元）获得资助，使秘鲁的穷人得到 94 亿美元净福利，相当于平均年回报率达到 142％，这些钱只用于使穷人能回归合法的经济中。在从 USAID 和 CIPE 获得总共 1820 美元的同时，ILD 项目使 630 万贫困线以下的秘鲁人合法地

---

① CIPE：《另辟蹊径》。
② CIPE：《对埃尔南多·德·索托的采访》，海外报道，2002 年秋天，www. cipe. org/pdf/whatsnew/oversea/CIPE_HDSinterview. pdf。
③ CIPE：《对埃尔南多·德·索托的采访》。
④ CIPE：《另辟蹊径》。

获得财产。在CIPE看来,"正式的不动资产价值增加了22亿美元。正式不动产所有人收入增加了32亿美元"。作为ILD计划的成果,这些拥有人获得3亿美元的额外贷款,并在与官僚机构接触中节省了2.54亿美元的行政成本。此外,ILD使38万家秘鲁小企业合法化,这创造了56万个额外合法就业,年增加税收3亿美元。

CIPE报告称:"ILD提出的宏观经济政策和200多项其他制度改革,到1994年使秘鲁增长率增加了近14%,使通货膨胀率从1990年的7650%下降到1995年的10%。"[①]ILD的开创性工作通过建立有效合法的产权制度,为市场改革奠定基础,在全球范围内,这些工作被视为解决贫困问题革命性且有效的途径,受到普遍欢迎。ILD的工作已不再局限于秘鲁国内,它的业务对象包括苏联以及非洲、亚洲、和拉美的发展中国家。[②]

2. 阿波伊集团(Grupo Apoyo)

对于20世纪60年代和70年代军政府制定的社会改革,有许多组织作出了回应,并参与其中,这些组织包括了秘鲁第一波智库浪潮中成立的机构。这些智库从欧洲和每周的基金会获得资金,它们聚焦的计划通常旨在帮助农民和促进地区性的社会科学研究。20世纪70年代第二波智库浪潮出现的背景是严重的经济危机。此外,越来越多人认为,在军政府统治的第二阶段,高校中以政策为导向的研究被破坏,它们实际上不存在。一些机构,包括阿波伊研究所正是在这种环境下出现的。

阿波伊研究所源于阿波伊集团,是一家成立于1977年的咨询和出版机构。在它成立的头10年,这家机构通过发布私营经济的报告获得资助进行非营利性活动。1989年,阿波伊集团将自身重塑为非营利的阿波伊研究所,其使命是"生产和传播信息与分析成果,推动可持续的经济发展和经济增长,同时改善公共政策的政策选项,强化民主制度"。[③] 阿波伊与当地企业保持着紧密的关系,其咨询活动已在其研究计划中已经形成了一套实用可行的方法,同时它强调向公众意见领袖传播自己的研究成果。其

---

① CIPE:《另辟蹊径》。

② 同上。

③ 阿波伊研究所:《关于我们》,www.apoyo.com/english/aboutus/ia.asp。

资金来源于国际基金会、国家机构、多边组织和私营机构。它关心的领域是社会政策和制度改革，它拥有 12 名全职专业雇员，来自不同的专业领域。

阿波伊的研究聚焦在制度改革、社会政策和促进发展的教育。其研究旨在提高经济成功和民主治理所必须的技能。[1] 1989 年以来，阿波伊研究所为秘鲁的市场改革持续作出了诸多贡献。在 1994 年、1996 年、1997 年，研究所在国家社会发展和补偿基金（National Social Development and Compensation Fund）的资助下对国家性工程展开广泛评估，这是世界银行发起的系列项目之一，旨在帮助秘鲁政府进行扶贫，减轻宏观经济调整的社会成本，增强国家社会发展和补偿基金的机构能力。[2]

阿波伊研究所和其他秘鲁智库遇到的挑战包括维持广泛的经费支持，确定有效的策略在已经分化的政治环境中，推动智库改革和合理的社会政策。当南美徘徊于持续推动经济的自由化，还是实行社会主义式的改革时，在合作伙伴的帮助下，阿波伊保持了政治议题的一致性，并推动健康的经济改革。

表 4.1 ILD 自由与民主研究院(www. ild. org. pe/)简介

案例	民主化和市场改革
推荐人	国际私营企业中心 阿特拉斯经济研究基金会
成立情况	由著名经济学家埃尔南多·德·索托于 1984 年创立，德·索托通过大量实地调研，证明了秘鲁存在法外财富体系，并在这些成果的基础上建立了该机构。[1] ILD 是一家私营的、无党派、非营利机构，致力于使"国家的法律与民众的真实的生活工作保持一致"，并通过改变行政部门的决策步骤、构建直接回应民众需求的机制来实现这一目标。
领导者	埃尔南多·德·索托，理事长与创始人

① 阿波伊研究所。
② 《项目——秘鲁：社会发展与补偿基金项目》，世界银行，http://web. worldbank. org/external/projects/main? Projectid = P008062&Type = Overview&theSitePK = 40941&pagePK = 64283627&menuPK = 64282134&piPK = 64290415，1993 年 11 月 16 日。

续　表

案例	民主化和市场改革
任务描述	"我们的任务是帮助前苏联国家转型成现代市场经济体,从而使那些被排除在体制外的人——约占全球人口的 70%——找到在经济中的地位。为了实现这一目标,ILD 帮助国家领导人实施了机制改革,给予穷人对其现有房产与小生意的所有权,并制定政策工具用以释放这些财产中蕴含的资本。"[2]
工作领域	无
主要活动/信息传播类型	ILD 通过游说地方政府官员来开展工作,并通过书籍、文章和发表演讲来传播思想。不过,他们最重要的工作是作为政府和社会的接口,共同实现改革政府体制与政策的目标。
优先研究领域	ILD 关注小企业、农民、个人企业家等在经济与社会健康发展中起到的作用。
民主化相关项目	ILD 企划了很多草案来改革决策程序,从而给予民众在立法程序中给多的话语权,让立法者对民众负责。[3] 1991 政府民主决策法案 ILD 起草了一份政府民主决策发展,其中赋予民众和媒体很多新的权利: ● 在法案生效前对于法案内容的知情权; ● 表达意见的权利,包括参与听证会和对政府机构发表评论; ● 认识并支持可靠的政府官员; ● 政府信息免费公开; ● 挑战法律; ● 发起公投和参与政府咨询委员会。[4] "收拾藤森 1992 年政变后的局势" ILD 设计了一个详细的计划,以使国家回到民主制度上来,最重要的就是制宪大会成员的选举,制宪大会成员将负责起草宪法并监督行政部门。作为实施这一项目的交换条件,ILD 与国际社会进行了谈判,维护藤森政府的利益。[5] 基于 ILD 草案与建议的 1993 年宪政改革 ● 成立了秘鲁第一个监察官办公室 ILD 自 1984 年就发起了名为"增加民众真实需求被政府听到的几率"的运动。他们向司法部长请愿,并获准由 ILD 设计监察部门的法律构架。1986 年,ILD 成立了办公室来接受和处理民众的不满。 ● 条款 4、5:公共信息的知情权。ILD 在 1986 年提出的草案在一系列听证会和公众支持下成功地实施了。[6] 原谅未经审讯的罪犯 ILD 自 1990 年就开始呼吁公正对待秘鲁 1.4 万余名未经审讯的罪犯,在第一年就让 3000—4000 人获得了自由。[7]

续　表

案例	民主化和市场改革
市场改革相关项目	**90 年代秘鲁新宏观经济政策的起源** 藤森在 1990 年竞选总统时采用了很多 ILD 的意见来稳定秘鲁经济。当选后,藤森遵循了 ILD 的计划,与 IMF 展开谈判,希望重新开始偿还债务,并回到世界经济中去。[8] **将法外财产纳入财产系统** ● 财产登记法案 6300 万秘鲁人现在合法的拥有了他们的房产,这些房产的价值已经增长了 22 亿美元,他们的收入增长了 32 亿美元。 ● 38 万个企业步入正轨,并产生了 56 万个合法岗位和额外的税收。 ● 宏观政策和 200 余项体制改革使得秘鲁的增长率在 1994 年达到了近 14%,并且将通货膨胀率从 1990 年的 7.650% 降低到 1995 年的 10%。[9] 1990 年 9 月,统一的企业登记制度 建立了一个高效的获得企业牌照的制度,使得获得牌照的时间从 300 天降到了 1 天,成本减少到⅓。[10] 1990 年 5 月,市政运营牌照 提出了一个简化市场运营牌照授予流程的公共条例。10 个城市采纳了这一条例,将获得市政运营牌照的成本从 690 美元降低到 70 美元,同时时间从 2 个月减少到 1 天。[11]
出版物	埃尔南多·德·索托,《恐惧的选区》(2001)。 埃尔南多·德·索托,《资本主义的潜在的建筑机构》(2001)。 埃尔南多·德·索托,《资本的秘密:为什么资本主义在西方成功了但在其他地方失败了》(2000)。 埃尔南多·德·索托,《另一条道路:恐怖主义的经济学解答》(1986,2002 年再版)。

注释:

1. ILD:《ILD 的起源》。
2. ILD:《ILD 概述》。
3. ILD:《我们的历史:ILD 设计的主要司法改革》,www. ild. org. pe/eng/history2. htm(登录于2017 年 1 月 18 日)。
4. ILD:《我们的历史:ILD 设计的主要政策改革》,www. ild. org. pe/eng/history3. htm(登录于2017 年 1 月 18 日)。
5. ILD:《我们的历史:ILD 设计的主要政策改革》。
6. CIPE:《对埃尔南多·德·索托的采访》。
7. ILD:《我们的历史:ILD 设计的主要司法改革》。
8. 同上。
9. 同上。
10. 同上。
11. 同上。

表 4.2　IA 阿波伊研究所(Apoyo Institute)(www. Apoyo. com/english/aboutus/ia. asp)简介

案例	市场改革
推荐人	国际私营企业中心 阿特拉斯经济研究基金会
成立情况	由顶尖的咨询集团阿波伊集团(Apoyo Group)于 1989 年创立。当时处在经济危机和社会不稳定的情况下,阿波伊研究所作为一个私营、非营利机构,致力于研究经济的可持续发展政策、推进公共政策的进步。[1]
领导者	加布里埃尔·奥尔蒂斯·德·泽瓦洛斯(Gabriel Ortiz de Zevallos),理事长
任务描述	"阿波伊研究所的目标是通过研究与传播来促进经济的可持续发展与增长,提升公共政策的质量,并加强民主。"[2]
工作领域	阿波伊研究所的核心研究团队主要由新制度经济学背景的经济学家组成,但该机构也与其他领域专家,如心理学家、社会学家、律师、政治学家,保持紧密的合作。[3]
主要活动/ 信息传播类型	无
优 先 研 究 领域	制度改革是阿波伊研究所的主要研究领域。[4]2000 年后,更多资源被投入到传播和教育项目上,以求增加和优化自身和类似机构的影响力。由于专业上的局限性和立法与行政部门中技术官僚的不足,学术研究在政策过程并不十分有效。更多努力应该放在传播现有的研究与信息上。[5]
民主化相关 项目	无
市场改革相 关项目	在 1994 年、1996 年、1997 年,阿波伊承担了全国层面的评估项目,该项目由国家社会发展与保障基金会(National Social Development and Compensation Fund)赞助。
出版物	阿波伊研究所有两份不定期的免费出版物:《公民社会专案组:政策文件》与《国会支持》。他们还出版了一份名为《社会数据》的季刊。这三份出版物都只有西班牙语的版本。 皮埃琳娜·波拉洛(Pierina Pollarolo)和亚历杭德罗·萨拉斯(Alejandro Salas),《秘鲁的国家诚信体系》(2001)。 加布里埃尔·阿尔卡萨尔(Gabriel Alcazar)和埃里克·沃特海姆(Erik Wachtenheim),《社会基金项目的成功因素研究:以 Foncodes 项目为例》(2000)。 雨果·艾萨圭雷(Hugo Eyzaguirre)和罗尔·安德拉德(Raul Andrade),《司法对于商业决策制定的影响》(1998)。 加布里埃尔·奥尔蒂斯·德·泽瓦洛斯和皮埃琳娜·波拉洛,《秘鲁体制改革的政治经济学:教育、医疗和养老方面》(1998)。

注释:

1. 国家科研进步研究所(NIRA),阿波伊研究所,www. nira. go. jp/ice/nwdtt/2005/DAT/1251. html(登录时间:2006 年 7 月 30 日)。

2. 阿波伊研究所,《关于我们》,www. apoyo. com/english/aboutus/ia. asp(登录时间:2006 年 7 月 30 日)。

3. 加布里埃尔·奥尔蒂斯·德·泽瓦洛斯,《实用主义的承诺》,2000 年 2 月 1 日,http://www2. worldbank. org/. hm/hmgdnet/0050. html(登录时间:2006 年 7 月 30 日)。

4. 阿波伊研究所。

5. 同上。

表 4.3　秘鲁民主化与市场改革时间表

政府的行动	年份	智库的行动
军事统治。胡安·贝拉斯科·阿尔瓦拉多(Juan Velasco Alvarado)将军推翻了民选总统费尔南多·贝朗德·特里(Fernando Belaunde Terry)。	1968	
起草了新宪法。	1979	
光辉道路恐怖组织发起了游击战导致接下来 20 年内 3 万人死亡。	1980	
5 月 召开选举,贝朗德·特里总统回归。		
	1984	ILD 成立。 贝朗德总统采纳了 ILD 的草案,并基于 ILD 的草案实听过了第 283 号立法令和第 071 - 84 - PCM 号最高法院令,其中强调所有的行政法规(除了处理对外事务和公共安全的法规以外),都必须先公开接受公众监督。 ILD 发起了设立秘鲁首位检察官的运动。
7 月 28 日 秘鲁 40 年内首次通过民主选举的方式移交权力,中左翼政党阿普拉党(APRA)的阿兰·加西亚(Alan Garcia)当选总统。 宏观经济问题与163％的通胀率使得秘鲁经历了 1930 年以来最严重的经济危机。	1985	
加西亚政府采取了民粹主义改革,通胀率下降。	1986	ILD 建议公开公共信息,并成立专门机构还搜集和处理不满情绪,同时继续呼吁成立检察官。
将商业银行、金融企业和保险公司国有化。 实施全面的外汇交易管制。	1987	
加西亚政府的经济政策失当导致了1600％的超高通胀。	1988	

政府的行动	年份	智库的行动
通胀达到3000％。 秘鲁通过安第斯条约220决议，放开国际投资的规则和程序。	1989	IA成立。
阿尔贝托·藤森在严重的经济问题和光辉道路的暴力恐怖下被选为总统。藤森实施了极为正统市场化改革措施，实行私有化、建立一个"投资友善氛围"，并加强对经济的管理。	1990	5月 藤森公布了他的政府计划，其中50％的内容是基于ILD的政策改革计划，包括统一企业登记制度和市政运营牌照。
大幅度税制改革、贸易自由化、私有化项目，并逐步推进汇率自由化。	1991	ILD推出《政府民主决策法案》。
4月 藤森在军队的支持下发起"自我政变"，解散了国会并中止了宪法。	1992	藤森联系了德·索托和ILD，商讨一个对于充满问题且无效率的政府的政治解决方案（回到选举民主和ILD坚持的包含监察官的民主决策法案）。
新宪法制定。	1993	宪法的第四款和第五款采纳了ILD建议的公开公共信息法案。秘鲁第一个监察官办公室正式依法成立。
	1994	IA在国家社会发展与保障基金会的资助下，开始了全国层面的项目评估。
4月 藤森再一次当选，大多数人认为选举被操控了，这只是独裁的延续。	1995	
人权监察官办公室成立，专门处理人权议题。	1996	ILD在USAID和CIPE的赞助下，自1982年起成功使得630万贫困线以下人口获得了他们房产的合法拥有权。 IA在国家社会发展与保障基金会的资助下，开始了全国层面的项目评估。
	1997	IA在国家社会发展与保障基金会的资助下，开始了全国层面的项目评估。

政府的行动	年份	智库的行动
	1998	IA 出版《司法对于商业决策制定的影响》。
美国国会通过决议，谴责藤森干涉司法、干扰媒体、操纵秘鲁机构以维持权力。	1999	
藤森的独裁统治由于腐败问题突然间结束了。他的继任者、亚历杭德罗·托莱多(Alejandro Toledo)，在自由与公平的选举中当选。 议会改制了宪法、恢复了民主自由。	2000	IA 出版了《社会基金项目的成功因素研究：以 Foncodes 项目为例》和《秘鲁体制改革的政治经济学：教育、医疗和养老方面》。
	2001	IA 出版了《秘鲁的国家诚信体系》。
5 月 由于教师和农民罢工导致的全国范围的道路封锁，托莱多宣布国家进入紧急状态(停止部分公民自由)。	2003	

第五章　波兰

多年的经济转型带来了结构的深刻变革,这使得波兰成为中欧最成功和最开放的经济体之一。[1]

一、波兰民主化的历史

在华约国家中,统一工人党在波兰的统治最为宽松。也只有在波兰,反对计划体制的团结工会,其合法性才会得到认可。也只有在波兰,司法体制在表面上还独立于奉行计划体制的政府。从政治意义上说,尽管处于计划体制中,但是波兰人的遭遇并不差。[2] 斯大林这样比喻,把计划体制引入波兰,就是"驴唇不对马嘴",[3]因此苏联人允许波兰在国内保留更大的自治权,这没什么值得惊讶。[4]

波兰的改革伴随着 1956 年、1970 年和 1980—1981 年的社会动荡和政治危机。危机之后,政府总会承诺实施政治和经济改革,但接着就漫不经心起来,随后当经济和政治局势稳定,许诺的大多数或全部改革内容被抛

---

[1] http://cf.heritage.org/index2004test/country2.cfm? ID = Poland.

[2] 拉斐尔·沈(Raphael Shen):《波兰和捷克斯洛伐克经济改革还是波兰经济?》。

[3] 诺曼·戴维斯:《欧洲心脏:波兰的过去》(牛津:牛津大学出版社,2001 年),第 1—55 页。

[4] 吉里·瓦伦塔:《中东欧的革命变革、苏联干预与正常化》,《比较政治学》第 16 期第 2 篇,1984 年 1 月,第 127—151 页。

弃，特别是在经济领域的改革。① 这些运动中最成功的当属团结工会——这个1980年8月在格但斯克列宁造船厂成立的组织。莱赫·瓦文萨(Lech Walesa)是这个船坞中的电工，签署协议，结束了许多罢工活动，这些罢工活动使波兰这个国家瘫痪了一个多月。作为回报，波兰政府认可工人组织团体和罢工的自由，团结工会运动就是这么诞生的。1981年12月，新任的统一工人党第一书记沃伊切赫·雅鲁泽尔斯基(Wojciech Jaruzelski)宣布波兰进入军管状态。尽管一年后军官法令废除，但是团结工会的活动依然被政府监控，且没有出版自由。②

政府对经济的不当管理导致1988年罢工在全国范围内展开。同年11月，政府和团结工会之间的圆桌会议失败，但是1989年2月又重新召开。政府释放出善意，同意进行立法机构选举。新成立的"色姆"(Sejm，波兰议会，译者注)中，1/3的席位留给了统一工人党的代表，另外1/3给了统一工人党的政治伙伴。余下的1/3可以自由选举，团结工会的候选人赢得了其中几乎全部席位。在公开选举中，统一工人党候选人的失利对这个政党而言是毁灭性的一击，9月，党主席雅鲁泽尔斯基邀请团结工会活动家塔德乌什·马佐维耶茨基(Taduesz Mazowiecki)组建政府。1990年1月，统一工人党分裂。完全自由的地方选举在5月举行，团结工会候选人赢得了大多数选举。同年11月，波兰宪法修改，将雅鲁泽尔斯基的总统任期减短，12月，瓦文萨当选波兰第一位民主选举的总统。③

今天，波兰的两院制议会由460个席位的色姆下院和100个席位的上院组成。总理领导了一个部长委员会，通常这个委员会由下院色姆中占多数席位的政党或党派联盟选出。波兰总统由选举产生，可以执政两个5年任期。④

二、波兰市场改革的历史

波兰是市场改革的重要典型，不仅因为它是中欧最大的经济体和人口

① 伊斯兰和曼德尔鲍姆，第199—207页。
② 美国国务院：《背景介绍：波兰》，www.state.govr/pa/ei/bgn/2875.htm。
③ 同上。
④ 同上。

最多的国家,还因为它是在奉行非计划体制的政府管理下,第一个开始彻底进行市场改革的国家。通过迅速向市场经济转型,强调在经济上与西欧融合以推动自由贸易,积极引入国外机构投资国内经济,以及与欧洲保持紧密政治联系,波兰经济克服了转型中最艰难的问题。[①]

1989 年波兰人民呼唤"重回欧洲",或者更准确地说,重回西欧。尽管没有表达出来,但在社会上已经形成了一致意见,即无论采取什么手段重整国家,都要采取措施,以最快的速度在政治和经济上融入西欧。越来越多的人提到东欧时,指的是中东欧,这样就强调了这个区域是欧洲历史、政治、艺术和经济的主要组成部分。[②] 计划体制以后的波兰领导者以惊人的速度放弃了在经济上走"第三条道路"(即市场社会主义的某种形式),似乎旨在走以私有制为基础的纯粹市场经济道路。[③]

1989 年 9 月,团结工会支持的由总理马佐维耶茨基领导的政府商人,在 1990 年 1 月 1 日,政府采纳了由副总理莱谢克·巴塞罗维兹(Leszek Balcerowicz)提出的激情改革计划。[④] 尽管"休克疗法"应归功于技术专家的创造,但来自团结工会的波兰的领导者坚持采用这一方法。他们认为,计划体制崩溃给予他们一个机会,以促使波兰再度融入西欧,而这一过程越快越好。[⑤] 在巴塞罗维兹的计划中,很明显能看到新古典的方案,这个计划有两个主要方面(附件 2 对于巴塞罗维兹计划的主要方面进行了简要描述)。第一,采纳了严酷的货币稳定计划,这与国际货币基金组织应对过度通货膨胀的方法是相一致的。第二,实行自由化,其目标是为竞争性市场的出现创造条件。换句话说,这是试图把市场经济发动起来。私有化是这个计划的核心,包括给予企业自由,取消市场准入和退出门槛,取消中央对价格的管制。巴塞罗维兹计划最独特之处在于,这一计划认为必须马上实

---

① 戴维·林普顿、杰弗瑞·萨克斯、斯坦利·费舍尔、贾尼奥斯·科纳伊:《在东欧建立市场经济:以波兰为例》,布鲁金斯经济活动报告,1999 年第 1 号,第 77 页,通过密苏里大学,哥伦比亚大学以及图书馆(http://mulibraries.missouri.edu/)。

② 林普顿、萨克斯、费舍尔和科纳伊,第 75 页。

③ 同上,第 76 页。

④ 同上,第 77 页。

⑤ 杰弗瑞·萨克斯:《波兰休克疗法:五年的展望》,犹他大学人类价值论讲座,1994 年 4 月 6—7 日,www.tannerlectures.utan.edu/lectures/sachs95.pdf。

行全面改革，其各项改革要同时进行。① 改革的目标是结束波兰的过度通货膨胀，为市场经济建立合法的、制度性的经济基础。②

莱赫·瓦文萨批评巴塞罗维兹急速引入资本主义，过于草率地使共产主义福利国家发生转型："休克是真的，疗法未见疗效"。尽管国际上波兰的债权人愿意放弃或重组波兰的巨额债务，转型成本依然触目惊心。失业率和通货膨胀始终上升，而生产却大幅下滑，许诺未来会得到改善，再也没有任何吸引力。③ 但是 20 世纪 90 年代早期的"休克疗法"计划使这个国家的经济转型成为中欧最坚强的经济之一，只是波兰现在依然被 GDP 的低速增长和高失业率困扰着。④

1994 年，波兰的年均 GDP 增速已经出现强劲增长，在 90 年代余下的年份出现平均近 6% 的增速，在国际财经媒体看来，这使波兰成为欧洲发展最快的国家，"新兴市场之虎"，⑤这也是后计划体制发展最成功的事例。到 1997 年，在后计划体制的东欧，华沙渐渐成为经济中心。外国投资猛增，到 20 世纪 90 年代末波兰成为外国资本在这一区域的主要集聚地。⑥ 2004 年，传统基金会/《华尔街日报》经济自由指数给予波兰 2.81 的评分，并称这个国家"基本自由"。⑦ 2004 年波兰加入欧盟，并于 2005 年停止接受美国援助。⑧ 至今，20 世纪 90 年代向市场经济的迅速转型所导致的高失业率和收入下滑问题依然存在。⑨

三、波兰的公民社会

学者们有关波兰公民社会的研究分成两类：

---

① 简·哈代，第 5—6 页。
② 林普顿、萨克斯、费舍尔和科纳伊，第 77 页。
③ 比斯库普斯基（Biskupski），第 182 页。
④ 世界事实：《关于波兰的事实》，http://worldfacts.us/Poland.htm。
⑤ 巴里·莫尔德：《中东欧地区市场》，ENDS Directory, www.endsdirectory.com/index.cfm? action = acticles.view&articleID = dir10。
⑥ 比斯库普斯基（Biskupski），第 182 页。
⑦ http://cf.heritage.org/index2004test/country2.cfm? ID = Poland。
⑧ 美国国务院。
⑨ BBC 新闻：《国家概述：波兰》，http://news.bbc.co.uk/2/hi/europe/country_profiles/1054681.stm。

1. 异见运动中的公民社会

亚历山大·斯莫拉(Aleksander Smolar)认为在动员和整合独立的异见人士的圈子时,极权体制起到了重要作用。[1] 比如,在 1976 年,一批反对计划体制的知识分子在拉多姆和乌尔苏斯成立了波兰工人保卫委员会(Polish Worker's Defense Committee, KOR)。随后,包括格但斯克船厂工人在内的团结工会成为全国性的、独立运作的政治和社会网络。波兰工人保卫委员会和团结工会都对波兰政治生活产生巨大影响。[2] 在 20 世纪 70 年代的波兰,民主反抗性质的公民活动成为传统,和团结工会一样,这一传统都以自由思想为核心。[3]

但是随着极权统治倒台,这一切都会发生变化。斯莫拉指出:

> 如果公民社会的本质是彻底反对计划体制,随着这个体制的消亡,公民社会也会消失。结果,公民社会会成为历史;其有效性随着它所处时代的消亡也会消失。[4]

在民主转型以后,它无法再存活下来。[5]

2. 民主转型中的公民社会

一些学者认为,不同于直接进行反对斗争的异见运动,在民主制度下的公民社会,至少在欧洲的环境中,应该可以强化政权。莫杰·霍华德(Morjé Howard)指出,这个区域中多数观察家希望随着计划体制的限制逐渐取消,[6]充满活力的公民社会能发展起来。在过去 50 年,这些社会力量被压制,现在它们可以根据自己的选择,自由运作。[7]

---

① BBC 新闻:《国家概述:波兰》。

② S. D. 毕比:《民主对中东欧公民社会的影响》,美国外交政策,www. unc. edu/depts/diplomat/archives_roll/2002_04-06/beebe_civil-soc/beebe_civilsoc. html。

③ 迈克尔·H. 伯恩哈德:《波兰民主的起源:工人、知识分子和党派政治,1976—1980》(纽约:哥伦比亚大学出版社,1993 年)。

④ 伯恩哈德。

⑤ 毕比。

⑥ 同上。

⑦ 马克·莫杰·霍华德:《后共产主义公民社会的弱点》,《民主杂志》第 13 期第 1 篇,2002年,第 157—169 页。

1992 年，在波兰总共有 17000 个登记在册的公民社会组织。在中东欧，波兰的公民社会传统最为强大。[①] 在这一地区，波兰公民社会的再造早于其他国家近 10 年，它始终是中东欧公民社会自我自由化的唯一范例。

尽管在欧洲后计划体制的国家中，波兰通常被视为一个例外，它有着更为活跃的公民社会，但实际上，公民社会组织的成员并不多，即便是宗教组织也是如此。在霍华德看来，与这一地区的其他国家一样，波兰的公民社会并没有什么突出之处，它的发展尚处于婴儿期。[②] 萨米尔·巴恩斯（Samuel Barnes）用"波兰例外论"这一术语来描述波兰脆弱的公民社会。[③]新成立的公民社会机构数量迅速增加，这并不意味着对公共事务的广泛参与。许多政党被视为"沙发政党"，[④]意指这些政党的成员只是坐在了同一张沙发上。无党派的协会，比如青年组织、妇女俱乐部和工会也是这样的情况。[⑤] 对于这种现象可以给出很多理由，比如计划时代强制参与社会组织的情形依然萦绕人们心头，人们通过非正式的关系网进行交际，以及对后计划时代状况心灰意冷等。[⑥]

四、补充说明：波兰的今天

波兰持续吸引外资，并在海外结交伙伴。1999 年，波兰最终加入了北大西洋公约组织（NATO），2004 年计入欧盟。但是，波兰现任总统莱赫·卡钦斯基（Lech Kaczynski）曾经反对进行快速的市场改革，支持保留社会福利项目。现任总理唐纳德·图斯克（Donarld Tusk）承诺修补与欧盟邻

---

① 毕比。

② 安娜·瓦里：《公民社会与公共参与：中东欧的最新趋势》，社会经济发展中心公民社会项目，http://www2. sfu. ca/cedc/research/civilsoc/cari. htm.

③ 毕比。

④ 莫杰·霍华德，第 158 页。

⑤ 格里戈里·V. 格拉索夫：《谁能生存？后共产主义欧洲的政党起源、组织发展与选举表现》，《政治研究》第 46 期第 3 篇，1998 年，第 511—543 页。

⑥ 虽然此处引用表明波兰目前的共产党人比共产主义时期少很多，但是这是误导性的，因为共产党员往往与职业发展有关。参见安德鲁·G. 瓦德：《职业流动与共产主义政治秩序》，《美国社会学评论》第 60 期，1995 年 6 月，第 309—328 页。

国德国的关系,并缓和与普京领导的俄罗斯之间不稳定的关系。

五、波兰智库活动的分析

　　波兰幸运地位于诺曼·戴维斯(Norman Davies)所说的"欧洲的心脏",①"在东部,波兰与俄罗斯交界,西部与德国交界,同时北部与斯堪的纳维亚国家交汇,南部与中欧国家如捷克联邦和匈牙利交界。"②这一优良的战略地位使波兰智库在研究欧洲各个地方的民主化和市场改革时拥有极大的优势,③它们可以与世界范围内不同的专家和组织进行合作。CASE(社会和经济研究中心)协调并完成了超过50项国际研究计划。TIGER(转型、融合和全球化经济研究所)也开展了大量合作研究项目,拥有来自全球各地大量的杰出经济学家。通过这些全球合作,波兰智库帮助这个国家开放和整合其经济,使之融入世界市场。

　　相比于民主化,波兰智库在市场改革方面起了更多催化作用。比如ASRC(亚当·斯密研究中心)就专注于经济议题。许多这类智库致力于在后计划体制下的波兰推动市场改革,在过去10年间,它们从事了大量研究计划,确保经济转型成功。更具体地说,智库聚焦在市场改革的两个方面:私有化和全球融合。巴尔舍诺维奇指出,私有化是"一项十分重要的制度改革"。④ 在这方面,IPED(私有化与民主研究所)开展了"私营经济发展深度研究",⑤CASE在2003年9月出版了《转型经济中的间接私有化》。

　　对于波兰在地区和世界经济融合方面的努力,智库也作出了巨大贡献。通过欧盟扩张"激进"方式,⑥2004年,波兰成为其成员国。CASE开展了"波兰加入欧盟的条件:经济改革的重要领域",TIGER开展了"充满人情

---

① 毕比。
② 戴维斯。
③ 塞耶·沃特金斯:《经济史与波兰经济》,Aplet-Magic,http://www2.sjsu.edu/faculty/watkins/poland.htm。
④ 沃特金斯。
⑤ 《波兰经济展望》,国家数据网(Country-Date.com),www.country-date.com/cgi-bin/query/r-10717.html。
⑥ IPED:《项目——培育私营企业》。

味的全球化"，这些项目为波兰经济自由化提供了难以估量的知识动力。

　　尽管智库在市场经济转型中的作用极富价值，但这些组织依然遇到一些重要问题。即便随着 1989 年统一工人党以外的政党开始执政，非政府组织蓬勃发展，大多数今天依然存在的智库力量都很薄弱，它们在政策制定中难以起到重要作用。① 专家和智库很少参与到政策决定的过程中。许多政治家不愿意使用智库的研究。此外，许多智库被认为缺乏独立性，因为它们是由现任政府或前任政府的官员建立，或为他们服务的。比如，TIGER 就是由第一副总理兼财政部长格泽高滋·科勒德克（Grzegorz W. Kolodko）组织建立的。

　　波兰的智库也面临其他挑战。分配给科学和教育的资源较少，波兰学者流失，这使得这个国家在非常重要的经济和政治的巩固期需要信息支持时，遇到困境。② 缓慢发展的经济对于全面经济自由化而言是另一个障碍。经济繁荣"已经失败"，尽管 GDP 增长率在 1997 年达到了 7%。③ 在维持了 40 年的计划经济体制崩溃以后，经济乐观主义曾充斥着这个国家，但是投资下降和失业增加挫伤了乐观的情绪。一个财力充沛、独立且充满活力的公民社会，对于加强公众讨论公共政策和独立知识分子投入公共政策研究而言十分重要。

智库档案

表 5.1　TIGER 转型，一体化与全球化经济研究（www.tiger.edu.pl）简介

案例	市场改革
推荐人	国际民营企业开放社会研究中心
成立情况	转型，一体化与全球化经济研究（TIGER）成立于 2000 年，它是附属于（WSPIZ）的一家独立智库，WSPIZ 是一家在东欧领先的商学院，它位于波兰的华沙。

---

① 罗宾·奥克利：《宁静不波的欧盟扩大》，CNN.com，2001 年 1 月 27 日，www.cnn.com/2001/WORLD/europe/01/27/davos.eu/。

② 帕纳约提斯·捷提米斯（Panayiotis Getimis）：《ADAPT-最终报告》，城市环境与人口资源研究所（雅典：城市环境与人力资源研究所，2003 年），www.lse.ac.uk/collections/hellenicObservatory/pdf/ADAPT.EXECUTIVE_FINAL_REPORT.pdf。

③ 欧亚基金会报告：《波兰的非政府组织与智库》。

案例	市场改革
领导者	格泽高滋·科勒德科　教授,执行董事
任务描述	"TIGER"的宗旨是通过对转型,一体化和全球化过程的研究,来实现后社会主义国家在效率和公平上的过渡。[1] "TIGER"的哲学基础是坚信经济公平对全球经济增长,减少贫困,社会稳定,政治平稳,维护和平是必要的。[2]
分工	无
主要活动/信息传播类型	TIGER 通过引导私人研究和协调国际研究项目来实现其宗旨。成果会通过网络,研讨会,国际科学会议,WSPIZ 和 TIGER 杰出演讲,学生科学俱乐部"小老虎",出版的书籍、论文,以及 TIGER 的工作论文的形式向经济学家,政府官员,企业管理者,媒体和学生传播。[3]
优先研究领域	转型,一体化,全球化[4]
民主化相关项目	无
市场改革相关项目	"环波兰自行车赛3"一月(2001 年 3 月) TIGER 的主任格泽高滋教授,完成了他的"环波兰自行车赛3",他在波兰的 50 多所大学进行了演讲。这是科勒德克的新书促销活动的一部分,书名为《我们的世界各地和全球化倒退》。《我们的全球化或环游世界与过去》展现出一个与全球化和转型的演化过程不一样的一面。这次经过 23 个城市的旅行,得到了相当的支持,包括与当地社区的见面和当地大众媒体的采访。之前的"环波兰自行车赛"在 1999 年和 2000 年的时候举行过,当时《从冲击到治疗:后社会主义国家转型的政治经济》这本书做促销。 WSPIZ 和 TIGER 杰出的演讲,11 《全球化及其挑战》斯坦利·费舍尔 《关于相关发展政策的研究日程》卡洛斯·A. 马格丽诺斯 《全球化经济:强劲的基础与金融脆弱性》雅各布·A. 弗雷克尔 《国际金融系统的演化》杰克斯·代·拉罗齐尔 《理解经济变化和经济增长》道格拉斯. 诺斯 1993 年诺贝尔经济学奖获得者 《后社会主义经济中的政府角色》贾尼奥斯·科纳伊 《欧洲经济面临的挑战》唐纳德·约翰斯坦 《亚洲危机后的四年及其对新兴市场国家的影响》马里奥·布勒琼尔 《不只是另一条路》D·马里奥·纳蒂 《新经济的发展及其对财政政策的影响》维托·坦齐 《国际金融危机结构,欧元区及其在东欧的扩张》罗伯特·A. 蒙代尔 1999 年诺贝尔经济学奖获得者

案例	市场改革
	"老虎"科学俱乐部（2001 年 2 月） "老虎"的主要目的是，提高学生们的知识水平：在关于后社会主义转型，一体化和全球化过程中，经济、社会、政治的不同方面，包括"新经济"增长范例的影响。 研讨会 "重构公共金融"WSPiZ 的院长，A·安德烈泽杰·科敏斯基教授就科勒德克最近出版的一本书，主持了一个小组讨论。成员有哈利纳·沃西卢斯卡·特伦克纳教授，他是货币政策委员会的成员。还有来自 WSPiZ 的巴齐利·萨莫哈利克教授。2004 年 7 月 1 日 "保险市场和养老基金的发展与运作"贾恩·蒙基奇斯教授，波兰保险和养老金监管委员会主席。2004 年 5 月 19 日 "波兰加入欧盟的股票市场早期发展"杰克·索恰，波兰证券交易委员会主席。2004 年 4 月 21 日 "波兰竞争的法律情况"塞萨里·巴纳西因斯基，竞争与消费保护办公室主任。2004 年 3 月 24 日 "KUKE 和波兰加入欧盟后的出口"贾罗斯洛·比纳基，出口信用保险公司董事会主席（KUKES. A）2004 年 2 月 18 日 "2004 年的政府预算"政府金融部秘书瓦斯了斯卡·特伦克纳 2004 年 1 月 21 日
出版物	格泽高滋·W. 科勒德科的著作 《转向市场体制；渐进主义与激进主义》TIGER 会议论文，60（中国）（2004） 《全球化与东欧和中欧的公平问题》林·斯夸尔和娜塔莉亚·迪内洛修订，全球化与公平：发展中国家的视角（2004） 《组织，政策与增长》TIGER 会议论文，56（6 月），转型，一体化和全球化经济研究，利昂·科敏斯基企业管理研究院（WSPIZ），华沙。（2004），21 《后共产主义转型中的神话与事实》（合作者马里奥·纳蒂博士），文章发表于应用社会科学协会的年会上，加利福尼亚圣地亚哥，1 月 3—5 日（2004） 《新兴市场经济——全球化与发展》（合作者与撰稿人）（2003） 《全球化与新兴市场国际的追赶》25—66；《实际生活中政策制定的看法》74—78，更新与充实发展日程，联合国工业发展组织，维也纳（2003） 《全球化，转型国家的挑战于机遇》TIGER 会议论文 42（6 月）转型，一体化和全球化经济研究，利昂·科敏斯基企业管理研究院（WSPIZ），华沙。（2003），15

续 表

案例	市场改革
	《新经济与旧问题》,EMERGO,《转型经济与社会》杂志,9(2)(2004)4—10 《后共产主义转型与后华盛顿共识,政策改革的经验》马里奥·I·和马科·斯克雷布(修订)《转型,第一个十年》(2001)45—83 从冲击到治疗,后社会主义转型的政治经济。(2000)

注释:
1 TIGER,《关于我们》,www. tiger. edu. pl/english/onas/main. htm♯TIGER%20Research.
2 TIGER
3 TIGER
4 TIGER

表 5.2　IPED 私人企业与民主研究所(www. iped. pl/aboutus. html)简介

案例	市场改革
推荐人	艾瑞克·约翰逊世界银行研究所
成立情况	基于企业领导的需要:对私人部门发展和公共政策建议的复杂、深度的分析,1993 年 2 月,波兰商会建立了一个独立的组织,以研究和发扬这些——私人企业与民主研究所(IPED)。[1]
领导者	米拉夫斯基·巴克,主席和 CEO[2]
任务描述	引导研究项目和准备关于业务基础架构的报告,对经济环境特别重要的立法待定,对商业周期的支持。[3]
分工	工作分为 6 个部分: 分享民主经验 培育私人企业 "社会公平"发展项目 "企业公平"项目 就业公平。在欧洲主动的 EQUAL 下,企业文化和劳动力市场伦理的促进 商业友好银行项目[4]
主要活动/信息传播类型	IPED 通过它的项目、出版和研讨会来宣传[5]
有限研究领域	技术与经济发展 宏观经济分析与监测 小企业研究 公共项目评估 波兰的市场违规行为和法律体系 社区发展 国外投资 反腐败行动[6]

案例	市场改革
民主化相关研究项目	无
市场化相关研究项目	波兰私人部门与腐败斗争的策略(2001)

IPED 与企业代表和当地政客一起组织了 3 个攻关小组，收集致使波兰企业面临腐败的重要因素的信息。小组提供了一个非常好的机会，来说明对商业反腐败行为的重要性。基于他们对 105 家企业的调研和一份揭示腐败情况的报告，以及它对竞争性企业的威胁，IPED 为商业组织实施了一项反腐败项目。商业组织可以大胆地揭露腐败，不用担心被投资者贴上"麻烦制造者"的标签。因此，IPED 建议商业组织，而不是受到影响的企业，应该采取必要的措施来限制不公平的行为。组织也可以把项目介绍给那些宣称他们不能够忍受腐败的企业。这可以使得企业看到，其他人也不能容忍腐败，并且对企业来说，竞争的机会是公平的。这些推出的 IPED 项目已经被许多企业采用。[7]

波兰经济面临快速的重构(2001)

IPED 在卢布斯卡省的区域为 SMEs 准备了独立设计开发方案。[8]

与 SME 的发展建立伙伴关系(2001[9])

商会与公共部门的合作(2000)

IPED 在劳动监管、税收问题和出口促进的方式上准备了一些资料，由于其倡导活动和它与公共当局的讨论，这些后来被波兰商会采用。针对于商业组织和它们影响公共政策的方式，IPED 也会作详细的案例研究，在一些关于商业组织的讨论会上，这些也会被用来当作学习工具。最后，IPED 和波兰商会组织了 3 个讨论会，致力于当地和行业协会与公共部门的合作。[10]

波兰腐败(2000)

根据很多调查显示，腐败在波兰是个大问题。调查者对那些在商业活动中遵守公平交易规则的企业家做了很多访谈。并且这些访谈被用来了解腐败是如何妨碍了波兰公司的正常运作，同时也用来识别哪些方法会改善现状。[11]

波兰互联网在 SME 发展中的应用(2000)

这个项目通过 SME 识别互联网使用的障碍。报告在波兰的互联网上已经推出了。SME 被用来作为调查的基础，它由那些用电子邮箱和拥有自己的网站的企业来引导。它还包括与 SME 电子商务代表的访谈，以及与公共部门代表和提供互联网服务的企业的访谈。(报告包括更广泛的互联网应用的建议、电子商务的便利化和距离工作)。[12]

它还包括与 SME 电子商务代表的访谈，以及与公共部门代表和提供互联网服务的企业的访谈。[13]

案例	市场改革

波兰商业协会的强化(2000)

这项研究最大可能完善地详述了波兰商会的作用以及识别阻碍企业家组织活动的障碍。在实行商会法案的 10 多年以后,商会代表了很大数量的企业家,并且有一个很好的发达的地区结构。然而,尽管他们有毫无疑问的成就,他们仍然不能够有效地应对工会组织的强大力量,而且他们仍然只代表企业家圈子的一部分。除了介绍现在商会的情况,报告还包括了加强商业组织的倡议。[14]

波兰商人的法律文化(2000)

报告和 IPED 组织的会议,涉及波兰商人在多大程度上熟悉法律规则,他们对待法律的态度,法律在多大程度上在日常的商业活动中被遵循。还包括提升波兰企业法律文化的建议。这些都是基于企业调研、法官采访、和法律规则的分析而成。[15]

波兰农村妇女援助/可操作项目的评估(2000)

这个项目包括几个部分。第一,包括波兰农村妇女的统计及其他信息。第二,这个项目在 NGO 帮助下进行一个调查,针对于农村社会和农村中援助妇女项目的受益人。调查结果会在讨论会的时候与 NGO 的代表们商议。讨论、调研结果和其他信息会放在一个特殊的会议中推出的最终的、出版物里。其中一个比较重要的部分是采取一系列倡议活动来促进对农村妇女的援助,这些一般由公共机构和 NGO 来做。[16]

放松对经济的规制(1995—2000)

放松对波兰经济规制是 IPED 的核心关注之一,在多年以前,波兰经济和市场看起来是过分管制的。甚至在今天,商人抱怨波兰经济立法机构的官僚主义和复杂。1995 年,在波兰引进市场经济后的 6 年,越来越清晰地看到,新的官僚机构的法规成为经济发展的障碍。因此,IPED 准备参与到放松管制活动中。从 1996 年开始,研究专家进行了一下几个项目:

社会保险——公共财政的威胁(1996)

税收体系的放松管制(1997)

劳动力市场的放松管制(1997)

波兰许可证制度的放松管制(1998)

IPED 项目推出了相关报告,并且把他们的研究结果用到了公共政策的倡导中。那时 IPED 的主席米克齐斯洛·巴克是"红带削减委员会"的一员,在财政部长莱斯泽克·巴尔斯罗奇斯教授的支持下工作。[17]

私人部门研究(1993—)

自从 1993 年 2 月开始,IPED 就主要地参与 SME 部门的研究。它实施了超过 50 个的项目,涉及高科技和创新 SME,外国投资、税收立法、社会保险、区域发展、农村重建、投资促进、商业伦

案例	市场改革
	理、灰色经济等。研究所还组织了大量的国内和国际的简报和会议。一般 IPED 会定期推出代表商业观点的报告，他们的结果常常被公共部门采用。完成的项目包括： 《波兰新的税收体系·政府和私人部门税收协定的分析和倡议(1993)》 《波兰通货膨胀的来源(1995)》 《非正式的劳动力市场(1995)》。[18] 企业公平竞争项目(1998—) 从 1998 年开始，IPED 和波兰商会就一起进行了"商业公平竞争"认证计划。"项目的目的是促进商业活动中的伦理，它一般被认为是一系列行为标准。是企业家和商业伙伴、消费者、员工、股东，以及当地社区、当地政府、国家机构的共同关系中应遵守的。通过促进可信的和公平的商业活动，使得与法律和伦理规则一致，它也促进了企业的发展。在这个项目框架里，每年有超过 500 家企业认证。"[19]
出版物	《科技企业融资》(2003) 《公正对波兰企业发展的影响》(2002) 《波兰高科技 SMEs 的援助，外国解决方案与波兰区域方案》(2002) 《NGOs 与当地政府的合作》(2001) 《波兰私人部门与腐败斗争的策略》(2001) 《为 SME 的发展建立伙伴关系·卢布斯卡区域的策略》(2000) 《波兰商人对腐败的认识》(2000) 《波兰商人的法律文化》(2000) 《波兰农村妇女的援助/可行项目评估》(2000)[20]

注释：
1. 民营企业和民主研究所，《关于我们》，www. iped. pl/aboutus. html。
2. IPED"联系"，IPED，www. iped. pl/contact. php。
3. 民营企业和民主研究所，《关于我们》。
4. 民营企业和民主研究所，程序，www. iped. pl/programmes. php。
5. 民营企业和民主研究所，《关于我们》。
6. 同上。
7. 民营企业和民主研究所，《程序——培育私人企业》。
8. www. iped. pl/fostering. php。
9. 民营企业和民主研究所，出版，www. iped. pl/publications. php。
10. 民营企业和民主研究所，事件 2001，www. iped. pl/events_old. php? rok = 2001。
11. 民营企业和民主研究所，出版。
12. 民营企业和民主研究所，事件 2000。
13. 同上。
14. 民营企业和民主研究所，出版。
15. 同上。

16. 民营企业和民主研究所,出版。
17. 民营企业和民主研究所,《程序——培育私人企业》。
18. 同上。
19. IPED,商业银行友好项目,IPED,www. iped. pl/fair_bank. php。
20. 民营企业和民主研究所,出版。

表5.3 CASE社会经济研究中心,基金会(www. case. com. pl)简介

案例	市场改革
推荐人	国际民营企业自由之家中心
成立情况	CASE在1991年建立,是一个私人的、非营利的政策研究性质的智库。它由一群杰出的波兰经济学家创立,他们曾积极地参与到波兰1989年和1991年的经济体制改革运动当中。
领导者	安娜·麦泽克[1]
任务描述	CASE是一个独立的、非营利的机构,它研究后共产主义的转型,欧洲一体化和世界经济问题。[2]CASE的宗旨是支持波兰的经济、社会和政治改革,以及其他中东欧国家与前苏联国家的改革。
分工	CASE通过11个项目来推行它的工作: 复合改革的建议 转型的政治经济 宏观经济 宏观经济周期预测 欧洲一体化 项目评估 私人部门发展 金融部门 创新 贸易 劳动力市场和社会政策[3]
主要活动/信息传播类型	进行政策研究: 给政府,国际机构和NGO部门提供意见 通过出版和其他途径传播研究结果和经济知识 提供公共教育和培训,包括组织研讨会、会议、学术实习、考察访问和咨询 支持后计划体制国家的NGO部门[4]
优先研究领域	前计划体制国家的转型 经济发展策略 货币政策和财政政策 私有化和经济重构 贸易自由化 银行和金融部门的发展 欧洲一体化

案例	市场改革
与民主化有关的研究项目	无
市场改革相关研究项目	新兴市场稳定性指数（2001 年 7 月—） "这项是由纽约的欧亚大陆集团从 2001 年 7 月支持的国际项目，主要目的是研究政治事件对经济的影响，以及准备为超过 10 个国家提供政治稳定指数"。由欧亚大陆集团发布的月度政治稳定性排名，主要是针对于金融分析师和投资者、政治家和 NGOs。[5] 理解改革：波兰的例子（2003 年 3 月—） "这个项目由国际发展网络'波兰的社会与经济改革'资助，它作为一个国际风险的部分来实行，同时可以理解改革。"CASE 的专家杰克·库奇诺奇斯、彼得·科萨泽斯基，和理查德·伍德沃德，将会提交一份报告来展现波兰的表现，主要是在 1989 年到 2001 年中波兰在社会经济领域的改革。在他们的报告中，专家们将会评估特定改革下的成绩水平，以及分析导致成功的因素。[6] "欧洲一体化和 CEEC 的追赶发展前景。生产力鸿沟的决定因素"（2001 年 7 月—） "波兰加入欧盟的门槛：关键领域的经济改革"（2002 年 12 月—） "加入欧洲经济和货币联盟的策略：可能方案的比较分析"（2002 年 12 月—） "欧盟国家货币政策的透明度：实证调查"（2003 年—） "作为一体化因素的产业竞争力的改变：识别单向扩大的欧盟市场的挑战"（2003 年 2 月—） "新社区—旧政策？欧洲中心国家对扩展的欧盟将来经济政策的声音"（2002 年 10 月—2003 年 12 月） 新兴国家市场稳定指数（2001 年 7 月—） 波兰加入欧盟的门槛：关键领域的经济改革（2002 年 12 月—） 理解改革：波兰的例子（2003 年 3 月—） 乌克兰转型的教训：俘获型国家改革驱动力（2003 年 2 月—） 第二次私有化：私有企业产权结构的演变（1999 年 10 月—2001 年 9 月） 匈牙利和波兰的公司治理，关系型投资者、策略性重构和表现情况（2000 年 9 月—2002 年 3 月）[7] 波兰的小贷需求（2001 年 4 月—2001 年 10 月）
出版物	《转型经济的第二次私有化》 《转型经济的第二次私有化》这本书于 2003 年 9 月由帕尔格雷夫·麦克米伦出版社出版。编辑是巴尔巴拉·布拉斯斯卡齐克、伊拉杰·霍肖和理查德·伍德沃德这些书卷呈现了 ACE 法

续　表

案例	市场改革
	尔项目的结果,"第二次私有化:私有企业产权结构的演变",由 CASE 于 1999—2001 年开展。[8]

注释:

1. CASE,关于 CASE-CASE 人,www. case. com. pl/strona-ID-o_case_ludzie,nlang_710. html。

2. CASE,关于 CASE, www. case. com. pl/strona-ID-o_case_1,nlang-710. html。

3. CASE,项目,www. case. com. pl/strona-ID-projety_wg_dziedzin, nlang_710. html。

4. CASE,《关于我们》。

5. CASE,项目:新兴市场稳定性指数,www. case. com. pl/strona-ID-projety_alfabetycznie, projekt_id-4203,nlang-710. html。

6. CASE,项目:理解改革:波兰的例子,www. case. com. pl/strona-ID-projety _ alfabetycznie, projekty_id1211112,nlang-710. html。

7. CASE,项目,www. case. com. pl/strona-ID-projety_alfabetycznie, nlang-710. html。

8. CASE,转型经济的第二次私有化。捷克、波兰、苏联企业产权的演化,www. case. com. pl/strona-ID-91476,publikacja_id-1376789,nlang-710. html。

表 5.4　ASRC[1] 亚当斯密研究中心(www. smith. pl)简介

案例	市场改革
推荐人	国际民营企业阿特劳斯基础中心
成立情况	ASRC 于 1989 年建立,是一个私人的、无党派、非营利的 NGO 组织。它是波兰的第一个独立的学术研究机构,也是中东欧的第一个。
领导者	罗伯特·戈雅多斯基教授,主席
任务描述	ASRC 致力于促进自由公平的市场经济,共享的民主和道德社会。它的研究活动和发展、教育与出版,几乎覆盖了经济和社会生活领域的所有重要的问题。[2]
分工	无
主要活动/传播方式	中心关注项目:研究和教育事业、出版手册和书籍,以及电视广播
优先研究领域	经济问题 经济与政治自由 交流与信息 社会和技术 政治问题 放松管制 税收 腐败 公民对信息的获取

续　表

案例	市场改革
	国际安全 新经济
民主化相关研究项目	无
市场化相关研究项目	波兰养老金改革：一个成功的故事 ASRC/CIPE 通过帮助那些高昂的"现收现付"体制的国家,使其转向自由市场的选择,并承诺为下一代提供保障养老金的体制,进而在波兰产生了深远的影响。通过与一个美国的机构连线,与 CIPE 合作争取国际发展拨款,坐落于华沙的 ASRC 机构在体系建立上已经迈出了一大步。在波兰的 ASRC 员工将持续致力于建设一个自主选择、自主运营、政府监管的基金。这不仅仅会提供一个透明的体系来保证经济偿付能力,也会给波兰的经济注入巨大的私人资本,而且,通过在波兰的市场经济中给所有的投资者股票,会巩固国家的经济改革。波兰的劳动部长埃瓦·刘卡,最近任命了两个 ASRC 的专家作为他的养老金改革小组顾问,这体现出了他对 ASRC 的很高的满意度。更重要的是,她任命 ASRC 的主任采扎里库·麦克博士,担任新的养老金监管办公室主任。[3]
出版物	无

注释:

1. 作者感谢达米安·L. 马克的有价值的帮助,感谢其在波兰网站上所做的校验和更新 ASRC 的档案信息工作。

2. 亚当斯密研究中心,亚当斯密研究中心宗旨,www. smith. pl/pl/MisjaCentrumAdamaSmith。

3. CIPE,波兰养老金改革：一个成功的故事,CIPE, www. cipe. org/whats_new/overseas/overseas9804/features/poland. htm。

第六章　斯洛伐克的市场改革

独立后的斯洛伐克在经济改革和复苏上迈出了很大的步伐。这个国家 GDP 中的 79% 现在来自私营经济,有丰富的证据表明这个国家已经实现了稳定和大幅的经济增长。[1]

一、斯洛伐克民主化的历史

1989 年 11 月 17 日,捷克斯洛伐克爆发了"天鹅绒革命",一系列公众反抗活动导致奉行计划体制的执政党下台。1948 年以来第一次选举在 1990 年 6 月举行。1992 年来自捷克和斯洛伐克联邦的最主要的政党未能就确立新宪法达成一致,这些政党促使统一的捷克斯洛伐克和平解体。1993 年 1 月 1 日,捷克和斯洛伐克分别正式独立,并得到了美国和欧盟国家的认可。[2]

独立之后在 11 月 26 日举行的选举中,弗拉基米尔·麦恰尔(Vladimir Meciar)作为多数党民主斯洛伐克运动的领袖胜出。在之后的 10 年,麦恰尔保留了一个半威权的政府,他对于民主和市场改革的态度比较暧昧。他更欣赏渐进式转型,并对国家控制在很大程度上予以保留。

---

[1] 米尔顿·F. 高曼《斯洛伐克独立之后:争取民主的斗争》(韦斯特伯特: 普雷格出版社,1999 年)。

[2] 美国国务院:《欧洲与亚欧事务局》、《背景介绍:斯洛伐克》,2006 年 7 月,www. state. gov/r/pa/ei/bgn/3430. htm。

1998 年，由米库拉什·祖林达（Mikulas Dzurinda）领导的政党联盟执政。新政府进行进行了大规模的政治和经济改革，旨在于 2004 年以前加入经合组织（OECD），北大西洋公约组织（NATO）和欧盟（EU）。祖林达的政治改革包括修改法律，使政府可以合法地领导斯洛伐克加入欧盟和北约。斯洛伐克努力接受欧盟 8 万页《现行法》（acquis communitaire）规定的大部分内容，祖林达"强化司法体系"，并简化官僚机构。① 祖林达经济改革包括修改法律，这些法律阻碍了国有企业私有化、出售国有垄断企业、简化破产法。在祖林达实施改革后，斯洛伐克的国外直接投资水平有所提升。②

可以简要了解斯洛伐克民主制度的现有情况。所有公民超过 18 岁，可以选举总统和国家议会 150 个议席。在 2002 年选举中，25 个政党参与了自由公平的议会选举，7 个政党赢得了超过 5% 的选票。自由之家认为斯洛伐克的选举很透明。70% 的选民参加了 2002 年选举。斯洛伐克非政府组织也积极参与竞选活动，特别是协助进行选民教育。斯洛伐克媒体被认为是自由的。2002 年宪法法院审理了总统鲁道夫·舒斯特（Rudolf Schuster）控告一位斯洛伐克记者的案件，之后诽谤限制逐步降低。斯洛伐克宪法也允许司法独立；但是司法体系依然不充分，且存在腐败，欧盟委员会要求斯洛伐克进行进一步司法改革。最后，斯洛伐克宪法还保护许多权利和自由，比如私有财产的权利和对家庭的保护。③

二、斯洛伐克市场改革的历史

计划体制在捷克斯洛伐克的衰落发端于捷克领导下的布拉格。④ 结果，随之而来的市场改革以捷克为中心，尽管斯洛伐克受到的经济伤害更

---

① 斯坦尼斯拉夫·J. 基尔希鲍姆：《斯洛伐克史：为了生存而斗争》，第 2 版（纽约：帕尔格雷夫·麦克米兰出版社，2005 年），第 300—302 页。
② 凯伦·亨德森：《斯洛伐克：从混沌中现身》（伦敦：劳特利奇出版社，2002 年），第 123—124 页。
③ www. freedomfouse. org/research/freeworld/2003/countryratings/slovakia. htm.
④ 高曼，第 21 页。

大。联邦财政部长瓦茨拉夫·克劳斯(Vaclav Klaus)采用了休克疗法,迅速大面积地向自由市场经济转型。急速的私有化和国家管理的结束挫伤了斯洛伐克经济,增加了斯洛伐克的失业率和通货膨胀率。1992 年,弗拉基米尔·麦恰尔通过宣扬国家对经济的管制以及更广泛的社会福利,成为独立的斯洛伐克总理。由于经济衰退和失业率高企,这些观点很容易受到欢迎。麦恰尔在实施市场改革上总是反复无常。他的动机和政策的有效性总是受到质疑。尽管 GDP 中的近 80％来自私营经济,市场改革的进程缺乏有效性、透明性和决心。1991—1993 年,小规模的私有化和第一波大规模私有化浪潮开始。1994 年,第二波大规模私有化浪潮紧跟而来。20 世纪 90 年代后半期,不合适的财政政策扩张人为地维持了经济增长。大部分经济政策使外部压力斗争的结果,这包括国外直接投资、进入国际市场以及与捷克共和国有关的增长,同时政府意图控制就业和增长。

2003 年,自由之家这样评述斯洛伐克的市场经济:

> 在一个经济中,私营经济占国内生产总值的约 80％、就业的 75％。官方失业率依然保持在 20％,但是政府认为一些人在黑市工作,并且还领着失业福利,这些人大约占失业人口的 5％。①

斯洛伐克现在的经济特点包括"削减预算和经常项目赤字,抑制通货膨胀,加强健康医疗体系"。② 2004 年 GDP 大约是 248 亿美元,人均 GDP 4610 美元。③ 2002 年真实 GDP 增长率是 4.4％。这高于 1998—2000 年 3％的平均增长率,也高于 1975—2000 年－0.1％的平均增长率(应该注意到 1975—2000 年的平均增长率可能偏低,因为转型导致了经济的极度萎缩)。④ 传统基金会在 2004 年给予斯洛伐克经济"基本自由"的评价,评分为 2.44(1 为最

---

① www. freedomfouse. org/research/freeworld/2003/countryratings/slovakia. htm.
②《斯洛伐克经济统计》,国家管理网,www. nationmaster. com/country/loslovakia/Economy-economy。
③ http://cf. heritage. org/index2004test/country2. cfm? id＝SlovakRepublic.
④《斯洛伐克经济统计》。

自由,5 为最不自由)。① 这比 1998 年和 1999 年的 3.3 分有了很大改进。②

进一步了解斯洛伐克经济改革的情况,可参见随后智库简介中的大事件纪年表。

三、斯洛伐克的公民社会

在 1948 年之前,捷克斯洛伐克曾拥有一大批志愿者协会。这些组织随即解散,或者从属于新政府。志愿者协会的数量从 20 世纪 30 年代的 1.6 万家下降到 1959 年的 16 家及其 492 个分支机构。③ 在 1968 年布拉格之春以后,捷克斯洛伐克的公民社会曾短暂地重新出现。亚历山大·杜布切克(Alexander Dubek)的政府开启了彻底的政治改革,并放松了对媒体的管制。这促使大众参与政治,政治组织得以创立或重新开始活动,它们为政治讨论提供了场所:"每个人都开始参与政治,而公共组织成立起来以容留他们。"④工会和学生团体也积极表现自己。这些组织是"政治表达的工具,寻求代表他们自己的支持者的政治利益",并影响政府。⑤ 但是随着华约国家军队的入侵,布拉格之春于 1968 年 8 月被镇压。

1989 年天鹅绒革命以后,第三部门迅速重建。1990—1992 年,有助于重建和保护公民社会的的法律颁布。一系列的法律保证了公民的集会权利,并对基金会的合法地位进行了规定。⑥ 1993 年实行的斯洛伐克宪法通过确认集会权利、演说权利和结社权利,强化了这一法律构架。⑦

虽然在 1989—1993 年转型时期的斯洛伐克,非政府组织得到了有力支持,但是在麦恰尔政府执政下第三部门却面临许多挑战。比如,在 1994

---

① http://cf. heritage. org/index2004test/country2. cfm? id = SlovakRepublic.
② 同上。
③ 迪奥尼斯·霍切尔:《斯洛伐克公共政策:非政府组织的作用与地位》,新校跨地区民主研究中心,www. newschool. edu/centers/tcds/dino. htm。
④ 大卫·W. 保罗:《1960 年代捷克斯洛伐克政治的重复》,《斯拉夫评论》第 33 期,1974 年,第 727 页。
⑤ 保罗,第 729 页。
⑥ 霍切尔。
⑦ 同上。

年和 1995 年,议会成员公然彻查公民社会组织。作为回应,一批非政府组织成立了一个团体,名为"第三部门胸膛",以回击对其的负面批评。① 1995年 11 月政府对基金会的合法地位颁布了更为严格的法律。"第三部门胸膛"展开了"SOS"运动对政府思想管制进行抗争。

在这个问题上,欧盟支持非政府组织的社团,并对斯洛伐克施压改革其政策。但是,政府对非政府组织的负面态度依然不变。非政府组织的主要困难依然存在,它难以获得政府资金,也没有税收减免。新政府在一些领域采取了一些微小的措施保护第三部门。特别是,前总统米哈尔·科瓦奇(Michal Kováč)通过宪法法院为公民社会辩护。② 然而,在公民社会盛行之前,许多方面还有待完善,就像欧盟中与斯洛伐克类似的国家那样。

四、补充说明:斯洛伐克的今天

2004 年,在斯洛伐克加入欧盟前夕,伊万·加什帕罗维奇(Ivan Gasparovic)当选总统。他任命罗伯特·菲乔(Robert Fico)为总理。菲乔被迫加入由弗拉基米尔·麦恰尔(Vladimir Meciar)代表的民主斯洛伐克和右翼的斯洛伐克组成的联合政府。菲乔承诺加强社会福利,这与前几任政府市场改革措施不同。许多人担心菲乔的政策会否影响斯洛伐克在2009 年加入欧元区的计划。③

五、斯洛伐克智库活动的分析

1. 经济和社会分析中心(Center of Economic and Social Analysis,MESA. 10)
经济学家伊万·米克洛什(Ivan Miklos)于 1992 年成立了 MESA. 10。

---

① 霍切尔。
② "国家概况",《公民》,1999 年 3 月,www. civicus. org/new/country_profiles. asp? c =00265D。
③ BBC 新闻:《国家概述:斯洛伐克》,http://news. bbc. co. uk/2/hi/Europe/country_profiles/1108491. stm,2007 年 11 月 30 日。

1992—1998 年，他领导 MESA. 10 影响斯洛伐克市场改革的事令人关注。在这家机构成立前，米克洛什是斯洛伐克后计划体制下第一届政府的成员。他是斯洛伐克联邦行政和国有财产私有化部部长（1991—1992），斯洛伐克联邦副总理顾问（1990）。① 根据 MESA. 10 网站的信息，由于"政府不赞成一些必要的基本原则，以确立有效而富有竞争力的经济"，积极投身于捷克斯洛伐克和斯洛伐克经济转型的米克洛什等人十分失望，他们建立了这个机构。② 前总理米库拉什·祖林达（Mikulas Dzurinda）也是 MESA. 10 的创始人之一。在麦恰尔当政期间，祖林达依然保持着与政府的关系，1992—1004 年，他是议会议员，也是交通、邮政和公共工程部部长。③ 这两位创立者的情况就说明，MESA. 10 与政府的市场改革进程联系多么紧密。国际私营企业中心（CIPE）自 1996 年就成为 MESA. 10 的合作伙伴，它认为 MESA. 10 在斯洛伐克转型最关键时期所做的努力在最近几年产生了正面成果：

> MESA. 10 在米克洛什的领导下，在短短几年间已经取得了引人注目的进步，它的工作使人们意识到国家经济和政治的困境。智库通过教育使公众了解国家多么需要改革，正是这些公众通过投票把弗拉基米尔·麦恰尔总理的国家主义政府赶下台。④

CIPE 更具体地提到了 MESA. 10 的"斯洛伐克经济论坛"，认为这是"影响政策制定者观点的主要手段"。⑤ 1995 年以来，MESA. 10 每个月都会举办"研讨俱乐部"，目的是：

---

① http://216. 239. 41. 104/search? q = cache：fqo9bhKq6O4J：www. oecd. org/dataoecd/36/63/31721650. pdf.

② 《改革创造者变身改革守卫者》，MESA10，www. mesa10. sk/en/on/index. asp? id = 3。

③ 《米库拉什·祖林达：斯洛伐克共和国总理》，《商业周刊在线》2004 年 6 月 7 日，www. businessweek. com/magazine/content/04_23/b3886199. htm。

④ 《简介：伊万·米克洛什》，《国际私营企业中心》，www. cipe. org/whats_new/oversea/overseas9803/departments/miklos. htm。

⑤ 《简介：伊万·米克洛什》。

把对热点问题处理方法会发挥真实或潜在影响的专家聚集在一起(这些专家包括政府成员、来自政党的经济学家、经济分析师、学者、记者、来自利益团体的经济学家、商会)。①

论坛的讨论有助于"使众多记者了解国际经济和金融形势",结果,"米克洛什揭示麦恰尔政府没有意识到的许多问题,并苦心研究公众的意见"。② 米克洛什同样把1998年以后经济和政治的改善归因于之前公民社会领域的发展,

在麦恰尔政府执政下的1994—1998年,我们也有十分混乱的发展阶段,这届政府孤立了斯洛伐克,使之排除在欧洲融合进程之外。在三年半的时间内,斯洛伐克处于严重的金融危机边缘,并被排除于NATO、OECD、EU的扩张进程之外。也是在这个阶段,直到1998年,我们使公民社会建立起来,并对记者和公民进行教育。为了这个进步,社会被动员起来。直接的影响体现在1998年的选举中。③

这个机构致力于增强公众意识,加强公民社会的联系,结果 MESA.10 在打破麦恰尔的政治控制中发挥了作用,并使经济更为透明有效。

在领导了这个机构并获得信赖之后,1998年,祖林达从麦恰尔获得行政权力,并成立联合政府,米克洛什被选为经济事务副总理。④ 在祖林达和米克洛什的领导下,斯洛伐克的经济增长率、就业率、银行私有化和国外直接投资都获得了极大提高。⑤ 在美国所作的演讲中,米克洛什描绘了经济增长必要的因素,包括竞争、良好的制度化运作、正式或非正式的经济管理规范。这一经济思想——MESA.10 的研究自成立以来即强调这一思想——现在是政府成功的核心要素。

---

① www. mesa10. sk/en/projekty/index. asp? id = 2。
② 《简介:伊万·米克洛什》。
③ www. csis. org/Slovakia/events/ev020422. pdf。
④ http://216. 239. 41. 104/search? q = cache:fqo9bhKq6O4J:www. oecd. org/dataoecd/ 36/63/31721650. pdf。
⑤ www. google. com/search? q = cache:k0Bq162fHMAJ:www. csis. org/Slovakia/events/ ev020422. pdf。

MESA. 10 的贡献使斯洛伐克被认为是经济改革的典范。约翰·沙利文这样认为：

> 伊万·米克洛什所参考的全新制度下的经济,在我们经历的转型中,构成了发展思想的核心,而这正是给予斯洛伐克的成功。在斯洛伐克市场改革中,MESA. 10 发挥了催化作用,它的成立可以说是雪中送炭,人们正对无效和腐败的政府政策不满,因此它获得了国际声望,成为一家在经济领域具有权威性的机构,它也把自己的创立者送进了斯洛伐克决策层。

2. F. A. 哈耶克基金会(F. A. Hayek Foundation，NAHF)

F. A. 哈耶克基金会在斯洛伐克市场改革中起着积极作用。和 MESA. 10 一样,NAHF 成立于 1991—1992 年这个关键时期,这个事情最重要的事件是对宪法的讨论以及捷克和斯洛伐克分裂。NAFH 建立了一个致力于传播古典自由价值观的独立机构,NAFH 觉得有必要研究自由市场经济的先决条件和迟缓发展的斯洛伐克经济,并提出政策建议。在成立之初,NAFH 的主要活动是向民众和政治家宣讲自由经济政策。NAFH 从两个方面展开这些活动:一是它举办研讨班,吸收高中学生、经济专家等不同人群参加。二是瞄准媒体。NAFH 认为斯洛伐克记者"在传播我们的理念上是我们巨大财富",并且为他们提供信息,"用简单的语言向记者解释时下的改革议题"。① 随着基金会声望的增长,NAFH 讨论了更多经济改革中的具体问题。这家智库最大的贡献与税收改革有关。为了影响税收改革,基金会建立了"斯洛伐克纳税人协会"(ZDPS),致力于提升公众对税收负担的认识,并影响税收政策的决定。② ZDPS 发起了"税收自由日运动",通过把一年划分成为政府工作的日子和为个人利益工作的日子,提醒人们意识到每年有多少税务负担。ZDPS 和 NAFH 的作用在于推动特定的税收改革,比如根据信誉可以取消税负,对消费税采用统一

---

① 齐巴斯,第 6 页。
② www. zdps. sk/zdps1_view. php? id = 5.

税率。①

在回答阿特拉斯基金会（Atlas Foundation）的问题——"为什么哈耶克基金会能存在那么长时间"时，NAFH 主席马丁·赫伦（Martin Chren）回答道：

> 我应该说，成功主要在于相信古代自由主义理念的人民，他们不畏惧在各个领域为这些理念而斗争。不像西方国家，斗争并不容易，后计划体制的国家中，人们不知道这些理念，计划体制的衰落并不意味着市场经济及其制度会像涅槃的凤凰一样从其废墟中升起。此外，我们的成功还部分地归因于以现实生活为研究导向。我们研究的目标是为现实改革提出建议，随后我们将之推荐给政策制定者，努力劝说他们将之融入政治进程中。

哈耶克基金会始终致力于推动古典自由的经济改革，同时积极与记者沟通，这使 NFAH 在现实改革热点议题上的观点广泛传播。与此相应，NFAH 是"斯洛伐克被引述最多的机构"。②

3. 经济发展中心（Center for Economic Developmemt，CED）

经济发展重心成立时正值私有化的第一次浪潮在刚独立的斯洛伐克联邦展开。斯洛伐克向以市场为基础的经济转型的整个过程中，CED 长期致力于经济发展和透明度的增加。③ 国际私营企业中心（CIPE）把 CED 作为自己全球合作伙伴。④ CIPE 认为 CED 在经济改革过程中发挥了整体性的作用：

> 支持更透明的经济过程，促使斯洛伐克融入国际经济和政治组织。CED 相信在斯洛伐克联邦未来的成长中，商业、政府、社会的运作

---

① 查伦：《中欧基本税制改革》。

② 齐巴斯，第 6 页。

③ www. nira. go. jp/ice/nwdtt/dat/1193. html.

④ www. cipe. org/programs/global/partners/dispPartner. php? id＝82.

过程都需要透明。CED 推动了这一理念，帮助斯洛伐克和其他国家的相互理解。①

CED 也是斯特哥尔摩网络成员，②斯特哥尔摩网络是"欧洲以市场为导向的智库组成的一个富有活力的群体"，致力于"建立广泛的网络，这个网络由欧洲研究前市场条件下政策的专家组成，在未来在制定对整个欧洲具有影响力的政策时，利用这个网络对治策过程施加影响"。③

在 CED 对市场改革作出的所有贡献中，最令人瞩目的是它出版了与紧迫的经济议题相关的文章。比如，在 20 世纪 90 年代中期，当斯洛伐克正努力进行私有化时，CED 出版有《斯洛伐克私有化的"标准方法"》(1995年)、《斯洛伐克私有化的方法和发展》(1996 年)。④ 最近 CED 又聚焦于可使斯洛伐克加入融入欧盟的经济改革。

智库档案

表 6.1　MESA. 10 经济与社会分析中心(www. mesa10. sk)简介

介绍	市场改革
推荐	罗伯斯·魏格课,斯洛伐克经济发展研究中心 约翰·沙利文,美国国际私营企业研究中心
确立	MESA. 10 成立于 1992 年，它是由一群深受捷克斯洛伐克和斯洛伐克在 1989—1992 年的经济转型影响的人所建立的[1]。 "在独立的斯洛伐克公民对政府的失败没有反映维护基本法则对有效的和竞争的经济体。 (例如：自由竞争、平等机会、自主企业、私有产权的不可侵犯、开放经济、政治和经济的分开、公共行政的分散化)MESA. 10 作为一个独立的无党派机构，提升这些价值，批判他们的违反行为，并且寻找同盟来促进他们的发展[2]。
建立者	维克托·尼兹南斯基

---

① www. cipe. org/programs/global/partners/dispPartner. php? id = 82.

② 智库细节——斯德哥尔摩网站,www. stockholm-network. org/network/details. php。

③ 斯德哥尔摩网站,www. stockholm-network. org/。

④ CED 研究。

续　表

介绍	市场改革
宗旨	"我们的宗旨是促进自由市场经济,加强法则和价值观的提升,诸如自由竞争、机会平等、自主企业、私有产权的不可侵犯、有限政府干预、开放经济、经济和政治权利的分开"[3]
分工	MESA.10 发展了一个针对 2004—2010 年的三步骤的策略,具体安排如下: "促进斯洛伐克经济在共同市场中的竞争力" "影响(和保护)经济政策的原则" "区域发展(加入欧盟以后)"[4]
主要宣传活动	经济分析与研究 报纸文章、采访和评论 讨论活动如研讨会、会议和演讲、 出版物[5]
主要研究领域	宏观经济发展 经济政策与经济转型 公共金融和财政政策 对外贸易和对外投资 私有化 公共部门的改革和分散化 区域发展 斯洛伐克加入欧盟的一体化
民主化研究方案	无
市场改革计划	斯洛伐克经济论坛(始于 1995 年) MESA.10 讨论俱乐部(DC)每个月召集一次,商讨经济时事问题。这项工程旨在建立一个平台,为当下的经济和社会问题有一个实质的和建设性的讨论。这个讨论俱乐部主要是来召集那些在处理问题的方式上有实际的或潜在的影响力的专家进行讨论。俱乐部的每一个会议由一个主要的报告(主要是由政府成员提交的),简短的竞争对手报告和核心讨论。媒体则经常发布报告,内容主要是讨论最有趣的部分和主要的结论。 私有化的透明度(1995—1998) MESA.10 在它的网站上发布了一系列的私有企业的数据库。它列出了由 NPF 在 1995—1998 年所实行的私有化方案以及买家购买的由商事法院签署的注册证书的摘录。这份清单吸引了来自于媒体和公众的相当的关注,并且它也用来作为一个证据揭露了在私有化过程中的透明度的缺乏,以及需要提高公众的意识。在 1995—1998 年,MESA.10 和它的专家们出版了"私有化过程中的腐败风险(IVAN,1995)"这项研究基于对腐败

续　表

介绍	市场改革
	风险的特别重视评估了斯洛伐克在 1990—1994 年的私有化的演化过程。研究分析了由三个内阁部门推动的私有化和它们的行政机构遵守或破坏的平等机会和自由竞争的原则。还着重关注熟知的"野蛮私有化"，它是 1994 年第一季度,在麦恰尔政府第二届的后期的时刻实行的。[6] 斯洛伐克的养老保险制度分析(2001 年 6 月—2002 年 1 月) 这个项目揭示了斯洛伐克的养老保险制度的范围,分析了养老金体系的收入和支出情况以及当下养老保险制度的余额和风险。它提供了所选择的国家(德国、荷兰、瑞典、智利、波兰和捷克共和国)的养老金体系的运行的主要指标,并且在第一时间提供了斯洛伐克养老保险制度改革的可供选择的方案。[7]
出版	《斯洛伐克月度报告》 《从公有到私有——斯洛伐克私有化的十年》 《承诺与现实》 《社会情形总报告(1997—2001)》[8]

注:
1. MESA. 10, 'MESA. 10', MESA. 10, www. mesa10. sk(2006 年 8 月 8 日访问)。
2. MESA. 10, 'MESA. 10'。
3. 同上。
4. M. E. S. A. 10,"任务与背景",www. mesa10. sk/en/on/index. asp? id = 3(2006 年 8 月 8 日访问)。
5. M. E. S. A. 10,"任务与背景"。
6. 1995—1998 累计报告。www. mesa10. sk/en/on/index. asp. (2004 年 5 月 23 日访问)。
7. 同上。
8. MESA. 10,"出版",www. mesa10. sk/en/on/index. asp? = 3(2006 年 8 月 8 日访问)。

表 6.2　FAHA F. A.哈耶克基金会(www. hayek. sk)(仅斯洛伐克)简介

介绍	市场改革
推荐	Atlas 基金会
确立	NIRA—"自从它建立伊始,该基金会就凭借区域和全球化的活动在专业领域闻名遐迩,并且它成为了斯洛伐克国内的一股推动自由的力量"[1] 朝圣山学社——在 2001 年承认,"哈耶克基金会长期在中欧传播自由价值观"[2] 伯拉第斯拉瓦,1991 年。在捷克斯洛伐克的"天鹅绒革命"之后成立,旨在推行经典的自由主义。[3] 建立者们希望影响改革的进程和专家与公众的观点。[4]
建立者	马丁·赫伦

续　表

介绍	市场改革
宗旨	发展基本的自由主义观,包括"自由,基于个体和自我责任下的自由选择,市场经济,最小的政府干预,减税,合同义务和承诺协议的强制实施"和"保护每一个体对他们自己生命,自由,财产的不可剥夺的权利"[5]
分工	无
主要宣传活动	无
主要研究领域	无
民主化研究方案	无
市场改革计划	**税收改革** FAHF 的项目协调人马丁·赫伦提出,该项目是 FAHF 有重要影响的政策领域。他引用了以下的例子。[6] 1. 1997 年民意调查 这项调查检测了斯洛伐克民众对他们赋税的了解情况。发现一般的纳税人认为他们支付的税近乎他们实际支付的一半。作为回应,HAHF 开始了一个解释税收的项目。结果发现,税收是选举中的一个占支配地位的问题。[7] 2. 建立"斯洛伐克'纳税人'协会(ZDPS)" 这个协会"与居民和企业的过度的金融负担作斗争"。它反对政府对私人事务的干涉,主张更低的税收和公共支出,并且,在免税日,[8] 它通过媒介促进更广范围的公众对税收情况信息的可获得性。基金会和 ZDPS 一起工作,来制造减税的压力和增加公众的税负意识。[9] ZDPS 的宗旨: 教育斯洛伐克的公民在公民和经济权利上的认识,告知他们有关税负的情况和政府财政政策的影响,以及政府债务增长的一系列的后果。 简化并且使斯洛伐克的税收体系更透明,使公众参与对公共金融的控制,确保媒体对公共利益的更好的覆盖。 加强一个对政府税收和财政政策的开放的和合格的公共讨论,阻止并改变它的结果。 影响公共观点和最重要的决策制定过程,支持私营部门和促进企业和个人的经济自由。[10] 3. 免税日运动 由 FAFH 发起,来提高税收负担下的公共意识。ZDPS 的网站描绘了它进一步的重要性: "有一个特别需要提的项目,它已经在斯洛伐克取得了重要的成功"我们称之为免税日。受米尔顿·弗里德曼的主张影响,斯洛伐克纳税人协会在两年前开始了这项工作,并且成果很

续　表

介绍	市场改革

棒。免税日是一个潜在的均衡时刻，把一年分成了两个部分……免税日被此喻为我们在为政府工作多年以后，最终开始为自己工作并且自己挣钱。在这个形态下，免税日给公民提供了一个关于国家课税负担的易于理解的比率。免税日的行动包括：

一个综合研究的出版，名称为"免税日的建立与公共支出，税收，缴费负担的分析"

在斯洛伐克首都布拉迪发市中心举行的免税日庆祝活动

新闻发布会和一个大型的大众传媒活动

一个广告运动

经济和政治庄家对税收负担和税收改革的讨论

教育活动，例如，国会议员在斯洛伐克国会上的定期讨论会

国会免税法案提案的介绍

4. FAHF 对废除继承税也称作死亡税负部分责任[11]

在 2004 年举行的一个柏林税收竞争研讨会，马丁·赫伦描绘了对这项税种的废除的重要性：

"对于斯洛伐克的纳税人来讲，有更多的好消息，例如一种最不公平和最无意义的税种的消除——继承税，比死亡税更熟知。在由斯洛伐克纳税人协会领导的强大的长期的运动后，两年前，在斯洛伐克对最近的亲人群体征收的继承税被废止了。现在，税收改革以后，死亡税在斯洛伐克立法上已经完全消除了。并且，同样的命运也会到赠与税。在斯洛伐克将不会对信誉征收任何税。并且，进一步，开始一年以后，不动产转移税也承诺将取消。"[12]

5. 2002 年 12 月国际会议"主要目标：对降低税负，降低公共支出和介绍统一税率的宣传和压力制造"。[13]

6. 斯洛伐克统一税率关键支持点，"把企业、个人增值税（或营业税）统筹起来实行 19％的统一税率"。在旧的体系下，有两种增值税率：一个 20％的标准税率和 14％的折合率。

税收改革统一了两者，并引进了一个 19％的增值税率。作为第一项税收改革措施，国会于 2003 年 6 月批准了增值税法案的修正案，在 2004 年 1 月 1 日正式实施。及时的批准是整个改革成功的先决条件。[14]

马丁·赫伦也在他的演讲中描述了统一税率的重要性，在 2004 年 1 月 1 日的"税务基金会"提到：统一税率定位 19％，并且这个税率取代了一个典型的所得税。所得税开始的税率是 10％，然后随着收入逐步增加，会达到 38％。此外，19％的税率取代了 25％的企业所得税。对于个人和企业来讲，这将会减少其收入和利润的税收负担。斯洛伐克还提供给跨国公司诱人的中心

续　表

介绍	市场改革
	区位和熟练但相对便宜的劳动力。由于我们增加了一个免税代码,它毫无疑问的如果不是世界的也是欧洲最具竞争力的。在最终的转向市场经济的舞台上,我们将会吸引作为斯洛伐克经济的命脉的国外的投资。[15]
	他详细叙述了FAHF的角色和相似的组织机构,他讲道:"尽管仍然有很多事情要做,但是斯洛伐克的税收改革是走向一个更加公平,更有效的税收体系的真实的一步。或许可以说,与其他任何有提到这种改革的国家相比,斯洛伐克新采用的统一税率与一般的学理上的单一税率提议更加一致。对于一些自由市场协会来讲这多是一种信用,它们最先在斯洛伐克提出这些想法并且推进实施。"[16]
	养老保险改革 1. 2001年出版的"养老保险制度改革的设想" 结果:就主题"如何资本化斯洛伐克的养老保险制度"进行积极的公众讨论[17] 2. FAHF的专家们最近与劳工部,社会事务与家庭,服务部门对接工作,准备新的立法来完善养老体系改革。[18] 3. 专家们的国际会议,公众和政府人员以一种自由的形式展开讨论。
	教育计划 针对大范围的人员的教育研讨会的组织。每一个研讨会给来自于世界的专家找些高中生、本科生、博士候选人、记者、政府人员和经济专家。[19]马丁·赫伦把"我们伙伴的年轻一代"作为FAHF的最大投资。[20]
出版	无

注:

1. www. nira. go. jp/ice/nwdtt/dat/1194. html.

2. FAH 基金会手册,10。

3. 埃琳娜·齐巴斯:《和马丁·赫伦一对一》,《最重要的事:季度地图网络通讯》(2003年夏),6,www. atlasusa. org/V2/files/pdfs/2003_H-summer. pdf(2006年8月8日访问)。

4. FAH 基金会手册,4。

5. 同上。

6. 齐巴斯,6。

7. 同上。

8. FAH 基金会手册,4。

9. FAH 基金会手册,6。

10. www. zdps. sk/zdps1_view. php? id = 5。

11. 齐巴斯,6。

12. 马丁·克伦,"东欧根本的税收改革"税务特征,48(1)(2004年1月/2月):6—7;www. taxfoundation. org/publications/show/291. html(2006年8月8日访问)。

13. FAH 基金会手册,10。

14. 戈利亚斯·彼得，"斯洛伐克根本的税收改革"，克里尼卡论坛，波兰，www. ineko. sk/reformy2003/menu_dane_paper_golias. pdf(2004 年 6 月 20 日访问)。

15. 克伦：《中欧根本的税收改革》。

16. 同上。

17. FAH 基金会手册，6。

18. 同上。

19. FAH 基金会手册，10。

20. 齐巴斯，6。

表 6.3　CDE 经济发展中心(www. cphr. sk)简介

介绍	市场改革
推荐	罗伯斯·瓦格科斯洛伐克经济发展研究中心
确立	CED 于 1993 年建立，旨在支持"长期的经济发展作为斯洛伐克人民生活可持续增长的先决条件"
建立者	欧根·朱齐卡
宗旨	经济发展中心，是一个专注于经济研究的非盈利，非政府机构。CED 专注于支持长期的经济发展作为斯洛伐克人民生活可持续增长的先决条件。斯洛伐克共和国的将来的经济增长需要商业，政府和社会的透明过程。CDE 促进这些想法和培养了斯洛伐克和其他国家共同的理解。[1]
分工	无
主要宣传活动	研究经济问题、组织会议、在日报、经济报纸和商业期刊中出版文章，支持一个更加透明的经济过程以及斯洛伐克加入国际经济和政治组织的行为。[2]
主要研究领域	斯洛伐克政府的千年发展目标 斯洛伐克政府的国家人类发展报告 欧盟扩大和它对新成员国的劳动力市场和社会政策的影响 斯洛伐克企业联盟[3]
民主化研究方案	无
市场改革计划	**公司治理：全球中的斯洛伐克** "对于斯洛伐克来讲，这是在一系列的公司治理和它的区域相关性研究中的第二个项目，这项事业依赖于之前的研究，以及由 CIPE 和国家民主捐赠发起的项目，也就是斯洛伐克的公司治理推进项目的第一阶段。"CDE 主张，在当今国际标准和最好的实际情况下，从事研究、教育和关注缓和斯洛伐克政企关系的项目。通过分析相关的问题，例如在斯洛伐克大环境下的立法和教育监督机构，以及广大的区域经验，这个项目有助于促进与公司治理相关的 4 个核心的标准：公平、负责、透明和义务。这些对一个成功的民主社会来讲是必不可少的。[4]

续　表

介绍	市场改革
	<u>1998 年大选</u>

"显示了一个及时的和客观的信息的缺乏,它通过以下几种方式导致了经济情况的恶化:

最近,非对称的信息获取渠道不断地扭曲了市场竞争,它通过强化那些利用优势项目的企业的支配力量而成……从经济发展中心的研究报告中很清楚地可以看到,将近 96％的企业或商人认为公共部门的信息的分享是不充分的。

对实际控制人名字的保密是不透明的另外一个负面情形,它直接涉及到私有化的过程和竞争环境的扭曲……如果对竞争规则实施的部门,没有合法的渠道来获取相关的所有权信息,那么在整个经济中,过程的聚集将会失去控制。

在任命关键的公共机构官员时,模糊的标准导致了公共部门效率和可信度的退化。

经济中每一个机构的运行都需要信息来做出新的决策或者纠正之前的问题。事实上,政策制定的质量与相关信息的质量和实效性是一致的。当一个公共部门不能够很好地履行它的信息角色的时候,政策制定和整个经济的运行就会收到威胁。

一个不透明的经济建立最好的情况稳定的甚至逐渐增加的腐败,某些人的权利的滥用。资产和权利,获得私人利益。腐败的程度引起资源的错配和一个国家的福利的逐渐减少,在极端的情况下,导致寻租陷阱——由于规则允许通过游说和腐败来进行财富的错配,导致社会会跌入这个陷阱。这会导致一个"更小的蛋糕"被分享,反过来,也就意味着更多的游说——寻租,这些会导致一个国家经济情况的进一步的恶化。[5]

出版[6]
罗伯斯·瓦加、威廉姆–帕勒尼克、弗迪姆罗·克维坦、卡塔琳娜·克里文斯卡,《欧盟集聚的贸易效应:斯洛伐克的例子》(2001 年 5 月)

罗伯斯·瓦加、威廉姆–帕勒尼克、弗迪姆罗·克维坦、卡塔琳娜·克里文斯卡,《斯洛伐克对外贸易的部门分析》(2001 年 5 月)

兹曼维科娃,《转型国家经济竞争的监管障碍》(1999 年 2 月)

马尔钦、兹曼维科娃、朱奇卡,《斯洛伐克的企业重组》(1999 年 1 月)

兹曼维科娃、巴拉、博科斯卡、道格拉斯、贾辛斯基、尼兹南斯基、皮特曼,《公共部门对经济竞争的限制》(1998 年 12 月)

科瓦西克·专霍夫《对外直接投资》(1998 年 12 月)

西卡科娃《斯洛伐克经济的透明度》(1998 年 9 月)

西卡科娃、朱奇卡、斯维克,《斯洛伐克共和国许可证的竞争方法》(1998 年 9 月)

介绍	市场改革
	瓦加克,《政府采购的透明度》(1998 年 12 月)
	马欣欣,《斯洛伐克共和国银行的重构》(1998 年 12 月)
	马欣欣,《斯洛伐克企业的重构》(1998 年 9 月)
	兹曼维科娃、朱奇卡,《斯洛伐克企业的财务重构》(1997 年 12 月)
	朱奇卡,《斯洛伐克电信行业私有化的前景》(1997 年 12 月)
	马欣欣,《企业战略行为——斯洛伐克转型的退步?》(1997 年 6 月)
	马欣欣、兹曼维科娃、瓦加克,《斯洛伐克私有化的方式和发展》(1996 年 12 月)
	瓦加克、科瓦奇,《斯洛伐克加入欧盟的正面和反面》(1996 年 12 月)
	兹曼维科娃、契克纳斯卡,《银行破产规则报告比较：捷克与斯洛伐克》(1996 年 6 月)
	朱奇卡、科鲁卡,《斯洛伐克电信行业的问题：规章制度》(1996 年 6 月)
	兹曼维科娃、谭慎格、梅丽卡,《斯洛伐克共和国破产规则》(1995 年 12 月)
	布奇卡,《投资企业与企业基金经理在行驶所有者权利中的角色》(1995 年 12 月)
	厄尔本、诺瓦克,《斯洛伐克私有化的标准模式》(1995 年 6 月)
	蒂克,《路径转型的私人部门发展》(1995 年 6 月)
	皮尔科娃、布莱切,《斯洛伐克银行》(1995 年 6 月)

注：

1. 经济发展中心(CED)，www. cphr. sk/english/index. htm(2006 年 8 月 8 日访问)。

2. www. nira. go. jp/ice/nwdtt/1193. html.

3. CED,"CED 计划",www. cphr. sk/english/projects. htm(2006 年 8 月 8 日访问)。

4. www. cipe. org/programs/global/partners/disppartner. phd? id = 82.

5. 欧根·朱奇卡,"斯洛伐克经济的透明度"当今社会中公司的角色,布加勒斯特会议(1998 年 10 月),网站可得：www. cipe. org/about/news/conferences/cee/romania/jurzyca. php(2006 年 8 月 8 日访问)。

6. CED 研究,www. cphr. sk/english/publications_studies. htm(2006nian 8 月 8 日访问)。

表 6.4　斯洛伐克市场改革行动时间表

政府行为	年份	智库活动
"标准化"时期	1970 年代	
政治、经济和社会生活停滞		
1977 年 1 月 1 日—1977 年 请愿运动		
开始		

续　表

政府行为	年份	智库活动
捷克共和国经济高速增长	1980 年代	
12 月 17 日："天鹅绒革命"（一系列的公共主张）开始 12 月：过渡政府成立，瓦茨拉夫·哈维尔当选为总统	1989	MESA.10 的建立者开始涉及经济改革。他们认为"必要的经济、政治变革和实施的能力是一个主要的矛盾"。[1]
捷克斯洛伐克的第一次自由选举始于1948 年。 尽管斯洛伐克经济的脆弱性，支持快速变化的私有化政策还是实施了。	1990	
第一次私有化浪潮。 克派诺娃学券制。人们可以购买优惠券，作为那些被私有化的国企的股份。	1991	FAHF 成立，旨在传播"古典自由主义的法则"。[2]
6 月：选举。弗拉基米尔·麦恰尔的自由斯洛伐克运动（HZDS）成为斯洛伐克的领导党。 就分为捷克和斯洛伐克两个国家达成共识。 麦恰尔打破了克劳斯的政策，从快速的经济增长改革变为支持渐进改革 12 月：在外资企业的帮助下，第一次私有化的浪潮完成。70% 的斯洛伐克人参与其中。	1992	MESA.10 建立，旨在促进价值观（自由竞争，机会平等，自主企业，私有产权的不可侵犯，开放经济，政治和经济权力的分开，公共部门的缩减，规则的制定与实施），批判他们的违反行为，寻找同盟。[3]
私有化减缓 5% 的国有企业私有化，对比捷克则是 40% 通货膨胀和不稳定性预期妨碍了外国投资	1993	CED 建立，支持"长期的经济发展是斯洛伐克人民生活水平持续改善的先决条件"。[4]
1 月：增值税缓解价格压力 6 月：克朗贬值促进出口 8 月 12 日：莫拉维奇政府和斯洛伐克国家议会下的经济与预算委员会通过了632 项私有化企业方案（价值 2629 亿克朗或者 104 亿美元）。 后期：梅恰尔执政，推迟待二次私有化浪潮。	1994	

政府行为	年份	智库活动
GDP 的 62.6% 来自私有部门。 第二次私有化对投资者债券赎回，为期 5 年 通胀率稳定 强劲的工业保护和出口增长驱动经济发展。 下一个三年的增长，通过大量的国外贷款来实现 货币政策不当的自由化	1995	CED 推出"斯洛伐克私有化的标准方式""行使所有者权利中，投资企业和投资基金经理的角色"和"斯洛伐克的银行" MESA. 10 提出"私有化的透明度"，一个为期 3 年的项目，旨在提高公众对私有化政策和腐败风险的认识。
76.8% 的 GDP 来自于私人部门 FDI 的快速增长 国会到 1997 年冻结银行私有化 斯洛伐克成为区域内低通胀的国家 消费支出和结算工资驱动增长 经常账户赤字占 GDP 的 10%	1996	CED 出版《银行破产规则比较报告：捷克共和国和斯洛伐克》《斯洛伐克的私有化方式和发展》和《企业战略方案——斯洛伐克转型的退步吗?》
3 月 12 日：领先银行的部分私有化法案 5 月：公用设施的私有化 大量的政府预算支出来维持经济增长，加深了宏观经济的不平稳性。 扩张的财政政策导致进口增加和大量的经常账户赤字	1997	CED 出版《斯洛伐克电信行业私有化的展望》《斯洛伐克企业的重构》《斯洛伐克的电力工业》和《斯洛伐克企业的财务重构》 FAHF 调查公民关于他们对自己每年交税数量的了解情况。[5]
目前政府进入工作 失业增加了 69000 政府不能够及时兑现支付责任 转向浮动汇率制度	1998	CED 出版《公共部门对经济竞争的限制》《国外直接投资》《斯洛伐克经济的透明性》《斯洛伐克共和国许可证的竞争方式》和《政府采购的透明性》 CED 的民意测验证明，由于及时和客观信息的缺乏，经济表现在变坏。[6]
1 月：国会通过了宪法修正案，允许直接选举总统。 稳定政策的实施以减少对外贸易赤字 基于管制价格的提高，通胀率增加 14.2%。 GDP 达到 1989 年的水平	1999	CED 出版《斯洛伐克的企业重构》

续　表

政府行为	年份	智库活动
3月：通胀率16.6% 突破年外国直接投资量	2000	CED出版《转型国家经济竞争的规则障碍》
	2001	CED出版《加入欧盟的贸易效应：斯洛伐克共和国的例子》、《斯洛伐克外国投资的部门分析》[7] MESA.10开创了"斯洛伐克的养老保险制度分析"，来评估养老保险制度和提供相应的选择。 FAHF出版《养老保险制度改革的概念》 结果：就如何私有化养老保险制度在斯洛伐克造成了积极的公共讨论。
创立首个司法委员会 深度结构改革方案实施	2002	MESA.10提出"游说制度化作为反腐败的工具"，主要针对于那些影响政策制定者的团体不断增长的情况。 FAHF：举行国际会议，加强对改革的支持，尤其是单一税率的采用。[8]
采用新的养老金，税收和社会体系改革	2003	
1月1日：斯洛伐克税收体系的全面改革到位[9] 3月29日：成为NATO的正式会员 5月1日：加入欧盟	2004	FAHF对遗产税的废除采取部分信贷支持。马丁·赫伦在他"税务基金会"的演讲中，拥护单一税率的重要性。[10]

注：

1. www. mesa. 10. sk.

2. FAH基金会手册，10。

3. www. mesa. 10. sk.

4. CED；可以在 www. cphr. sk/english/获得，(2006年8月8日通过)。

5. 与马丁·赫伦一对一，哈耶克基金会。

6. 欧根·朱齐卡，《斯洛伐克经济的透明度》。

7. FAH基金会手册，6。

8. 同上。

9. 彼得·戈利亚斯和罗伯特-克茨纳：《斯洛伐克税收改革：一年以后》，INEKO(2005年4月)，www. ineko. sk/reformy2003/menu_dane_paper_golias. pdf(2006年8月8日通过)。

10. "与马丁·赫伦一对一"，哈耶克基金会。

第七章　南非的民主化

南非全新的民主方式正处于巩固中，就在几年前很少有专家认为这种方式可行。从威权的、种族主义的体制转向自由民主制度似乎正以难以遏制的动力逐步展开。[①]

一、南非民主化的历史

1961 年 5 月 31 日，南非断绝了与英联邦的所有关系，宣布自己为一个共和国。1948 年，国民党成为最重要的政党，其执政一直持续到 1994 年。在此期间，南非经历了种族隔离制度的兴衰。

种族隔离指过去的南非政府在官方政策中实行种族分离。[②] 种族隔离法律包括强制按种族进行登记、所有公共设施按种族隔离、黑人建立低等教育体系。[③] 20 世纪 50 年代和 60 年代，国民党系统性地建立了种族隔离制度。亨德里克·维沃尔德（Hendrik Verwoerd）总理在"隔离发展"的指导下，严格实施种族性法律。1963 年维沃尔德被暗杀以后，总理约翰·沃斯特（John Vorster）继续了维沃尔德的政策。只是在 P. W. 波塔于 1978 年任总理以后，面对国际上的巨大批评声浪，以及国内兴起的反抗，种族隔离

---

① 托马斯·A. 凯尔布尔（Thomas A. Koelble）：《南非的全球经济和民主》（*The Global Economy and Democracy in South Africa*，新布伦瑞克：罗格斯大学出版社，1998 年）。
② 《种族隔离》，www. hyperdictionary. com/dictionary/apartheid。
③ http://africanhistory. about. com/library/bl/blsalaws. htm.

的基石开始动摇。①

　　此时,民主化的两个障碍包括:种族主义的法律和各政党之间的沟通缺失。废除业已确立的不平等和歧视政策始于 1978 年,这一过程一直持续到 1999 年。波塔推动改革试图保持白人的统治地位,同时减轻国际压力。尽管他于 1980 年建立了三边立法制度,为黑人和有色人种提供了更多代表权,其对白人特权的偏见激起了种族矛盾。② 在随后几年,波塔推动了更为实质的改革,比如 1985 年种族间通婚的法律,1986 年允许建立跨种族政党。

　　民主转型阶段的关键时期始于 1989 年,③纳尔逊·曼德拉(Nelson Mandela)递给波塔一份 13 条备忘录,他建议政府与非洲人国民大会(ANC)领导展开对话。④ 波塔同意在 1989 年 7 月 5 日与狱中的曼德拉会面。当 F. W. 德克勒克(F. W. de Klerk)在 1989 年成为总理,政府与非国大的沟通加强了。1989 年 12 月 13 日,德克勒克与曼德拉确定了协商条件。1990 年,德克勒克同意释放曼德拉,并取消了对非国大、泛非会议(PAC)和南非共产党(SACP)的禁令。⑤ 5 月,非国大与时任政府开通了直线电话。随后进行的非国大与政府的协商达成了一项重要成果,即《格鲁特·舒尔备忘录协议》(Groote Schuur Minute Pact),非国大放弃武装斗争,换取政府承认政治自由,召回流放者,释放政治犯。协议同时确认把在南非建立"非种族的民主"作为正式的会谈目标。⑥ 整个 1991 年,非国大和政府之间达成了更多协议,种族隔离的法律被废除。但是,1992 年种族暴力升级,协商变得不稳定。尽管国内动荡,两个事件促进了协商:1 月欧盟

---

① 肖恩·奥图:《南非共和国年表》,后殖民文学与文化网,www. postcolonialweb. org/sa/sachron. html。
② 国家数据网:《宪法变迁》,南非,www. country-data. com/cgi-bin/query/r-12165. html。
③ 参见第二章民主的定义。
④ 蒂莫西·西斯克:《南非民主化:难以捉摸的社会契约》(普林斯顿:普林斯顿大学出版社,1995 年),第 301 页。
⑤ 西斯克:《南非民主化》,301 页。
⑥ 蒂莫西·D. 西斯克:《和平进程:防止经常性暴力种族冲突》,卡耐基预防致死性冲突委员会,http://wwics. si. edu/subsites/ccpdc/pubs/zart/ch4/htm。

废除了投资禁令，8月泛非大会和保守党加入多边会谈。①

1993年3月，多边协商进程（MPNP）开启，成熟的协商在26个政党之间展开。作为一个整体，MPNP起草和采纳了一部宪法，宪法决定了1994年选举以后两年政府如何运作。② 1994年4月26—29日，"总体而言自由公正"的选举举行，非国大赢得了62.6％的选票，国民党获得了20.4％，因卡塔自由党获得10.5％。③ 5月曼德拉正式当选总统。之后两年，曼德拉和非国大领导的政府颁布了新宪法，当宪法于1997年2月正式发挥效力，民主化的巩固期随之开始。宪法允许建立独立司法、各级政府选举，以及容忍独立利益团体并允许其运作。④

在自由之家看来，"在一个极富多元性的国家中进行成功民主转型，这方面南非一直以来都是一个有力而引人注目的典型"。⑤ 自由之家2003年的调查把南非评为"自由"。政治权利方面的评分为1，意味着⑥"能举行自由和公正选举，胜选者能掌握国家权力，存在竞争性的政党或者其他政治团体，反对派作用重大，少数派团体可以进行合理的自治"。⑦ 公民自由的评分为2，意味着基本自由，但是3或4就是自由度不足。⑧ 南非正式被认定为"总统议会制的民主制度"。⑨

虽然民主化带来了正面的成果，但是南非的民主制度远非完美。非国大在1994年和1995年的选举中获得大胜。在政治上对非国大令人信服的反对事实上都不存在，唯一可信的挑战来自非国大内部分裂成两个派别。结果，领导们缺乏责任心，政府程序缺乏透明度。同时，种族冲突、经济压力、社会问题和健康议题持续困扰着这个国家。民主制度承担这些压力的能力令人质疑。1999选举年以后，非国大和其他利益团体（比如工会

---

① 西斯克：《南非民主化》，302页。

② 同上，303页。

③ 凯尔布尔，第56页。

④ www. freedomhouse. org/research/freeworld/2003/countryratings/south-africa. htm.

⑤ 同上。

⑥ www. freedomhouse. org/research/freeworld/2003/methodology. htm.

⑦ 同上。

⑧ www. freedomhouse. org/research/freeworld/2003/countryratings/south-africa. htm.

⑨ 同上。

和白人)一直在增加。①

在面对严重的种族分裂以及已经制度化的不平等时,南非提供了一个引人注目的民主化范例,这个国家可以说从民主的巩固阶段向成熟民主制度转变。以下将讨论民主化独特的背景以及在什么情况下南非实现了自身的价值。

南非,一个特例也是一个代表

人们经常认为南非是民主化的一个特例,凯尔布尔阐述了南非转型的独特背景:

> 民主是什么,刚刚过去发生的事情容易给人一种普遍的看法。在东欧和苏联,民主和市场这两个词是同义的。这与南非的情况大相径庭……在种族隔离制度下的国有经济就其规模而言类似社会主义,但是经济只服务于少数人。如果可以简单地描述,"种族福特主义"这个词可以很好地说明种族隔离下的社会经济体系。资源分配、政治权利和向上层社会经济流动都必须以种族为基础。②

除了背景是种族隔离,南非的民主化之所以独特,还因为在互相反对的政治党派之间进行协商发挥了重要作用。斯蒂夫·弗里德曼(Steven Friedman)是约翰内斯堡的政策研究中心主任,他使用了威廉·扎特曼(William Zartman)的术语"相互伤害的僵局"来描述国民党和非国大之间的关系。③ 如果不能与对方妥协,两个政党都不能发挥适当的作用。因此,政府官员于 1987 年开始会见被关押的非国大成员。④ 与非洲其他国家发生的种族冲突,比如卢旺达和安哥拉相比,南非是通过成功的协商实现民主的唯一一个成功案例,尽管南非的种族矛盾很深。⑤ 在协商取得非同寻

---

① www. freedomhouse. org/research/freeworld/2003/countryratings/south-africa. htm.

② 凯尔布尔,第 8 页。

③ www. intractablecomflict. org/m/stalemate. jsp.

④ 西斯克:《南非民主化》,第 71 页。

⑤ 斯蒂夫·弗里德曼:《同意与否:非洲民主,它的障碍与前景》,《社会研究》第 3 期,1999 年秋天,www. findarticles. com/p/articles/mi_m2267/is_3_66/ai_58118481/pg_1.

常的成功背后，是南非独有的特点："双方都忠于共同国家的观念，并相信要实现这一点需要作出重大妥协。"尽管种族不同，南非的文化认同却是独特的。所以，南非大多数选民是根据对自己传统的认同，而不是更为普通地根据政治纲领进行投票。[1] 这种选举模式导致非国大压倒性地获胜，因为大多数选民认为非国大代表自己。缺乏真正的政治挑战者，政党领袖对人民就会缺乏责任心，最终民主就缺乏可信度。

在转型开始时，南非与其非洲领国一样具有许多弱点，比如国家能力有限，市场经济超越了社会各重要组成部分能力范围之外。[2] 南非政府的基础是盛行于非洲许多国家的殖民体系。殖民主义面对的是一种农村地区非民主的、"习俗性权利"的制度体系，随后它被民主渗透。[3] 殖民主义之下，政府需要依赖于英语和其他殖民语言，这使说当地土语的人只能屈服，于是殖民主义挫伤了民主。

考虑到这些相似性，许多学者相信南非是民主化的一个有教育意义的范例。在描述非洲大陆的民主化时，凯尔布尔说：

> 非洲的民主化浸润着地方性的文化内涵，又受到全球性、普世性思潮的影响，这两者对于民主化而言都既是严重的阻力和限制条件，也是促进言论、思想、创造力自由发展的机遇。[4]

在这样的环境下，他认为即便南非对于非洲的民主化是个特例，它依然"能在阶层结构、经济基础、公民社会力量等方面于拉丁美洲和东欧的案例"相联系。[5] 弗里德曼十分确信南非的案例是具有指导意义的。他认为，南非"对于非洲民主而言是个重要的实验"，因为"南非的经验充分说明，冲突的解决、国家建立以及市场的发展与广泛拓展，这些核心问题对于非洲

---

① 弗里德曼，第 3 页。
② 同上，第 8 页。
③ 同上，第 9 页。
④ 凯尔布尔，第 29 页。
⑤ 同上，第 11 页。

民主而言是关键前提"。① 南非既是特例，也是代表，对于说明智库潜在的催化作用，南非也是个杰出案例。

二、南非市场改革的历史

因为南非长久以来已经具有自由市场经济，因此市场改革并未在南非发生。②

三、南非的公民社会

弗里德曼悖论式地把南非的公民社会描述为既"强劲"又"肤浅"。③ 由于国外慷慨地投资于反对种族隔离的事业，公民社会的发展十分强劲。之所以说肤浅，因为民主运动"未触及"大多数乡村地区。④ 1994 年选举以及之后正式开始的民主转型，改变了公民社会的特点。对这一改变的一种解释认为，由于对同政府达成的双边协议感到满意，国外对于公民社会的投资减少了。另一个原因是许多公民社会组织（CSO）成立于 1994 年以前，成立原因是反对种族制度，随着民主制度的到来，这些组织要么解散，要么重组。⑤ 所以，现在公民社会又进入了一个复兴期。

有效组织和动员的公民社会会造成政治压力，为智库和其他非政府组织活动创造空间。于是，公民社会内部变化会影响鼓励智库或其他公民社会组织相互协作的智库社群。如我们之前所说，由于智库参与到政策构想过程中，它们能最先推动为公民社会组织创造空间的政策改革。南非的案例之所以令人惊讶，是因为无论在 1994 年前的政治动荡还是 1994 年后重

① 弗里德曼，第 3 页。
② 美国国务院：《背景介绍：南非》，www. state. gov/r/pa/ei/bgn/2898/htm。
③ 弗里德曼，第 4 页。
④ 同上。
⑤ 查尔曼·戈文德尔（Charm Govender）：《南非今日公民社会的》（"Trends in Civil Society in South Africa Today," Umrabulo, 13 December 2001，www. anc. org. za/ancdocs/pubs/umrabulo/umrabulo13m. html）。

构公民社会时，南非的智库都立刻对此作出有力的反应。在民主转型的第一个阶段，人们要求智库起到促进法制化和调解各方对立的作用。在提及公民社会的公共政策机构时，戈文德尔说：

多数这类机构都起源于解放斗争的关键时期，它们为自己的政治支持者提供服务，在没有信誉和法律不允许的国家是不可能这么做的。这些服务从有组织地帮助建立工会或公民团体，开展研究帮助客户机构更好理解它们面对的问题以及在与难以交往的政府进行协商时采取的策略选项。①

这一时期智库的作用也体现出南非这个特例的关键特征——协商与国际支持。由于这些机构得到大规模的国际援助，且成为了具有权威性、公允的参与者，智库大力协助开展协商，进行改革。弗里德曼对这一作用暗示说：

南非协商的另一个关键特征是协商并不限于，更不依靠政治精英。一系列的协商在利益团体之间进行，这强化了协商的作用，协商活动包括了 12 个国家性的和数以百计的地区性、地方性协商论坛（Shubane 和 Shaw，1993）。国际性论坛讨论的都是社会经济议题，参加者包括利益团体和政党。尽管这些论坛很少实现想要达到的目的——在后种族隔离的社会经济政策上达成一致，但是论坛让每个人，不仅仅是政治领袖，都能了解协商包容的文化，并参与到实践中。显然这一点能提醒我们在民主国家的形成和巩固过程中，公民社会是多么重要，尽管这只是设想中的公民社会。②

特别是，南非民主研究所（IDASA）与南非种族关系研究所（SAIRR）都因为在政治人物和政治团体之间组织重要论坛，而备受关注。在这方面，南非是非洲民主化的一个独特案例，因为政治精英、政策专家和非政府的

---

① 戈尔德文。
② 弗里德曼，第 6 页。

参与者之间存在着紧密的关系。

1995—1999 年,公民社会获得的自主一直保持在恒定水平,考虑到通货膨胀因素,实际上这些资助使下降的。① 2001—2002 年,总共 180 亿南非兰特捐赠给了南非,其中 15％给了公民社会。② 即便南非之智库是民主转型的关键组成部分,人们依然认为在两轮自由公正的大选过后,智库的作用会减小,其幅度至少与对其投资减少幅度相同。但是,15％外国投资中的大部分投给了"显然更具专业性的组织,这些组织能起到监督作用,让政府更具责任心,[并]提出质疑且不会冒着受罚的风险",即智库。③ 2001—2002 年,美国投资给南非的 3 亿美元中,大部分给了支持民主的组织,这一部分高于给予教育和健康的投资。④

南非公民社会显然是按照"适者生存"的原则运行。尽管整个公民社会努力重新定义自己,智库社群一直很强大。这种演化能力说明智库"已根植于社会,并造成了长期影响"。

四、补充说明：南非的今天

南非始终是非洲最大的经济体,BBC 认为南非是非洲大陆的超级大国。但是,其 HIV 病毒,即艾滋病感染率在非洲位居对二。尽管存在艾滋病问题,从 1994 年以来南非已经进行了三次民主选举,这意味着民主社会已经扎根于这个国家。现任总统塔博·姆贝基(Thabo Mbeki)在 2009 年卸任。雅各布·祖马(Jacob Zuma),这位非国大新领导接替他。⑤ 有时,祖马称自己为社会主义者,但是他依然向国内和国外的企业家保证,他会延续姆贝基的自由市场政策。⑥

---

① 戈尔德文。

② 同上。

③ 同上。

④ 同上。

⑤ BBC 新闻:《国家概述：南非》,http://news. bbc. co. uk/2/hi/africa/country_profiles/ 1071886. stm,2007 年 12 月 19 日。

⑥ 《守卫者》,《南非陷入混乱,姆贝基走向失败》,www. guardian. co. uk/world/2007/dec/ 15/southafrica. chrismcgreal,2007 年 12 月 15 日。

五、南非智库活动的分析

IDASA

IDASA 尊重政府指令、集会、政治领袖在立法和道德上的作用，公共机构的责任。但是它并不采取一种以国家为中心的民主观和政治观，而是把民主理解为包含了不同机构和社群各自的生活节奏、生活模式和文化——民主是一种生活方式，不只是按周期进行选举。①

1986 年，艾利克斯·伯恩瑞（Alex Boraine）博士和弗雷德里克·范·齐尔·斯莱伯特（Frederick Van Zyl Slabbert）博士因为厌恶种族隔离制度，辞去国会议员职务。《星期日星报》认为这一事件是"人们所能见到的对政府最有力的反对"。② 采取这一行动之后，在 11 月，伯恩瑞和斯莱伯特成立了南非民主替代研究所（IDASA），后来又改名为南非民主研究所，成立这一机构的目的是"通过建立民主制度，教育公民和宣传社会正义，推动南非实现可持续的民主"。③ 还有一点引人注目，IDASA 建立基础是"协商的政治学"。④ 自其建立以来，IDASA 就是南非民主化进程中一股持续的力量。IDASA 长期致力于民主制度，它取得了很多成就，这使之成为研究民主化的地区性权威。

波耶特认为 IDASA"在民主转型和南非 1987 年以后的民主建构进程中，发挥了重要作用"。⑤ 他认为批评 IDASA 是"一套缓和社会压力的机制"，⑥是由于它具有跨社会边界的能力，能在不同层面运作。⑦ 凯尔曼进一步提出 IDASA 具有演化特点，他把 IDASA 的贡献分为六个显著的阶段，即"营造民主气氛"（1986—1990 年）、"转型的重要同盟"（1990—1993 年）、"支持举行选举"（1993—1995 年）、"成立民主机构"（1995—1998 年）、

---

① 波耶特，第 60 页。
② 同上，第 15 页。
③ IDASA，"IDASA".
④ 波耶特，第 16 页。
⑤ 同上，第 4 页。
⑥ 同上，第 6 页。
⑦ 同上，第 60 页。

"赋予公民权力"(1998—2000 年)。[1] 这些特征从 IDASA 的活动及其结果中总结而来,IDASA 也由此成为一个推动变革的机构,也是南非民主化不可分割的一部分。

除了 IDASA 的基本作用,它还具有促进民主形成,总结在世界上具有普遍性的民主化理论。比如,凯尔曼说:

> IDASA 提出的制度框架,首先要实现国家统一,并通过对话和研讨会寻找实现民主的方案,为自由公正的选举进行理论铺垫,建立民主制度,赋予公民权力,强化政府和公民社会的能力,这些提供了一个有力的范例,世界范围内的机构可以此为依据探索民主改革。[2]

IDASA 的作用并不只是"实现"民主,它在回答民主制度如何运作,以及一些核心观念,比如民主、公民权和政治的含义时,IDASA 也提供了大量理论洞见。因此,波耶特认为 IDASA 具有更多教育指导作用。[3]

就撰写本报告而言,在转型的关键时期,IDASA 体现了智库所具有的催化能力。IDAS 所发挥的长期作用为人们熟知,可以根据 IDASA 这一范例对每个案例中智库在民主化和市场改革中的动向和独特性进行考察。

表 7.1　IDASA 南非民主选择研究所(www. idasa. org. za/)简介

案例	民主化
推荐人	保罗·马尔科姆·格拉汉姆(Paul Malcolm Graham),罗伯特·伯格(Robert Berg)
成立情况	1986 年,阿历克斯·伯勒纳(Alex Boraine)博士和弗雷德里克·范·齐尔·斯拉伯特(Frederick Van Zyl Slabbert)博士因为厌恶种族隔离从议会议员辞职。当年晚些时候,伯勒纳和斯拉伯特成立了南非民主选举研究所(IDASA),以弥合被种族隔离事件加剧的白人和南非黑人之间的差距,并帮助推动新兴的民主秩序。

---

① 凯尔曼,第 2—11 页。
② 同上,第 15 页。
③ 波耶特,第 65 页。

案例	民主化
领导者	保罗・马尔科姆・格拉汉姆，执行董事
任务描述	通过建立民主制度、教育公民和倡导社会正义来促进南非的可持续民主[1]
工作领域	IDASA 目前赞助 9 个项目： 1. 预算信息服务 2. 政治信息和监控服务 3. 非洲治理中心 4. 知情权项目 5. 南部非洲移民项目 6. 全媒体集团 7. 社区和公民权力项目 8. 治理和艾滋病项目 9. 国内政治中心
主要活动/信息传播类型	IDASA 除了出版许多文章、书籍和通讯外，还举办会议、培训课程、会晤、研讨会、圆桌会议和研讨会。在积极参与同决策者和非洲公民对有关上述问题的讨论中，IDASA 旨在创造一个更加和平民主的非洲。
优先研究领域	问责制 积极公民权 宪法改革 选举和选举制度 平等 政府预算 艾滋病 人权 和平建设和对话 政策治理
民主化相关项目	建立民主气氛（1986—1990） 在最初几年，IDASA 的主要目标是鼓励所有种族的南非人反对种族隔离和发现一个非种族的民主的选项，以及在全国范围内提供论坛和机会，并鼓励公民找到解决南非问题的民主解决办法，最后进行民选项研究。IDASA 举办了里程碑式的会议，以促进南非人之间的对话和参与。 ● 1987 年 5 月 8—9 日，伊丽莎白港会议 四百名代表开会讨论了一个方案，这个方案中讨论了与政府、劳工、商业、教育、法律、媒体和教会有关的民主。[2] ● 1987 年 7 月，达喀尔会议

案例	民主化

这次会议被 IDASA 描述为他们"最高调的会议"。[3] 南非非洲人国民大会（简称非国大）（ANC）的领导人和非洲人聚集在一起。会议的目的是将对非国大（ANC）的看法由恐怖组织转变为合法政党。这是非洲人和非法的非国大（ANC）的第一次大会。这三天的会议还包括用以消除以前的误解的辩论。[4] 这次会议双方发表声明承诺"达喀尔公报"中表达的致力于谈判和建立不分种族的民主。[5] 威廉·范·维伦（Willem van Vuuren）将这次会议描述为提供"关于不安全根源的负责任的和平辩论的可能性"，一个"在莫斯科当然不能产生"的条件。[6]

● 1988 年 7 月 15—16 日，"自由宪章"和"未来"；批评性评估

这次会议是为了解决和进一步了解许多南非人感到愤怒的自由宪章[7]（1955 年 6 月 26 日，由非国大（ANC）发布的记录南非人的要求和不满的文件[8]）。

转型的关键盟友（1990—1993）[9]

IDASA 强调了白人社区参与争取非种族民主的斗争的战略重要性，而不是主要通过道德劝诫来改变自身的利益。[10]

● 1990 年 5 月，卢萨卡会议

一群来自南非防务军的南非白人和 ANC 的军事成员会晤，讨论军事和防卫力量的未来。这次会议被认为是 SADF/MK 关系的第一个明确的表态。[11]

● 1992 年，约翰内斯堡民主培训中心建立

中心提供有关民主的哲学、历史和进程的深入培训。[12] 此外，它还形成了对基层公民教育的稳定持续的关注。该中心的目标是"非正规教育"，以此来促进民主文化，特别是在社区领袖中的民主文化。[13]

● 1992 年会议：20 世纪 90 年代南非警务

考虑到发生的政治和社会变化，南非警察部队成员会晤了政治领导人和专家来重新审视警务。会议讨论了建立公民信心和对于警察部队的尊重的方法。[14]

支持创始选举（1993—1995）[15]

● 1992—1994 年宪法之旅

宪法之旅包括由 IDASA 赞助的新宪法起草人的五次旅行。IDASA 派出每个主要政党的成员到欧洲国家、北美和澳大利亚学习民主的最佳做法。这些旅行还强调了民主可以以各种形式取得成功的潜力。[16] 哈利·博伊特通常称之为"一个非常重要的不知名的努力"。[17]

● 与保守党对话

这个由布拉姆·詹金斯（Braam Jenkins）创建的方案让保守派（特别是新成立的自由党）参与对话，由此导致自由党领袖和纳尔

案例	民主化
	逊·曼德拉、白人将军和 ANC 的领导人进行了一系列讨论。对话更加重视少数群体权利保护并最终结束了右翼的威胁。[18] 建设民主制度(1995—1998)[19] ● 设立新闻中心 该中心成立时，Wilmot James 担任执行董事。《邮报》和《卫报》1995 年的报道：自从 8 月初从 IDASA 联合创始人亚历克斯·鲍兰(Alex Boraine)接手 IDASA，詹姆斯的任务是将 IDASA 从过渡的调解者转变为对政府绩效和问责制的监督者。过去 IDASA 的工作集中在建立文明社会和促进企业与 ANC 的联系。现在我们的任务是巩固民主秩序。我们将在我们提供服务的领域对政府予以协助并成为政府的一个关键盟友。[20] 新闻中心(PIC)努力做到有建设性地影响公共政策，而不是直接反对。[21] ● 建立公共信息和监测服务 设立新闻和监测局(PIMS)的目的是，通过建立政府和公民民主能力，特别是通过培训和相关活动，来支持民主和促进南非良好的道德治理。PIMS 旨在通过信息、技能和培训资源来服务和建设文明社会的生产能力。PIMS 为南非立法过程提供公正及时的见解。在国家和省级立法机构的工作中，PIMS 推动公开的行政问责制的强大的独立议会。[22] 随着 PIMS，IDASA 开始定期向议会委员会提交关于透明度、问责制和一般民主进程的政策事宜……PIMS 还从事立法分析，其一系列扩大的计划分析了政府绩效，并向非营利组织和其他机构提供信息。[23] 赋权公民(1998—2000)[24] ● 1999 年选举准备 这项工作涉及 165 个工作组，培训了 450 名选民教育工作者，出版和发行了 4500 份名为"你的投票数"的选民教育方案。[25] 现行活动(2001—2004) ● 2003 年 11 月 28 日党派资金披露 通过发起法庭诉讼，迫使各方披露 5 万兰特或以上的捐助者的姓名，从而导致 ANC 退回捐款以确保程序正当。[26] "南非青年投票" 南非所有 2000 所高中在选举前 20 周内都获得了报刊补贴，以鼓励年轻的选民参与投票。
市场改革相关项目	无
出版物	《南非的艾滋病和选举过程：探索影响》(2004)

续　表

案例	民主化
	《南非政府组织参与艾滋病委员会》(2004)
	《后种族隔离的南非的政府伦理：2003》(2004)
	《区域一体化下非洲深入合作前景》(2004)
	《预算过程中的透明度和问责制》(2003)
	《扶贫》(2003)
	《南非发展法学的影响》(2002)
	《筹资机制：对抗艾滋病》(2001)

注释：
1. 南非民主选择研究所，"IDASA"www. idasa. org. za。
2. 阿里西亚·凯尔曼：《民主政治的组织与演变：IDASA 的发展与创造新南非中的角色定位》：4。
3. 南非民主选择研究所，《IDASA》。
4. 哈里·C. 波耶特,建设性政治：南非民主选择研究所的贡献(开普敦：IDASA，2004)22。
5. 凯尔曼,4。
6. 波耶特,24。
7. 凯尔曼,5。
8. 《自由宪章·历史》,南非历史在线, www. sahistory. org. za/pages/specialprojects/june26/menu. html。
9. 凯尔曼,2—11。
10. 波耶特,27。
11. 凯尔曼,7。
12. 同上。
13. 波耶特,28。
14. 凯尔曼,8。
15. 同上,2—11。
16. 同上,10。
17. 波耶特,5。
18. 同上,31。
19. 凯尔曼,2—11。
20. 蒙德利·马克汉雅,邮报与卫报,1995。
21. 凯尔曼,10。
22. 南非民主选择研究所,《IDASA》。
23. 波耶特,37。
24. 凯尔曼,2—11。
25. 波耶特,3。
26. 同上,11。

表 7.2　CPS 政策研究中心(www. cps. org. za)简介

案例	民主化
推荐人	卡伯勒·马托斯(Khabele Mattos)博士,南非选举研究所高级研究顾问

案例	民主化
成立情况	CPS 曾经是威特沃特斯兰德大学商学院的一部分。其创始人社会学家劳伦斯·施莱默（Lawrence Schlemmer）教授于 1987 年组建了一支非常有能力的团队，他们开始对非洲各种主题事项进行高质量的研究。1992 年，在原先的高级研究员史蒂芬·弗里德曼（Steven Friedman）的指导下，CPS 于约翰内斯堡下辖多恩方丹的自己的办公楼开始运作。1996 年，CPS 根据"南非公司法"第 21 节注册为非营利协会，开始作为一个完全自主的组织运作。自此 CPS 巩固了其作为一个完全独立的研究机构的地位。[1]
领导者	克里斯·兰兹伯格（Chris Landsberg）博士，主任
任务描述	通过生产原创的、高质量、发人深思的研究成果来影响政策辩论和对话，这些研究是关于南非、南部非洲和非洲一般面临的最紧迫的政治和社会政策问题的，特别是关于治理和民主化的问题。作为服务于政策制定者、学者、分析员和其他利益相关者之间辩论的论坛，进而影响了非洲和全球在南非的政策辩论以及非洲其他政策、治理和民主化挑战的政策辩论，并向所有利益攸关方，包括政策制定者、民间社会组织和一般公民传播我们的研究和其他活动的产品。这是 CPS 的主要挑战之一：我们必须在沟通政策研究成果方面做得更好、更有效。[2]
工作领域	CPS 运营以下丛书作为他们的综合研究计划的一部分： 1. 公共部门丛书 2. 政治经济丛书 3. 省级治理丛书 4. 地方政府丛书 5. 社会政策丛书 6. 外交政策丛书 7. 国际关系丛书
主要活动/信息传播类型	自身定位是非洲的一个强大的、独立的和受人尊敬的声音 挖掘非洲的知识和政策研究资源 能力建设和技能发展 领域的研究的要点 形成伙伴关系 通过举办会议和研讨会，出版简报、文章、报告和政策简报，改进传播和外延
优先研究领域	民主/民主化 民主治理

续　表

案例	民主化
	不平等的南非的持续转型 次区域和非洲公民社会中国家间合作 发展与交接 非洲国际关系 就业与企业 政策与执行[3]
民主化相关项目	**CPS 地方政府网络[4]** 这个网络有助于强化南部非洲地区的地方政府。邀请当地政府学者、从业人员、非政府组织、政策制定者和官员参加学习和辩论网络，从而最大限度地利用各种经验参与地方政府的互惠互利。CPS 提供信息，促进确定地方政府面临的共同挑战的过程，并持续辩论这些问题。 该方案的目的是在南部非洲区域的发展背景下促进合作和强化地方治理。邀请各位成员探讨和辩论本区域不同国家如何处理共同问题。这些可能包括提供服务、公民参与地方治理、地方当局的财务自主权以及与传统领导层的互动等问题。该网络是地方政府重大问题的信息和思想的交流平台。 <u>当前项目：</u> "CPS 目前正在进行一项重大扩张计划，重点放在非洲。除了共同努力来筹集足够的核心资金以维持高水平的研究活动，该计划还要加强： 国际合作研究项目 努力加强和深化 CPS 的实地调研 旨在提高 CPS 研究专长的培训计划 将加深对南非政策挑战的认识的长期的项目 在接下来的 10 年，也就是说，从 2002 年到 2012 年，CPS 将重点关注政策、治理和民主化的明确定位。它致力于研究非洲大陆的挑战并坚定的推广。[5] <u>研究</u> CPS 有广泛的研究计划，并对独立选择的课题和由项目资助者委托的项目进行研究。CPS 的研究与分析得到了广泛决策者的关注，并对政策辩论产生了重大影响。 受 CPS 影响的问题包括南非政治过渡、发展进程、区域政府、民主治理、民间社会和非洲民主化的动态。[6] <u>会议</u> CPS 会定期举办会议和研讨会，会上就政治和社会问题进行彻底分析。这些会都由本地和外国的学者、其他分析师和职业政治家出席。会议记录通常以书面形式出版。CPS 认为自己是一个论坛，争议和关键问题都可以在论坛上以非党派的方式进行辩论和研讨。[7]

续　表

案例	民主化
	出版 CPS 出版计划包括研究报告、分析论文、政策简报、通讯、治理评估、书籍和书本卷的会议记录，可供整个南非和世界其他地方的分析人员和从业人员阅读。
市场改革相关项目	无
出版物	《省级立法监督方法和技术的有效性评估：高级公共服务官员的意见》(2004) 《加强政策执行：教育的启示》(2002) 《部门资金自由》：南非对外政治援助对民间社会组织影响的综合报告》(2001) 《一个微弱的声音？南非的不平等政治》(2001) 《工人权力：南非工会会议及其对治理和民主的影响》(2001)

注释：
1. 政策研究中心，《介绍》，www. cps. org. za/intro. htm。
2. 政策研究中心，《任务与视野》，www. cps. org. za/visionmission. htm。
3. 政策研究中心，《调查》，www. cps. org. za/research. htm。
4. www. logo-net. org/Content/Country_Page. asp? PT_ID＝1。
5. www. cps. org. za/intro. htm。
6. 政策研究中心，《调查》。
7. 政策研究中心，《会议》，www. cps. org. za/conf. htm。

表 7.3　SAIRR 南非种族关系研究所(www. sairr. org. za)简介

案例	市场改革/民主化
推荐人	弗里德里克·诺曼·斯蒂夫通（FriedrichNaumannStiftung）
成立年份	1929
领导者	约翰·凯恩·伯曼，CEO
任务描述	南非种族关系研究所代表宪法和经济自由主义。通过这一描述我们意指一个社会应基于以下几个方面：尊重个人权利、公正的法治、民主治理、范围有限但影响有效、自由企业、为穷人创造机会、种族友好。我们致力于推进这些原则。[1]
工作领域	SAIRR 的工作分为确立广泛的出版物清单和其他方案，其中包括研究和公共教育。
主要活动/信息传播类型	主要活动：研究分析、公众教育、政治游说、与企业和其他意见领袖互动、表达自己态度、用事实证明领导力。SAIRR 还致力于

续 表

案例	市场改革/民主化
	人类发展,开展南非最大的助学金计划之一。自 1980 年以来,已经有近 2000 名学生,其中大部分是黑人,从由该研究所授予助学金的大学和技术专科毕业。
优先研究领域	尊重个人权利 公正的法则 民主治理、范围有限但影响有效 自由企业 为穷人创造机会 种族友好
民主化相关项目	《前沿》: 南非首屈一指的古典自由观和经济自由主义杂志季刊。《前沿》崇尚促进这一观念,即种族隔离的替代方式不是另一种形式的社会工程,而是一个自由开放的社会。它还特别注意政策如何影响最贫穷的公民。《前沿》要求投稿者足够勇敢,以抵御时尚和其他压力,这些压力倾向于毁灭创造性的论述。
市场改革相关项目	《快讯》: 《快讯》提供了最新的宏观经济和重要的社会经济统计数据以及对未来立法和其他重要发展趋势的简要分析。《快讯》特别关注劳工问题,并对政策变动进行预警。8—12 页的长度,每个月的问题都设计得便于忙碌的人快速阅读。
出版物	《真相委员会的真相》(1999) 《姆贝基:他的时代已经来临——南非新总统介绍》(1998) 《释放狱中的斗士:增加私营部门参与南非的刑事司法系统》(1998) 《公平就业法案》(1998) 《超越抵制:后种族隔离时代的地方政府财政》(1998) 《南非失业率:事实、前景和解决方案探索》(1998) 《一则善法的故事,其糟糕的应用和丑陋的结果》(1997) 《诞生的故事:十六年冲突》(1997) 《商业和正面行动》(1996) 《解决南非第三产业失败率》(1996) 《南非的自由主义和民粹主义民主:挑战、自由主义的新威胁》(1996)

注释:

1. 南非种族关系研究所,"SAIRR",www.sairr.org.za。

表 7.4　南非民主化时间表

政府活动[1]	年份	智库活动
南非国民党上台执政并开始通过法律系统地实行种族隔离[2]	1948	
70 个黑人守卫在沙佩维尔被杀 ANC 被禁止	1960	
南非脱离英国获得独立成为一个共和国 单独发展开始 曼德拉组建 ANC 的军事组织	1961	
曼德拉被判入狱	1964	
总理亨德里克·维沃尔德（Hendrik Verwoerd）被暗杀	1966	
UN 定义种族隔离，"构成危害人类罪并施加制裁"	1968	
600 多名黑人在骚乱中丧生，骚乱起初在索韦托	1976	
乡镇反叛后宣布紧急状态	1984	
种族间婚姻合法化	1985	
允许多种族政党[3] US 全面的反种族隔离行动需要实现五个条件[4]	1986	阿历克斯·伯勒纳博士和弗雷德里克·范齐尔·斯拉伯特博士辞去议会议员来抗议政府的破产以及种族隔离状态导致的排斥、镇压和抵制政策[5] IDASA 建立 IDASA 集中注意力建立民主气氛，寻求不分种族和民主的种族隔离替代办法[6]
	1987	CPS 建立[7] IDASA 举行第一次重大会议，讨论与 7 个主要社会领域有关的民主[8] IDASA 在达喀尔举行第二次会议，会议通过达喀尔公报来表达对建立不分种族民主的一致承诺[9] IDASA 组织地方论坛将人们聚集起来[10]

续　表

政府活动	年份	智库活动
	1988	7月，IDASA举办会议"自由宪章和未来：开普敦的一个关键评估"[11]
8月：德克勒克赢得大选 12月：德克勒克会见曼德拉 公共设施废除，许多ANC活动分子获释	1989	
2月：德克勒克允许ANC、PAC、SACP和很多政党合法化，包括曼德拉在内的领袖从流亡返回[12]	1990	IDASA根据克莱克2月的演讲进行了调整[13] IDASA开始充当转型的关键盟友的角色（贯穿1993年）[14] IDASA举办涉及大量参与南非防务力量的南非白人和ANC军事翼成员的会议，第一个主动处理SADF/MK关系[15]
开始多党谈判 废除种族隔离法 解除国际制裁	1991	CPS发表《地方谈判、合作主义和政治象征》[16]
	1992	CPS开始独立运作[17] CPS发表《后种族隔离的南非：巴西新共和国的比较观点系列课程"事情的塑造者？南非过渡时期的民族选择"》[18] IDASA在约翰内斯堡设立了民主培训中心[19] 20世纪90年代，IDASA举行会议"南非警务"，警察成员与政治领导人、知识分子会面[20] IDASA发起宪法之旅
通过临时宪法	1993	CPS举行研讨会"暴力和冲突：发展是形成原因还是解决办法？"[21] IDASA赞助由媒体和基层参与的有关经济公平、教育和人权的区域论坛[22] IDASA通过审查政策、监督选举立法、教育选民和观察员培训，为即将到来的自由公正的选举做准备[23]

续　表

政府活动	年份	智库活动
ANC 赢得第一次公平（非种族）选举 曼德拉成为总统	1994	CPS 举办题为"新民主主义政体整合挑战"的研讨会[24] IDASA 组织 5 次新南非宪法起草人到英国、瑞士、葡萄牙、美国、加拿大、印度和澳大利亚的高级别旅行[25]
	1995	IDASA 建立公共信息中心[26] IDASA 着手社区警务来促进更好的治安
通过新宪法 由德斯蒙德主教领导的真相与和解委员会开始调查种族隔离政府侵犯人权	1996	CPS 成为独立组织[27]
真相与和解委员会定义种族隔离为反人类罪	1998	IDASA 为即将到来的选举准备选民 IDASA 创建地方政府中心和公民领导计划
ANC 赢得选举，萨波·姆贝基在曼德拉退休后成为总统	1999	
	2001	CPS 制定关于民主化和治理的 2002—2012 年度计划[28]
索韦托和比勒陀利亚附近发生爆炸；认定右翼极端分子应该负责	2002	
ANC 赢得选举，姆贝基开始总统第二任期	2004	

注释：

1. 除非特别提及，专栏信息来自 BBC 新闻，《时间线：南非》，http://news.bbc.co.uk/2/hi/africa/country_profiles/1069402。

2. http://africanhistory.about.com/library/bl/blsalaws.htm.

3. 西斯克，《民主化》，71。

4. 美国国会图书馆：《和平的请求》，南非，http://countrystudies.us/south-africa/35.htm。

5. 凯尔曼，1。

6. 同上，3。

7. 政策研究中心，《介绍》。

8. 凯尔曼，3。

9. 同上，4。

10. 同上，5。

11. 同上。

12. 安德烈·杜·托伊：《民主政治的方向：在南非建设责任制文化》（开普敦：IDASA，1991）。

13. 凯尔曼,6。
14. 同上,5。
15. 同上,7。
16. 政策研究中心:《1992 年调查报告》,www. cps. org. za/rr92. htm。
17. 政策研究中心:《介绍》。
18. 政策研究中心:《1992 年调查报告》。
19. 凯尔曼,7。
20. 同上,7。
21. 政策研究中心:《调查研讨会纪要》,www. cps. org. za/sors. htm。
22. 凯尔曼,7。
23. 同上,8。
24. 政策研究中心:《调查研讨会纪要》。
25. 波耶特,5。
26. 凯尔曼,10。
27. 政策研究中心:《介绍》。
28. 同上。

第八章　博茨瓦纳

通过财政监管和合理的管理。博茨瓦纳从世界上最穷的国家跻身中等收入国家之列,2002 年人均 GDP 达 9500 美元。[①]

一、博茨瓦纳民主化的历史

英国在 1885 年建立了贝专纳保护地,由此获得通路使自己在 5 年后可以对津巴布韦殖民。在保护地,英国人投资很少,1985—1964 年,他们把行政首都安置在南非,因为他们希望保护地能并入罗德西亚或者南非联邦。20世纪 50 年代末期,英国改变了政策,开始允许政治和经济发展,以实现经济自足。他们支持改革,把权力从酋长转向民主选举的立法委员会。博茨瓦纳民主党的塞雷茨·卡马(Seretse Khama)于 1966 年当选该国第一任总统。[②]

博茨瓦纳是一个议会制共和国。尽管积极参政的政党众多,但是博茨瓦纳民主党自独立以来在历次国家选举中获得大胜。国民大会由 40 名民众选举的成员组成,由国民大会选举总统,总统即是国家领袖也是政府领导。总统任期 5 年。总统费斯图斯·莫哈埃(Festus Mogae)和副总统塞雷茨·伊恩·卡马自 1993 年以来一直执政至今。[③]

[①] 《2003 年 CIA 世界概况·博茨瓦纳》。

[②] 《大英百科全书·博茨瓦纳:英国保护地》,2004 年,大英百科全书增值服务,2004 年 6 月 5 日,www. britannica. com/eb/article? eu = 117891。

[③] www. nationmaster. com/graph_T/gov_cor.

目前,就公民和政治自由而言,博茨瓦纳在全球民主排行中位列 38,在非洲是第三民主的国家。① 在总共 10 分中,博茨瓦纳民主机构得分为 9。② 在国际透明组织看来,在国际最不腐败国家排名中,博茨瓦纳列 22 位。③ 博茨瓦纳被认为是"合适的典范",④根据非洲联盟的估计,非洲每年的腐败成本为 1480 亿美元。⑤

二、博茨瓦纳市场改革的历史

民主化与独立同步发生,但市场改革才是最近逐步发生的事情。独立以后,在经济上博茨瓦纳依旧依赖英国。博茨瓦纳与南非于 1969 年重新商定了关税同盟,这使得两国都能从资本输入的增加和矿产出口中获益,之后钻石的发现使博茨瓦纳经济发展起来。⑥

1975—1984 年,博茨瓦纳年均增长率是 11.6%,1985—1989 年上升到 12.2%,这大部分要归功于矿业的发展(钻石、镍、铜和煤)。⑦ 塞雷茨·卡马倡议组建南部非洲发展协同会议(SADCC),它要"协调不同经济体的,而不是在南部费城形成统一市场"。南非和纳米比亚没有参会,这个区域内的其他国家在 1980 年组成了 SADCC。博茨瓦纳人均 GDP 从"不足 50 美元,上升至 20 世纪 80 年代中的 1000 美元"。⑧

---

① 国家管理网,www. nationmaster. com/red/graph-T/dem_ civ _ and _ pol _ lib&int = 38;《2000—2001 年世界自由排名》,自由之家,www. freedomhouse. org/。

② 国家管理网,www. nationmaster. com/graph-T/dem_dem_ins_rat;《政体第四项目》,马里兰大学,www. cidcm. umd. edu/inscr/polity/index. htm。

③ www. nationmaster. com/graph-T/gov_cor.

④ 世界银行:《2003 年南非发展指标》(华盛顿,世界银行,2003 年),第 43 页。

⑤ 同上,第 42 页。

⑥ 《大英百科全书·博茨瓦纳:向独立前进》,2004 年,大英百科全书增值服务,2004 年 6 月 5 日,www. britannica. com/eb/article? eu = 117891。

⑦ 世界银行。

⑧ 《大英百科全书·博茨瓦纳:经济》,2004 年,大英百科全书增值服务,2004 年 6 月 5 日,www. britannica. com/eb/article? eu = 117888。

钻石生产占据"GDP 的 1/3，出口收入的 9/10"，①它为博茨瓦纳奠定了稳固的经济基础，这使得这个国家可以获得增长和稳定，而不需要推动大规模的经济改革。20 世纪 90 年代早期，稳定的钻石生产促使政府需要对全球化中向以市场为基础的经济转型进行政策分析。1995 年，前总统马西雷(Masire)向博茨瓦纳发展政策研究所表达了这种需求。

与那些计划经济的国家相比，博茨瓦纳的指令经济远未结束，所以还没有太多工作要做。出于务实的必要性，任何形式的革命、公民的不安或者领导人的变更都没有激发市场改革。至于经济调整的问题，政府始终更倾向于稳定、谨慎的"渐进主义"改革，而不是"休克疗法"。

博茨瓦纳共和国为自己制定了许多市场改革目标，政府制定了"愿景2016"计划，要建设一个更安全、更健康、更繁荣的国家，在这个计划结束时，博茨瓦纳要完成向一个全球化的自由市场转型。转型开始于 20 世纪90 年代中期，或更具体地说，始于第八个国家发展计划开始时，并且已经加速进行第九个国家发展计划。

根据世界银行 2003 年非洲发展指数，博茨瓦纳真实 GDP 按照 1995年真实价格不变，从 1995 年的 47.73 亿美元上升到 2001 年的 70 亿美元。② 1995 年，传统基金给予博茨瓦纳经济自由评分为 3.3，但是到 2003年，评分大幅改善至 2.5，这使博茨瓦纳位列世界经济最自由国家的前25%之列。③ 人均 GDP 由 1995 年的 4500 美元④上升至 2003 年的 9500美元。⑤

1990—2002 年，博茨瓦纳增长率下滑到 5.2%，⑥这是由于钻石生产下降、国外直接投资降低、美元贬值带来的通货膨胀、地区性食品短缺、全球经济下滑导致的。⑦ 尽管一些非矿产行业实现了增长，特别是在服务业上，

① 《2003 年 CIA 世界概况·博茨瓦纳：经济》，www. theodora. com/wfb2003/botswana_economy. html。

② 世界银行。

③ www. nationmaster. com/graph-T/gov_cor。

④ 《1995 年 CIA 世界概况·博茨瓦纳：经济》。

⑤ 《2003 年 CIA 世界概况·博茨瓦纳：经济》。

⑥ 世界银行。

⑦ 世界银行，第 109 页。

政策制定者敏锐地意识到，这些领域的增长必将使宏观经济持续稳定。[①]然而这个过程刚刚开始，目标远未实现。在世界银行看来：

> 南部非洲的私有化进度已经落后于其他地区。包括更大、更具吸引力的国有企业（SOE）在内的第二轮私有化，比如采矿企业、能源企业和通信企业……依然处于萌芽期……博茨瓦纳航空公司是第一家开始私有化的国有企业。[②]

三、博茨瓦纳的公民社会

如霍尔姆（Holm）、莫鲁茨（Molutsi）和萨莫莱基（Somolekae）指出："公民社会的发展总是先于民主化，并推动确立选举制度，以及为政党参与竞选提供指导和资源。"[③]但是，许多非洲国家，公民社会十分缺乏，向民主的转型也会遇到困境。博茨瓦纳在这两方面都很独特——它拥有可运转的民主制度，以及充满活力的公民社会。[④]

英国殖民从 1885 年延续到 1966 年，在殖民统治下，自治的非政府团体几乎不存在，因为这些类型的团体是不合法的。地方政府掌握在部落酋长手中，社群议事通常限制在成年男性中。[⑤] 政府系统排斥受教育阶层，这些人很快会成为公民社会背后的强大力量。英国威权之下，第一个成立的公民社会组织是博茨瓦纳教师工会和博茨瓦纳公务人员协会，出现在 20 世纪 30 年代和 40 年代早期，其目的是反对殖民政府的剥削。之后成立的

① 财政和发展计划部部长，B. 高拉斯（B. Gaolathe）：《国家发展计划草案第 9 号》，2002 年 11 月 21 日提交于国家议会。
② 世界银行，第 113 页。
③ 约翰·D. 霍尔姆、帕特里克·P. 莫鲁茨、格洛里亚·萨莫莱基：《民主国家的公民社会发展：博茨瓦纳模式》，《非洲研究评论》第 39 期第 2 篇，1996 年 9 月，第 43 页。
④ 霍尔姆、莫鲁茨和萨莫莱基。
⑤ 霍尔姆、莫鲁茨和萨莫莱基，第 47—49 页。卡罗尔和卡罗尔不同意这一论点，认为"协商的传统"在于领袖使民众参与作出重要或困难的决定。参见特伦斯·卡罗尔、芭芭拉·维克·卡罗尔：《文明社会在博茨瓦纳迅速崛起》，《公共财富与比较政治》第 42 期第 3 篇，2004 年 9 月，第 344 页。

组织是对紧急事件和自然灾害的回应，例如红十字会，以及其他满足国家需要的慈善机构，也就是 YWCA。①

20 世纪 70 年代和 80 年代，博茨瓦纳公民社会发展滞后。1989 年，只有三个可以确定的利益团体存在于这个国家。② 但是，仅仅两年后，1991 年进行的研究发现，这类组织已经有 21 各，③到 1999 年，有"数以百计的运转正常的本地非政府组织……其中许多与国家经常进行正式或非正式的接触"。④

在 20 世纪 90 年代是什么原因使公民社会组织（CSO）突然增多？卡罗尔（Carrol）和卡罗尔（Carrol）给出了一些解释。一开始，政府长久以来对非政府组织的敌对态度开始减弱，也许这部分是由于国际上联合国、世界银行和其他援助者施加压力，要求增加更多的本土团体。博茨瓦纳女性运动始于 20 世纪 80 年代，它是对歧视性公民法律的回应，公民社会极大地发展，女性团体和商业团体要求更多地参与政策制定。政府和非政府组织人员开始自由流动起来。⑤

卡罗尔还认为，一些文化和历史因素影响力公民社会发展。比如，在殖民统治以后，博茨瓦纳至少有一些民主机构，这与其他非洲国家形成鲜明对比。从农业社会向城市的、受教育的社会进行可控的、渐进的转变主要发生在私营经济领域，这种转变为公民社会发展奠定基础。最终，政府人工以及更多公民社会参与政治，巩固了公民社会的合法性。⑥

总之，20 世纪 90 年代后期和 21 世纪早期博茨瓦纳公民社会组织具有许多特点。至少，很多是特定团体，它们关心的议题较为狭窄。当可以轻易成立一个新组织，在大型组织中觉得不满意的小派别通常会分裂出来，组成独立的团体。政府和外国援助可以解释在许多慈善组织中为什么拥

---

① 霍尔姆、莫鲁茨、萨莫莱基，第 47—49 页。
② 帕特里克·P. 莫鲁茨、约翰·D. 霍尔姆：《当公民社会软弱时发展民主：博茨瓦纳模式》，《非洲事务》第 89 期第 356 篇，1990 年 7 月；卡罗尔和卡罗尔，第 334 页。
③ 卡罗尔和卡罗尔，第 339 页。
④ 同上，第 334 页。
⑤ 同上，第 340—341 页。
⑥ 同上，第 344—348 页。

有大笔资金,当然也有些值得注意的例外,红十字会、YWCA 以及 Emang
basadi(博茨瓦纳语,女性,起来。——译者注),一个致力于深入女性议题
的组织。[①]

　　从法律上说,所有公民社会组织都必须有章程,定期选举的领导以及
清晰的财政纪录和管理。虽然这些监管要求旨在加强组织的透明度化,实
际上,受到良好教育的群体更受欢迎,服务于文盲或农村人口的组织则被
忽视。[②] 大多数机构不会因为政府的干扰而屈从。[③] 但是,各种社团组织
不被允许拥有自由集会的权利,这使得政府能阻碍这些团体的活动。政府
限制工人罢工的权利以及集体议价的权利。[④] 一些政府雇员还被禁止参加
社团组织。[⑤]

　　从政治上说,大多数公民社会组织是不具政党性质的,很少在选举中
发挥作用——通常政党更喜欢依靠自己的分支进行地方性活动。各个组
织在通过管理机构影响政策上做得非常成功。[⑥] 虽然卡罗尔和卡罗尔注意
到公民社会的影响不应该被高估,[⑦]但是公民社会组织已经取得明显进步。
公民社会参与活动始于 20 世纪 90 年代中期,通过为志趣相投的团体建立
组织联盟,政府也得到了帮助。到 20 世纪 90 年代后期,政府在很大程度
上要依赖于公民社会进行政策创新和施政。[⑧]

四、补充说明：博茨瓦纳的今天

　　博茨瓦纳依旧受到 HIV/艾滋病病毒的威胁。博茨瓦纳艾滋病感染率
全球最高,一项高级治疗项目通过反逆转录病毒药物抑制艾滋病传播,通

---

① 霍尔姆、莫鲁茨和萨莫莱基,第 49—51 页。
② 同上,第 51—52 页。
③ 自由之家:《国家报告：博茨瓦纳》,2004 年世界自由排名,www. freedomhouse. org/
　 template. cfm? page = 22&year = 2004&country = 2896。
④ 自由之家:《国家报告：博茨瓦纳》。
⑤ 霍尔姆、莫鲁茨和萨莫莱基,第 51—52 页。
⑥ 同上,第 48,56—59 页。
⑦ 卡罗尔和卡罗尔,第 343 页。
⑧ 同上,第 343—344 页。

过这一项目，博茨瓦纳的艾滋病感染率大幅下降。尽管有这个项目，但是联合国估计博茨瓦纳33％的人口感染了 HIV 或艾滋病病毒。这个国家开始发展高端旅游业，这一产业成为博茨瓦纳国民收入的重要来源，通过发展高端旅游业，博茨瓦纳持续推动经济的多样化。①

五、博茨瓦纳智库活动的分析

自 1995 年成立以来，博茨瓦纳发展政策分析研究所（BIDPA）在有关市场改革议题的政策形成过程中发挥了高度影响作用。之所以有如此大的影响，在于其创始人凯图米莱·马西雷是一位受到人们敬仰的权威，同时 BIDPA 与财政和发展计划部（MFDP）保持了紧密的关系。

1966 年独立以后，凯图米莱·马西雷成为了财政和发展计划部长、BDP 主席，塞雷茨·卡马的副总统，直到 1980 年后他当选总统。之后马西雷多次当选，直到 1998 年退休。博茨瓦纳可以说是非洲少有的成功案例，而马西雷坚定的领导全面体现了这种成功。

在比尔·克林顿于 1998 年 3 月访问非洲时，这位前总统在非洲最古老的民主国家逗留，并向马西雷在经济上的成功领导以及和平地把权力移交给莫哈埃表达敬意。"起初作为副总统兼财政部长，你点燃了一个经济奇迹的引擎"，克林顿总统说。美国议员埃德·罗伊斯（Ed Royce）交给马西雷一份草拟好的决议，这份决议同时地送给了美国众议院，它表彰了博茨瓦纳对民主制度的建设。克林顿认为博茨瓦纳为"新非洲"注入"灵感"。②

财政和发展计划部是成为总统的必要台阶，这从马西雷和现任总统费斯图斯·莫哈埃的经历可以说明，除此之外，这个部门可以被称为各部之首。在政府各部门之间，经济学家在沟通和信息评估中成为了"节点"。财政和发展计划部要负责制定国家发展计划、每年的政府预算和财政拨款。

---

① BBC 新闻：《国家概况：博茨瓦纳》，http://news.bbc.co.uk/2/hi/africa/country_profiles/1068674.stm，2008 年 1 月 22 日。
② 《博茨瓦纳的鼓舞》，http://dickinsg.intrasun.tcnj.edu/clintontrip/ca330.html。

财政和发展计划部长同时也兼任博茨瓦纳发展政策分析研究所理事会主席,这个生动例子很好地说明了研究机构如何在政府决策圈中直接施加影响。财政和发展计划部的常任秘书长也是理事会成员。[①]

BIDPA 帮助财政和发展计划部筹备了第八个国家发展计划(NDP 8),该计划刺激了增长,提高了劳动生产率,降低了失业率,推动经济多样化发展。NDP 8 还建立了增值税系统,发行了普拉债券(普拉为博茨瓦纳货币单位,即博茨瓦纳国债。——译者注),推动了有关投资以及与欧盟和非洲、加勒比地区、太平洋地区国家进行自由贸易的法律改革,博茨瓦纳从穆迪和标普那里获得了"A"的投资评级。BIDPA 在"愿景 2016"计划目标的形成过程以及私有化政策的制定过程中都发挥了重要作用。它提出了人力规划模型和宏观经济规划模型,被称为 MEMBOT,用于帮助构建第九个国家发展计划,这个计划已在私有化和自由贸易等方面展开。BIDPA 不仅是市场改革进程的重要组成部分,同时它与政府决策者保持紧密联系,这种影响力在未来也将持续发挥。

表 8.1　BIDPA 博茨瓦纳发展政策分析研究所(www. bidpa. bw)简介

案例	市场改革
推荐人	迈克尔·诺尔斯,CPA/USAID/RTI 国际—地方治理项目(伊拉克)
成立情况	1995 年在凯图米莱·马西雷总统的总统令下创建的一个非政府性的独立智库
领导者	哈比·费扎尼(Happy Fidzani)
任务描述	推动与开展关于博茨瓦纳和非洲南部地区的发展政策问题的研究、分析和刊物出版[1]
工作领域	BIDPA 的研究领域主要集中在五个主题: 1. 收入、福利和贫困 2. 宏观经济预测与计划 3. 微观经济 4. 国际贸易与金融 5. 公共部门改革[2]

① 色利马(Serema):《财政部长的长臂》第 20 卷第 8 篇,2003 年 2 月 28 日,www. mmegi. bw/2003/February/Friday28/9599058581253. html。

案例	市场改革
主要活动/信息传播类型	推动与开展研究 调节国内经济和政策实施 向政府建言献策 直接或间接地为其他政策分析组织提供技术和财政支持 促进公民的专业培训和公众教育[3]
优先研究领域	经济发展 贫困 文明社会 能力建设 艾滋病 HIV/AIDS 本地治理[4]
民主化相关项目	无
市场改革相关项目	愿景 2016(1997—2003) BIDPA 是总统工作组的秘书处,该组织制定了博茨瓦纳名为"愿景 2016"的长期计划,其组成部分包括国家发展计划。BIDPA 的工作人员是宏观经济分析与预测方面的核心提议人。[5]BIDPA 的专长对于制定这一计划至关重要。虽然 20 世纪 90 年代中期以来市场改革取得了很多进展,但是"愿景 2016"的完成将会呈现出博茨瓦纳市场改革的终点。BIDPA 一直在积极地向当地政府官员、学生和老师推广"愿景 2016",希望借此能够建立一个对目标的强大的公众拥护。[6] 私有化工作组秘书处(1997—1998.07) BIDPA 作为私有化政策工作组秘书处,负责起草博茨瓦纳私有化政策。报告评估了"部委、政府部门、理事会和国有企业内政府活动的商业化"。[7] 欧盟-南非自由贸易协定(1998.2—1998.12) BIDPA 研究了未来的欧盟-南非自由贸易协定对博茨瓦纳、莱索托、纳米比亚和斯威士兰(BLNS)的影响。除了 SACU 收入池的大幅下降之外,SACU 收入支付给 BLNS 的也会同等程度下降,欧盟-南非自由贸易协定对南非和 BLNS 经济的直接影响将很小。BIDPA 的研究赋予了 BLNS 对欧盟-南非自由贸易协定的信心。[8] 艾滋病疫情在博茨瓦纳的社会经济影响(1998.12—2000.5) BIDPA 的研究通过探讨艾滋对家庭的影响、贫困、总体支出、需求与储蓄行为、部门影响、对外国投资的影响、经济增长以及政府规划和预算过程,来研究艾滋在博茨瓦纳的社会经济影响。[9] 人力资源规划模型(2001)

续　表

案例	市场改革

BIDPA 根据不同的宏观经济预测,为博茨瓦纳国内就业、人力资源和收入委员会起草了几个中期人力资源计划。报告采用基于经验的人力资源规划模型来预测未来十年以上时间里各种类别的劳动力在博茨瓦纳的需求和供应情况。该报告于2001 年底提交政府,就改善博茨瓦纳的劳工规划事宜提出了一系列建议。[10]

农业贸易论坛(2002)

BIDPA 成为由农业部常务秘书担任主席的农业贸易委员会成员。该论坛确认和划分了农业部门在双边和多边贸易谈判中的国家和商业利益问题的优先次序,并选择研究问题,以加强国家谈判立场,并向利益相关者传播信息。[11]

南部非洲贸易研究网(SATRN)(2002)

BIDPA 为南部非洲贸易研究网(SATRN)进行了大量研究。它于 2002 年 1 月对金融服务部门进行了一项调查,以获得提供"评估金融部门政策和绩效的手段"的数据。另外还对航空运输部门的政策和业绩进行了一次调查。"贸易相关投资措施(TRIMS)"项目研究了多边贸易协定(MAT)提案的影响,该提案于 2002 年完成。[12]

SACU 和经济伙伴关系协议研究(2001—2003)

BIDPA 为南部非洲发展共同体(SADC 南共体)进行了一项研究,以概括未来经济伙伴关系协议(EPA)的初步影响,并确定经济和贸易政策调整方案的框架。BIDPA 就 EPA 里的可协商领域提出了建议。该研究还分析了南共体各个国家的国家贸易政策和贸易自由化方案与 2001 年末开始草拟的"南部非洲发展共同体贸易议定书"总体贸易政策目标的兼容性。[13]该贸易议定书促成了南共体自由贸易区的建立,目标是最迟在2008 年之前至少有 85% 的南共体国家实现贸易零关税,以及到 2012 年之前所有南共体国家实现贸易零关税。这一议定书的实施进一步推动了区域和全球的经济一体化。BIDPA 的研究是协助制定"南部非洲发展共同体贸易议定书"的重要手段。[14]

博茨瓦纳的宏观经济模型(1997—2002)

近几年来,BIDPA 协助财政和发展计划部(MFDP)的宏观经济规划和政策部门根据最新统计和部门预测更新了博茨瓦纳宏观经济模型(MEMBOT)数据库。这些新数据用于准备第九个国家发展计划(NDP)的基础案例宏观经济预测。BIDPA 还协助部门工作人员起草了宏观经济预测计划的宏观经济板块的相关章节。该计划于 2003 年 4 月生效。[15]

续　表

案例	市场改革
出版物	《关于 MEMBOT 模型的修订或重建的注意事项：一些初步意见和建议》(1996)
	《艾滋病潜在影响研究：初步思考》(1996)
	《博茨瓦纳私营部门就业构成公私营部门战略的主要成分》(1996)
	《博茨瓦纳的监管、私有化和承诺》(1997)
	《贸易自由化对博茨瓦纳牛肉和玉米部门的影响》(1997)
	《私有化：是什么和怎么做》(1997)
	《非洲在全球经济中的作用：区域合作的贡献，特别参考南部非洲》(1997)
	《竞争、生产力和私有化》(1997)
	《博茨瓦纳的中小型企业：特点、财政来源和问题》(1997.12)
	《最低工资和就业：文献评论和博茨瓦纳最低工资背景》(1998.3)
	《南部非洲国际股票市场联系》(1999)
	《亚洲和俄罗斯金融危机对南部非洲的影响》(1999)
	《结构性经济变化对政府支出的长期影响》(1999)
	《宏观经济政策趋同和南共体自由贸易区》(2000)

注释：

1. BIDPA，《愿景、任务和价值》，www. bidpa. bw/mission. html(至 2006 年 8 月 3 日)。

2. BIDPA，《调查》，www. bidpa. bw/research. html(至 2006 年 8 月 3 日)。

3. BIDPA，《BIDPA 的目标》，www. bidpa. bw/objectives. html(至 2006 年 8 月 3 日)。

4. BIDPA，《当前研究活动》，www. bidpa. bw/current_research. html(至 2006 年 8 月 3 日)。

5. BIDPA 参考，1 期(1997 年 11 月)，5 页；www. bidpa. bw/newsletters. html。

6. BIDPA 参考，14 期(2001 年 12 月)，4 页。

7. BIDPA 参考，2 期(1998 年 2 月)，4 页。

8. BIDPA 参考，3、4 期(1998 年 8 月)，2 页。

9. BIDPA 参考，8 期(2000 年 3 月)。

10. BIDPA 参考，14 期(2001 年 12 月)。

11. BIDPA 参考，15 期(2002 年 3 月)。

12. 同上。

13. BIDPA 参考，14 期(2001 年 12 月)。

14. 财政和发展计划部部长，B. 高拉斯(B. Gaolathe)，《2003 年博茨瓦纳财政预算报告》，于 2003 年 2 月 3 日提交国家议会。

15. BIDPA 参考，13 期(2001 年 9 月)。

表8.2 博茨瓦纳市场改革时间表

政府活动	年份	智库活动
英国成立贝专纳保护地[1]	1885	
塞雷茨·卡马组织国家政治运动[2]	1952	
贝专纳人民党(BPP)成立[3]	1960	
贝专纳民主党(BDP)成立[4]	1962	
非洲统一组织(OAU)建立[5]	1963	
贝专纳独立成为博茨瓦纳共和国,塞雷茨·卡马任总统[6]	1966	
博茨瓦纳加入 IMF[7]	1968	
与南非重新谈判海关联盟条款[8]	1969	
发现钻石[9]	1970	
博茨瓦纳从英国内经济独立[10]	1971	
南部非洲发展协调会议(SADCC)形成[11] 议会建立半国营的博茨瓦纳电信公司(BTC)[12]	1980	
哈博罗内广播公司(GBC)私营化[13]	1987	
博茨瓦纳议会设立邮政服务[14]	1989	
现代汽车装配厂开业[15]	1993	
加入 WTO[16] 汽车工业发展计划[17] 1995 银行法[18]	1995	通过总统令创建 BIDPA[19]
国际投资基金法案[20] 美国国际开发署资助结束[21]	1996	BIDPA 作为总统工作组秘书处,制定了博茨瓦纳名为"愿景2016"的长期计划[22]
	1997	BIDPA 作为私有化政策工作组秘书处,负责起草博茨瓦纳私有化政策。[23] BIDPA 产出更新的博茨瓦纳宏观经济模型(MEMBOT)[24]
	1998	BIDPA 研究未来的欧盟-南非自由贸易协定对博茨瓦纳、莱索托、纳米比亚和斯威士兰的影响[25]
费斯图斯·莫哈埃当选总统[26] 取消资本账户交易的所有外汇管制[27]	1999	
南共体(SADC)贸易协议起草[28]	2000	BIDPA 完成博茨瓦纳艾滋病疫情的社会经济影响的研究[29] BIDPA 协助部门工作人员起草国家发展计划 9 的相关部分[30]

续 表

政府活动	年份	智库活动
公共企业评价与私有化机构建立[31] 出台引入鼓励更大透明度的银行收费政策[32] 非洲联盟取代非洲统一组织（OAU）[33]	2001	BIDPA 为国内就业、人力资源和收入委员会起草人力资源规划模型[34] BIDPA 产出 SACU 和经济伙伴关系协议研究[35]
增值税（VAT）制度实施[36] 国家支付系统和国家清关和结算系统法案通过[37] 非洲、加勒比地区和太平洋地区国家以及欧盟的自由贸易协定（FTA）谈判开始[38] 国家发展计划 9 推出[39] 愿景 2016 提出[40]	2002	BIDPA 加入农业贸易论坛[41] BIDPA 为南部非洲贸易研究网（SATRN）开展金融服务部门调查[42] BIDPA 完成贸易相关投资措施的研究项目[43]

注释：

1.《大英百科全书·博茨瓦纳：英国保护地》2004，大英百科全书增值服务，www. britannica. com/eb/article? eu = 117891（至 2004 年 6 月 5 日）。

2. 同上。

3.《非洲珍宝，"民主的历史"》，www. gov. bw/gem/history_of_democracy. html（至 2006 年 8 月 6 日）。

4.《大英百科全书·博茨瓦纳：独立的进展》2004。

5. 国际劳工组织、工人活动局，《非洲统一组织》，全球化与工人权利，www. itcilo. it/actrav/（至 2006 年 8 月 6 日）。

6. 非洲珍宝，《民主的历史》。

7.《博茨瓦纳与 IMF》，国际货币基金组织. 获取自 www. imf. org/external/country/BWA（至 2004 年 6 月 24 日）。

8.《大英百科全书·博茨瓦纳：独立的进展.》2004。

9. 同上。

10. 同上。

11. 南部非洲发展共同体，《南部非洲发展共同体》，www. sadc. int/index.（至 2004 年 6 月 24 日）

12. 非洲珍宝，《基础建设》，www. gov. bw/gem/（至 2006 年 8 月 6 日）。

13. 美国国务院，民主、人权与劳工部，《博茨瓦纳》，国家人权报告，www. state. gov/g/drl/rls/

14. 非洲珍宝，《基础建设》。

15. 唐·罗伯森（Don Robertson）：《现代集团全速进入新领域》，《商业时代》（1997 年 10 月 7 日）。

16. 世界贸易组织：《博茨瓦纳与世界贸易组织》，国家信息，www. wto. org/english/（至 2004 年 6 月 24 日）。

17. Robertson，《现代集团全速进入新领域》。

18. WorldLII，《法律》，WorldLII：博茨瓦纳，www. worldlii. org/catalog。

19. BIDPA，博茨瓦纳发展政策分析研究所，www. bidpa. bw。

20. 高拉斯，国家发展计划 9 草案发布，于 2002 年 11 月 21 日提交至国家议会。

21. 美国国务院：《背景备忘录：博茨瓦纳》，www. state. gov/r/pa/ei/bgn/

22. BIDPA 参考，1 期（1997 年 11 月），5 页。

23. BIDPA 参考，2 期（1998 年 2 月），1 页。

24. BIDPA 参考，13 期（2001 年 9 月）。

25. BIDPA 参考,3、4 期(1998 年 8 月),2 页。

26. Nationmaster. com,博茨瓦纳：国家统计,www. nationmaster. com/country/bc。

27. 《背景备忘录：博茨瓦纳》,美国国务院。

28. 高拉斯,2003 年博茨瓦纳财政预算报告,于 2003 年 2 月 3 日提交至国家议会。

29. BIDPA 参考,8 期(2000 年 3 月)。

30. BIDPA 参考,13 期(2001 年 9 月)。

31. 高拉斯,国家发展计划 9 草案发布。

32. BIDPA 参考,5 期(1998 年 12 月)。

33. 非洲联盟,《非洲联盟》,www. africa-union. org/home/welcome. htm。

34. BIDPA 参考,14 期(2001 年 12 月)。

35. 同上。

36. 高拉斯,《博茨瓦纳 2003 年财政预算报告》,38 页。

37. 高拉斯,《博茨瓦纳 2003 年财政预算报告》,24 页。

38. 高拉斯,《博茨瓦纳 2003 年财政预算报告》,20—21 页。

39. BIDPA 参考,15 期(2002 年 3 月)。

40. 同上。

41. 同上。

42. 高拉斯,《博茨瓦纳 2003 年财政预算报告》,10 页。

43. BIDPA 参考,13 期。

第九章 菲律宾

菲律宾是亚洲人均拥有非政府组织数量最多的国家。如果说在哪里公民社会对民主化的贡献最大,那非菲律宾莫属。①

一、菲律宾民主化的历史

菲律宾总统格洛丽亚·马卡帕加尔·阿罗约(Gloria Macapagal Arroyo)把自己的国家称为"亚洲最古老的民主国家",但是也是"最弱小的一个"。② 它的民主化历史总被人用一句套话来描述,"坐落在东亚的拉丁美洲国家"。③ 在 20 世纪 70 年代,菲律宾政府和拉美都被威权统治者领导;到 20 世纪 90 年代早期,许多这类国家已经向民主制度转型。④ 菲律宾经历了政治自由的时期,但期间也有一些时候被独裁的、通常也是军事政府统治。⑤ 自由之家 2002 年调查把菲律宾评为"自由"。

1946—1972 年,菲律宾经历了总统制的民主,其民主模式在形式上受

---

① 大卫·沃费尔:《菲律宾的公民社会与民主化》,《亚洲发展与治理》,编辑佐藤一郎(火奴鲁鲁:亚太安全研究中心,2004 年),第 215 页。
② http://cf. heritage. org/index2004test/country2. cfm? = idPhilippines.
③ 阿塞尼奥·M. 巴利萨坎(Arsenio M. Balisacan):《菲律宾经济:发展、政策与挑战》(牛津:牛津大学出版社,2003 年),第 5 页。
④ 格雷琴·卡斯珀:《脆弱的民主:独裁统治的遗产》(匹兹堡:匹兹堡大学出版社,1995 年),第 3 页。
⑤ 伊恩·马什。

到美国宪法的影响,因为菲律宾1898—1946年是美国的殖民地。①

1972年,费迪南德·马科斯(Ferdinand Marcos)在菲律宾建立了威权统治,他的统治一直持续到1986年。马科斯的统治之下,取消了包括议会在内的政治机构,所有这些措施都借口防止共产党起义推翻政府。② 马科斯最后被1986年发生的大规模"人民权力"街头抗议活动和主要军队领导和部门的叛乱赶下台。③ 费迪南德·马科斯的14年独裁统治使菲律宾的经济和政治发展滞后。

在1986年的总统竞选中,科拉松·C.阿基诺(Corazon "Cory" C. Aquino)击败了马科斯,尽管马科斯指控阿基诺操纵竞选。阿基诺迅速推动自由改革,取消了言论、集会和出版的限制。她肃清了军队和政府中马科斯的追随者。在阿基诺执政下,菲律宾确立了新宪法,它规定总统"只能任一届,任期6年"。阿基诺面临严厉的批评,批评者还试图发动六次政变,这些批评来自军队改革运动,指责她所谓的未能迅速推进社会改革。④

菲德尔·拉莫斯(Fidel Ramos)于1992年当选为总统。拉莫斯是阿基诺政府的国防部长,在他任内,他成功稳定了菲律宾的经济。⑤ 在1992年总统选举中,草根组织发起了口号为"不要传统政客"的运动,主流的政党和候选人显得措手不及。⑥ 拉莫斯担任总统一直到1998年,之后前演员约瑟夫·埃斯特拉达(Joseph Estrada)当选总统。

埃斯特拉达在2000年被指控从涉赌犯罪组织收受大量贿赂。2001年,数以千计的反对者走上马尼拉街头要求总统埃斯特拉达辞职。⑦ 公众的压力迫使埃斯特拉达辞职;副总统格洛丽亚·马卡帕加尔·阿罗约成为

---

① 卡斯珀,第40页。

② 同上,第51页。

③ 自由之家:《国家报告:菲律宾,2003年》,www.freedomhouse.org/template.cfm?page=22&year=2003&country=446。

④ "菲律宾",CBS深度报道,2006年2月17日,www.cbc.ca//news/background/philippines/。

⑤ "菲律宾"。

⑥ 卡斯珀,第202页。

⑦ "菲律宾"。

新总统。①

阿罗约政府面对许多国内的混乱。菲律宾面临来自摩洛伊斯兰解放阵线和阿布沙耶夫武装对公民的多重袭击。此外,阿罗约遭遇两次政变企图:一次在 2001 年 5 月,由前总统埃斯特拉达的支持者领导;另一次在 2003 年 7 月,有 300 名士兵参与。菲律宾武装力量镇压了这几次政变。②

二、菲律宾市场改革的历史

过去 20 年,菲律宾的经济就像谜一样。这个地区的其他国家都找到了秘诀,由于国内储蓄和国外投资都保持高水平,这些国家都实现了以出口为导向的快速增长,同时通货膨胀率较低,贫困人口也在减少,但是这些似乎都与菲律宾无关。瓦尔皮·菲茨杰拉德(Valpy FitzGerald)称菲律宾为"走失的猫咪"。③

在被美国统治 43 年,二战期间又被日本占领之后,1946 年菲律宾获得独立。菲律宾曾一度成为东南亚最富有的国家,但从 20 世纪 60 年代以后,叛乱、经济管理不善以及普遍的腐败使这个国家陷入困境。④

最近几十年,菲律宾人民看到的是低速发展,特别是与其东亚大多数邻国相比。这个国家的领导者渴望把菲律宾经济变成一只"猛龙",可是连一条"幼龙"都还不是。⑤

连续几届菲律宾政府都提出雄心勃勃的计划,在新世纪到来时获得新型工业化国家的地位。尽管 20 世纪 70 年代中期以来,努力提高工业出口,但是菲律宾经济表现依然平庸,不能列入所谓"东亚奇迹"国家之列。⑥

---

① "菲律宾"。
② 同上。
③ 引用罗伯·沃斯和约瑟夫·T. 泰普(Joseph T. Yap):《菲律宾经济:东亚走失的猫咪:结构、金融和调整》(贝辛托克:麦克米兰出版社,1996 年),第 13 页。
④ 自由之家:《国家报告:菲律宾,2003 年》。
⑤ 沃斯和泰普,第 16 页。
⑥ 同上,第 1 页。

20世纪80年代,当其他东亚和东南亚经济体在成长时,菲律宾经济在萎缩。[①]

传统基金/华尔街日报经济自由指数(2004)给予菲律宾评分为"3.05",被评为"总体不自由"。最大的经济顾虑是几近创造历史的预算赤字,在确定为GDP的5.3%之前,预算赤字已经三次连续打破预定目标。结果,政府只能发行政府债券,而其利率相比于其他亚洲国家又不具竞争力。政府过度支出以及普遍的逃税被认为是导致大规模赤字的原因。

三、菲律宾的公民社会

在军法政制后期,菲律宾非政府组织在国家层面越来越重要。这些组织发挥了政府不愿意发挥或者不能发挥的作用,这通常在很大程度上受益于来自国外的资金扶持。科拉松·阿基诺执政以后,所有政府对非政府组织的限制都取消了。结果,非政府组织数量大幅提高。[②]

尽管有人指控阿基诺操纵选举和日益增多的非政府组织,但是在阿基诺当政期间,这些组织并没有对政策发挥多大影响。相反,阿基诺政府更看重附庸网络,在菲律宾这是传统政治的一部分,还有就是加强政客的权力,这导致一个术语所说"精英"或"不完全"的民主。[③]

直到拉莫斯当政,菲律宾的非政府组织才真正体现其价值。虽然非政府组织的支持对于拉莫斯的胜选并没有起到帮助作用,他却向非政府组织咨询设计政策和实施政策的建议。在埃斯特拉达竞选时,他与非政府组织保持了紧密关系,他甚至任命一位大型非政府组织负责人为他的农业改革秘书。但是在他的任期内,埃斯特拉达却很少关注这类组织,尽管在竞选时,这些组织显得那么重要,结果2000年非政府组织在弹劾埃斯特拉达过

---

① 彼得·克林克斯:《菲律宾的经济:精英、不平等与经济改组》(伦敦:劳特利奇出版社,2002年),第1页。
② 沃费尔,第215—216页。
③ 同上,第216页。

程中发挥了重要作用。① 即便非政府组织支持阿罗约担任总统，但是它们后来也变得不抱希望。②

对于很多人而言，1986 年和 2001 年的民众骚乱被看作是公民社会在政治中发挥作用的风向标，这两次骚乱都导致了在任总统下台。③ 菲律宾人享受着大多数基本权利，可以通过选举改变他们的政府。许多国际和国内的观察者认为，街头抗议和军事压力迫使约瑟夫·埃斯特拉达总统在2001 年辞职，这可称得上"软政变"。

尽管最近开始进行经济改革，少部分强势家庭依然在政治中发挥首要的作用，他们拥有大部分公司财富和土地。根据 2001 年世界银行报告，"企业拥有者及其控制力在菲律宾高度集中于 40—50 个家族集团手中"。香港的《远东经济评论》于 2001 年所报道，在农村，占人口 5％的最富有的菲律宾人控制着接近 90％的土地。④ 腐败、裙带关系和渎职被普遍认为在商业和政府中非常流行。柏林的国际透明组织 2002 年对 102 各国家的腐败调查中，菲律宾排列第 77 位，芬兰是最不腐败国家。⑤

四、补充说明：菲律宾的今天

菲律宾面对日益增多的问题。在美国的帮助下，菲律宾在霍洛岛与伊斯兰叛乱组织进行战斗。由于大规模的国家债务，经济依然处于困境中，在国外打工的百万菲律宾人的汇款支撑起了这个国家的经济。在亚洲，菲律宾的出生率最高，未来 30 年，其人口数量将翻倍。总统格洛丽亚·阿罗约在 2004 年再次当选总统，她依旧尝试实施自己承诺的改革和社会改良。从她再次当选以来，她曾两次被弹劾，但都未成功。⑥

---

① 沃费尔，第 216 页。
② 同上。
③ 同上。
④ 自由之家：《国家报告：菲律宾，2003 年》。
⑤ 同上。
⑥ BBC 新闻：《国家概况：菲律宾》，2008 年 2 月 12 日，http://news. bbc. co. uk/2/hi/asia-pacific/country_profiles/1262783. stm。

五、菲律宾智库活动的分析

菲律宾的智库通常可以按照它们与国家政府的关系进行分类。一些是由菲律宾政府建立,旨在为政策制定过程提供支持。这类中最重要的一些智库是马科斯统治时期建立的,包括菲律宾发展研究所(PIDS)。它是依靠政府提供的资金捐助成立的,起初它是政府"公司",为满足机构特定的研究需求提供服务。PIDS 是一家经济研究所;它与国家经济和发展局保持着紧密的联系,后者是国家经济规划机构。

PIDS 关注的是马科斯时期国内政策问题。自 1986 年以后,出现了一些政府智库,它们的政策焦点是国家外部环境。但是,非政府智库的出现在后马科斯时代更为重要。应该澄清的是,在马科斯还是菲律宾总统时,非政府智库就已经存在。但是,对于政策制定过程而言,它们被大大边缘化了,部分是因为菲律宾政体具有中心化特征,但更多原因在于这些机构和团体中的大部分被阻止参与政策制定。其中的一些发展起来,通过更为直接地参与和影响政策,它们延续到后马科斯时代。研究和交流中心(CRC)是个典型例子。但是,许多机构,特别是那些有意识形态倾向的,坚持反政府、反当权派立场,它们完全游离于正规的政策制定之外。相反,它们积极为反抗运动和跨亚洲-太平洋地区的互助网络提供研究服务。然而,后马科斯时代政府和非政府机构之间的合作增多,这一时期出现了新型的研究机构。

自 1997 年以来,菲律宾智库活动聚焦于亚洲金融危机。尽管菲律宾比其他邻国复苏得更快,但危机的影响始终是政府政策的关键问题。PIDS、CRC 和其他机构在这个问题上组织了不同的活动,包括研讨班、座谈会和出版政策报告。强调金融危机及其对菲律宾经济的影响对经济自由化问题带来了始料未及的影响。一些菲律宾非政府组织与亚太地区具有反贸易自由倾向的团体展开积极合作,其中部分非政府组织是反抗运动的思想发动机和研究库。它们十分积极地反对政府支持亚太经合组织(APEC)的政策。[1]

---

[1] 赫尔曼・约瑟夫・S. 克拉夫特(Herman Joseph S. Kraft):《菲律宾智库观察》,《NIRA 评论》第 6 期 1 号(1999 年冬天),www. nira. go. jp/publ/review/99winter/kraft. html。

表 9.1　CRC　菲律宾研究和交流中心(www. crc. org. ph)简介

案例	市场改革
推荐人	亚洲开发银行,智库项目
成立情况	CRC 于 1967 年成立,是作为一个私人非上市非营利性的研究机构,服务于商业对经济信息的需求。CRC 开创了经济预测和行业分析,通过报告、简报、会议和研讨会等方式定期交流经济预测和行业研究。
领导者	主席埃米利奥 T. 安东尼奥(Emilio T. Antonio)
任务描述	CRC 基金会在人和社会服务方面是致力于知识追求的机构。在致力于使命的过程中,它重点关注人的尊严、家庭团结、公民责任和人类团结的问题,目的是使企业、政府和民间社会决策者了解当前的问题,从而将进步思想转化为行动。它还旨在帮助形成一个能够根据智慧评价政策,对政策有回应的公民,而不是民粹主义的呼吁。
工作领域	CRC 目前已经有 12 项研究举措来解决与菲律宾政策制定者有关的问题
主要活动/信息传播类型	对公共利益和共同利益投资的关注点和政策问题进行持续研究。 组织、推广、委托和(或)进行研究,最好是跨学科的研究时,要重点关注个人尊严、家庭团结、公民责任、人类团结、子公司的推广和自由企业精神。 开展、组织和举办研讨会、会议和公共论坛,开展地方和国际的交流活动,以便传播其研究成果,同时在一个自由和进步的社会中传播更深刻的社会责任感和良好的公民意识。 通过出版和发行图书、日报、期刊、评论等资料性文献,引导公众重视和认识其研究成果。
优先研究领域	社会保障;农业;能源政策;WTO、AFTA 咨询研究;菲律宾水泥行业增长;菲利普·莫里斯对菲律宾经济的影响;菲律宾罐头金枪鱼出口;照明厂商调查;IT 和通信;税收对汽车的影响
民主化相关项目	无
市场改革相关项目	中国和东盟: 商业与合作扩大贸易和投资联系的机会 编者:朱利叶斯·凯撒·Parrenas(Julius Caesar Parrenas)博士,詹云凌(Zhan Yunling)先生 本书探讨了扩大东盟与中国经济联系的可能性和意义。本卷中的文章涉及了这个问题的各种要素。第一部分涉及中国(包括香港和台湾)的趋势和发展。第二部分直接关系到东盟与中国之间经济联系的扩展,特别是与中国领土和市场邻近的国家,如泰国、越南和菲律宾。第三部分探讨了建立一个新的增长区域的可能性,这将把中国华南地区与菲律宾北部联系起来。

续　表

案例	市场改革
	<u>为稳定而重组：90年代（1992年）日-菲-美关系中的经济、政治和安全方面</u> 编者：朱利叶斯·凯撒·Parrenas（Julius Caesar Parrenas）博士 战后时期，西太平洋地区成为全球经济最为活跃的地区之一。总体政治形势刺激了贸易、投资和经济增长。在这个进程中，美国和日本这两个国家发挥了重要的作用。美国海军统治了西太平洋的大部分地区，这为发展经济关系提供了稳定的环境。日本经济实力和区域影响力的增长，对亚太经济发展进程意义重大。两国在政治合作框架下的结合，是维护区域安全的一个重要因素。本书不仅展示了日本-美国-菲律宾关系的经济层面，同时也展示了政治和安全方面的关系。
出版物	《被遗忘的邻居：菲律宾与南亚的关系》（1992）、《稳定的重组：90年代》（1992年）、《日本-菲律宾-美国的经济、政治和安全方面的关系》《中国和东盟：商业与合作扩大贸易和投资联系的机会》

表9.2　PIDS　菲律宾发展研究所（www.pids.gov.cn）简介

案例	市场改革
推荐人	埃里克·约翰逊（Erik Johnson），世界银行研究所
成立情况	PIDS是一个政府机构，成立于1977年。PIDS是为了满足规划和政策制定研究日益增长的需求，凭借"总统令"第1201号命令成立的，是一个非上市非营利性"政府公司"。
领导者	主席约瑟夫·泰普（Josef T. Yap）博士
任务描述	菲律宾发展研究所的任务是提供社会经济问题和主题的分析，从而支持制定菲律宾社会和经济持续发展的计划和政策；一方面要在政策制定者和规划者之间建立一个连续的沟通渠道，另一方面则建立研究人员；并促进研究成果的利用。其任务是对政策问题进行严格的分析，从而引导决策者和领导者更好地制定决策。
工作领域	为了实现它的目标，菲律宾发展研究所执行了三项基本方案，即研究计划、外联计划、传播与研究利用计划。
主要活动/信息传播类型	菲律宾发展研究院通过各种出版物和讲座，研讨会和圆桌讨论会来传播它的研究

续　表

案例	市场改革
优先研究领域	发展研究、经济问题、教育、环境和自然资源、卫生与福利、产业政策、劳动和人力资源开发、区域研究、科学和技术、社会问题、农业政策、传播与信息[1]
民主化相关项目	
市场改革相关项目	调整进程以提高国际竞争力，须着重于改变行业形态和重组(2001 年 12 月至今) 该项目将研究随着国家进一步提高国际竞争力而出现的微观层面的影响和关注点。这将重点关注以下主要问题：(1)改变行业形态；(2)企业的出入境和公司行为，以应对自由化措施。 教育和全球化——自由教育和全球化：菲律宾高等教育机构的政策影响(2001 年 12 月至今) 该研究确定了高等教育机构提供的自由或普及教育计划是否足以满足人们走上企业阶梯的智力需求。它还决定了高等教育机构为劳动者提供改造方案的能力，同时比较了菲律宾高等教育机构和外国教育机构为响应全球化需求所提供的方案的科学性和可行性；它确定了对培训和高等教育的政策影响。
出版物	政策报告(观察和分析) 发展研究新闻(双月刊) 研讨会论文 每日经济问题 菲律宾发展杂志(每月两刊) 研究论文集 图书

注释：
1 PID,"优先研究"http://dirp3. pids. gov. ph/about/。

表 9.3　DAP　菲律宾发展学院(www. dap. edu. ph/)简介

案例	市场改革
推荐人	综合研究开发机构
成立情况	成立于 1973 年 6 月，其任务是集中精力促进该国的发展，包括：作为变革催化剂和有能力的建设者。在这双重使命下，协助制定政府新政策，制定创新发展方案，使政府机构和民营企业的管理现代化。
领导者	阿基诺·D. 格劳(Antonio D. Kalaw)主席

续　表

案例	市场改革
任务描述	(1)建立菲律宾社会关键部门之间的能力和伙伴关系;(2)为国家和地方提供创新、增值和协同的解决方案;(3)与国际社会携手共进促进人类可持续发展和增强全球竞争力。
工作领域	DAP 是一个完全自主的组织,没有得到政府的任何资金支持。它通过与客户机构签订项目合同和提供会议中心服务获得收益。项目组是学院的基本组织单位。团队的项目经理对项目的总体规划和执行情况负责。 DAP 为政府实施项目,特别是国家规划机构、地方政府单位和政府公司。它也承担私营部门的项目,如国际捐助机构、私营公司、非政府组织和学术界。
主要活动/信息传播类型	DAP 出版了大量以发展为主题的书籍、手册和专著。
优先研究领域	2002—2012 年重点领域:以减贫为最终目标 人类可持续发展 经济发展生产力 知识管理 透明度和治理问责制 民主改革 棉兰老岛的和平与繁荣 优质教育
民主化相关项目	菲律宾民权:民主激情与法治(爱德华多 T. 冈萨雷斯(Eduardo T. Gonzalez)) 民主建设中动荡的研究有很大的借鉴意义,但不支持民主激情与法治之间的二分法论。人民权力观念最近才具有特殊的形式,而且难以在动乱中"制度化"。 全球化对菲律宾民族主义想象力的威胁?(爱德华多 T.冈萨雷斯) 随着全球化和经济一体化的发展,出现国家和民族国家的国内权力受到严重侵蚀的迹象。由于全球化经济迫使所有政府采取类似的新自由主义政策,这种"明显"的趋势是趋同而不是民族国家的差异。
市场改革相关项目	全球化是对菲律宾民族主义想象力的威胁吗?(爱德华多 T.冈萨雷斯) 随着全球化和经济一体化的发展,出现了国家和单一民族国家政权受到严重侵蚀的迹象。这么"明显"的趋势是逐渐融合,而非民族国家之间的分化。而这是全球化经济迫使所有政府采取类似的新自由主义政策导致的。

续　表

案例	市场改革
	<u>菲律宾管理危机：既非东亚也不是西方（马格达莱纳 L. 门多萨）</u> 本文考察了东亚东西方文化动态背景下菲律宾企业的价值体系。亚洲环境呈现出文化停滞与不安的共存，东方价值观与西方观念的平衡与紧张。
出版物	书籍 约瑟菲娜 N·纳提威德（Josefina N. Natividad（ed）），《基于权利的菲律宾治理回顾》 查阅关于去集中化能力建设、文化和治理的章节。

表9.4　菲律宾民主化和市场改革的时间表

政府活动	年	智库活动
菲律宾共和国成立。	1899	
菲律宾成为独立国家。 曼努埃尔·罗哈斯·阿库纳（Manuel Roxas y Acuna）当选第一任总统。	1946	
费迪南德·马科斯（Ferdinand E. Marcos）当选总统（连任 4 届）。	1965	
	1967	CRC 的成立为了在服务于人类和社会中追求"知识"。
马科斯（Marcos）总统于 9 月 21 日宣布戒严。 菲律宾专制主义成立。 参议员贝尼尼奥·阿基诺（Senator Benigno Aquino）是约 3 万反对派政治家、记者、评论家和激进分子中的第一批。	1972	CRC 将研究重点放在 20 世纪 70 年代和 80 年代，包括宏观经济预测，教育和国际研究等领域。CRC 还发展了工业和应用经济学教育计划。
费迪南德·马科斯（Ferdinand Marcos）总统通过了新的宪法以巩固他的权力。	1973	DAP 的成立是为了"以两种方式为该国的发展努力：作为变革催化剂和能力建设者"。
经过 5 年的监禁后，军事法庭裁定阿基诺（Aquino）犯有颠覆罪，并判处死刑。然而由于他执政卓越，因此免于执行。	1977	PIDS 的成立是为了"以应对规划和政策制定研究的日益增长的需求"。

续　表

政府活动	年	智库活动
举行临时国民议会。进行选举以填补空白。 新社会运动产生。	1978	
阿基诺(Aquino)因病需治疗被流亡到美国。	1980	
马科斯(Marcos)解除戒严,尽管戒严法令和规定仍然有效。 选举计划在 6 月进行,但反对派对此进行了反抗,使马科斯(Marcos)赢得了绝大多数的选票,赢得了另一个 6 年任期。 马科斯(Marcos)宣称有 88%的选票是赞成他连任总统(FD46)。	1981	
阿基诺(Aquino)从流亡地返回,并在抵达马尼拉机场时被杀。 有两百万人参加葬礼,这使其成为该国历史上最大的政治示威。 贝尼尼奥(Benigno)的遗孀科拉松·阿基诺领导了"人民力量"预备运动。	1983	
国民议会诞生。	1984	
"人民力量"革命推翻了费迪南德·马科斯(Ferdinand Marcos)漫长的专制政权。 科拉松·阿基诺(Corazon Aquino)成为菲律宾第一任女总统。 马科斯(Marcos)逃跑到美国流亡地。	1986	
	1989	CRC 开始提供本科课程,并创建了几个研究生课程。1995年,CRC 最终演变成亚洲及太平洋大学。
前总统菲德尔·拉莫斯(Fidel Ramos)在阿基诺(Aquino)的支持下赢得总统选举。 美国基地的移除-终结美国军事基地的存在。	1992	CRC 主席贝尔纳多·比列加斯(Bernardo Villegas)是拉莫斯的经济顾问。 CRC 出版了《稳定的重组:90 年代(1992 年)日本-菲律宾-美国的经济、政治和安全方面的关系》。

政府活动	年	智库活动
菲律宾政府同意给予棉兰老岛(Mindanao)最南端岛屿更大的自治权，在这里称为莫洛伊斯兰解放阵线的伊斯兰分离主义者发动了游击战争。	1996	CRC 基金会的设立是为了更好的进行研究。
前电影明星约瑟夫·埃斯特拉达(Joseph Estrada)当选总统。	1998	CRC 与弗里德里希·诺伊曼基金会（Friedrich Neumann Foundation）和菲沙研究所(Fraser Institute)一起，共同主办了第 31 届阿特拉斯经济研究基金会研讨会/亚洲决策者经济自由会议。
	1999	PIDS 完成了一些与亚洲金融危机有关的研究项目，如"亚洲金融危机的传染效应，政策反应及其影响"和"货币危机：我们该走向何方？"
公众的愤怒迫使埃斯特拉达下台。 副总统格洛丽亚·马卡帕加尔·阿罗约担任总统职务。 埃斯特拉达(Estrada)被起诉贪污。 反叛团体莫罗伊斯兰解放阵线同意停火。	2001	PIDS 开始了"调整进程以提高国际竞争力，须着重于改变行业型态和重组"的研究项目。
总统选举于 5 月 10 日举行。阿罗约最亲密的对手是电影明星费尔南多·波尔(Fernando Poe)，埃尔斯塔达的朋友。在初步结果中，阿罗约勉强赢得连任。	2004	

第十章 泰国

泰国只有 3 家机构在宏观经济研究上真正获得声望：泰国银行、NESDB、泰国发展研究所……只有泰国发展研究所是独立机构。[①]

一、泰国民主化的历史

1932 年爆发了一场和平政变，泰国的绝对君主制走到了尽头，此后贵族政府和"准民主制度"发生了变化，这就是泰国政治史的特点。到 1996 年，泰国已经经历了 6 年真正的民主制度。

尽管在 20 世纪 80 年代泰国民主制度没有什么收获，这个国家的经济却获得长足发展。乐观的经济促使政治家和商业领袖推举炳·廷素拉暖（Prem Tinsulanonda）为总理，尽管没有赢得一场选举，1980—1988 年，他却一直担任总理。廷素拉暖不愿意交出权力，他远离公众视线，并依仗军队，他忽视贫困问题和发展问题。[②] 差猜·春哈旺（Chatichai Choonhavan）代表泰国党，一个依靠农村地区支持的政党联盟，在 1988 年春天赢得选举。民主化转型的重要时刻同 1987 年这一地区经济繁荣带来的市场改革同时发生。他的当选意味着"民主制度新时代"的开启，议会议员成为政府领袖，政府"再次致力于民主、法制以及国家与人民的长期需求"。但是，新

[①] 《曼谷邮报》，1996 年 6 月 14 日。

[②] 保罗·汉德利：《更多相似？ 1987—1996 年间政治与商业》，《泰国政治变化：民主和参与》，编辑凯文·休伊森（纽约：劳特利奇出版社，1997 年），第 96 页。

的公务员体系很快显示出自利动机，他们的手段与其前辈无异。"积累财富成为政策和政治地位的核心决定要素，同时也决定了谁会成为盟友，谁会成为对手。"当 1992 年 5 月大规模的民众抗议在选举中失败却要继续执政的素金达·甲巴允(General Suchinda Kraprayoon)将军和他的政府。①

随着"人民宪法"在 1997 年确立，泰国进入了民主化的巩固期，这意味着"选举体制的彻底转变，多数党通知，以及建立一系列制度，旨在建立没有腐败、欺骗和滥用投票程序的选举和政府"。尽管仍然还有改进空间，泰国在过去五六年成功地强化了民主制度。

最引人注目的是，确保民主治理的新制度建立起来，包括宪法法院、选举委员会和国家反腐败委员会，这些机构都独立于政府，新制度的诞生有助于保证权力平衡。国家反腐委员会"根据宪法拥有权力可以对判定有腐败行为的政府官员进行指控、审判，并取消他们的公职。国家选举委员会具有权威，可以宣布某一特定选举无效"。泰国已经从"议会民主"转向"分享民主"。

2001 年，自由之家在根据公民和政治自由对世界各国排序中，将泰国列为第 47 位，在东南亚国家中排名最高。② 1999 年，其民主体制评分为 9，总分 10 分，在世界排名中列第 31 位。③ 但是同时，泰国依然存在腐败，政府缺乏透明度。腐败盛行，特别是在选举政治中。国际透明组织在 2002 年给予泰国 6.8 的腐败评分，最差的评分为 8.8。④ 出版自由也很成问题，因为一些高级别官员投资通讯传媒产业，包括现任总理他信·西那瓦(Thaksin Shinawatra)。但是泰国投票人参与投票的热情依然很高，国家选举总能有收到占可投票人数 60％—70％的选票。

泰国人很尊敬权威，这使他们相当信任政府、公职人员和军队。民意调查显示，他们十分信任宪法法院，选举委员会和国家反贪污委员会，但是

---

① 汉德利，第 94 页。

②《国家民事与政治统计》，国家管理网，www. nationmaster. com/graph-T/dem_civ_and_pol_lib。

③ 社会冲突研究一体化，《政体第四项目：政治制度的特点和转变》，www. cidcm. umd. edu/inscr/index. htm♯polity。

④ www. nationmaster. com/red/graph-T/gov_cor&int = 38.

他们对政党和媒体却并不信任,因为"它们辜负了信任,且行事不诚实"。
很不幸,有些人还是对腐败、贿赂、贿选自鸣得意,尽管在过去5年已经改
善很多。这种改善背后的动因在于,盛行于政治和商业中的腐败动摇了国
外投资者,这是泰国所不愿看到的。

　　尽管大约25%的泰国人参加了政党,有些还参加了农村组织,只有
3%的人参加了公民社会组织。这部分是由于公民社会并不是公民参与活
动的传统组织形式,其权威性也没有被接受。公民社会通常会挑战现状,
这种"激进"行为与泰国追求稳定的要求不符。[①]

二、泰国市场改革的历史

　　1972—1987年的金融体制调整是渐进性的。泰国经济并没有自由化;
因此,外部环境变化并没有造成大规模经济波动。[②] 在1984—1986年地区
性的衰退中,由于政府奉行保守的财政政策,保持了国家财政健康,以及外
债相对较少,泰国幸存下来。一个重要的转折点在1987年到来,此时泰国
开始通过公司化方式将基础设施项目和国有企业私有化。全球化和自由
化成为主要的政策目标,政府放松了各种管制以增加财政体系的弹性,这
样泰国经济可以在国际经济共同体内的竞争中获得成功。但是,放松管制
和大量资本流入营造了高度投机的市场氛围。泰国金融机构建立了过度
的风险窗口,这导致泡沫增多,资产质量恶化。[③] 在私有化和放松管制的过
程中,几乎没有透明度,这样由于政府官员别有用心的政治和金融动机,制
定的政策变得毫无意义。

　　1987年GDP增长率为9.5%,而1988年达到13.3%。两位数的增长
延续到1991年。日元、韩元、台币的升值导致"为了更低廉的运营环境把
工业转移到泰国"。经济繁荣显然增加了土地和泰国证券交易(SET)的价

---

① KPI:《序言与摘要》,www. kpi. ac. th/kpi/en/kpi03-1-cur-02. asp。

② 裕・瓦嘉古塔(Yos Vajragupta)、帕昆・威差诺(Pakorn Vichyanond):《泰国金融发展与
1997年亚洲金融危机》,泰国发展研究所(TDRI),1998年12月,www. info. tdri. or. th/
m44_avs. htm。

③ 瓦嘉古塔和威差诺。

值,这又大幅扩大了中上层阶级的规模和财富。政府优先发展当地资本市场,①从 1986 年到 1996 年为了努力缩小下层与中产阶级的差距,农村信贷市场也经历了大规模转型。②

1997 年,亚洲"第五条小龙"成为八个"亚洲奇迹"中第一个在面对世界最严峻的经济挫折时手足无措的国家。这是自 20 世纪 30 年代大萧条以来最严重的经济危机之一。泰国的出口突然停止是导致危机的另一个原因。这主要是由于美元升值,导致实际汇率上升;泰国的通货膨胀也要高于美国;真实工资率也迅速上升。此外,有证据显示有大量出口是伪造的,目的是为了获得增值税返还。③

危机的影响体现在收入降低、生活支出增加、失业率升高、学校退学者数量增多,以及其他有害的副作用。④"金融危机以后,1998 年劳动力调查获得的失业率增加超过两倍(4.6%)"。⑤ 世界银行和日本海外经济合作基金会(OECF)分别借给泰国 3 亿美元和 34.12 亿日元,它资助的项目旨在增加就业,提供最低限度的社会服务。⑥

1997 年经济灾难造成的混乱引起了政治家、商人和普通公众都支持进行第二轮重大市场改革,以此试图重振市场信心。这些改革集中在重新修订立法,加强透明性,推动金融领域改革。泰国政府被迫对泰铢实行浮动汇率,经济在 1998 年收缩了 10.2%。许多公司开始进行大规模调整以提升其劳动生产率。但是流动性问题和国内需求大幅下跌,严重威胁了这些公司的生存。⑦ 1999 年,经济开始增长,增长率达到 4.2%。尽管全球经济在 2002 年增长迟缓,泰国有统计显示增长率为 5.2%。⑧

2003 年,根据传统基金评估,泰国经济自由位列世界第 42 位。⑨ 其在

---

① 汉德利,第 96 页。

② TRDI:《部门经济项目(SEP)》,TDRI, www. info. tdri. or. th/1997-2000。

③ TDRI, SEP。

④ TRDI:《自然资源与环境项目(NREP)》,www. tdri. or. th/pr_nre. htm。

⑤ TRDI:《宏观经济政策项目(MEP)》,www. tdri. or. th/pr_mep. htm。

⑥ TDRI, SEP。

⑦ 同上。

⑧《东南亚泰国经济统计》,国家管理网,www. nationmaster. com/country/th/Economy。

⑨《国家经济自由排名》,国家管理网,www. nationmaster. com/graph_T/eco_eco_fre。

全球经济的重要性得分 2.9,位列第 20。① 除了清廉的政治和人权得到更多保障,1997 年宪法"被认为预示了更为自由化和更具竞争力的市场经济新时期的开始。它赋予政府更明确的使命,要支持和保障自由公平的竞争。然而,执行这项新使命受阻于有效的管理机构缺乏,以及管理经验的缺失"。②

三、泰国的公民社会

泰国的农民和工人参与社团组织是一个长久的传统。农民推动政府承认并维护产权,终止官僚的干预,而工人更关心经济权利,比如公平的工资。这两类人都反对剥削,一般拒绝他人的帮助。③ 历史上,尽管公民社会包括大量由政府创建和资助的组织,直到政治激进主义高涨的 20 世纪 60 年代,才出现了第一家独立的非政府组织,20 世纪 70 年代,除了短暂拥抱民主的 1973—1976 年,社会反对以及政治的保守导致公民社会任何类型的组织都减少,它们得不到政府的支持。④ 公民社会精心参与了群众动员,这为泰国赢得了军事独裁之间短暂的民主时光。⑤

20 世纪 80 年代以来,泰国公民社会在这个国家中的重要性日益增加。军事统治有所放松,随后在 1983 年出现了文官政府,同时日益增长的社会需求导致公民社会重现,以表达社会关注。20 世纪 80 年代末,这个国家已经意识到自己无力解决国内的社会问题,转而寻求公民社会的帮助。⑥ 1991 年军事政变之后,在 1992 年"血腥五月"的民众抗议活动中,公民社会

---

① 《国家经济重要性排名》,国家管理网,www.nationmaster.com/graph_T/eco_eco_imp.
② TDRI,SEP.
③ 乌吉·帕斯马南(Ukrist Pathmanand):《泰国的全球化和民主发展:军队、私营部门和公众社会的新变化》,《当代东南亚:战略与国际事务杂志》第 23 期第 1 篇,2001 年 4 月,第 24—43 页。
④ 加里·素旺那拉:《未完成的事业:ODA-泰国公民社会合作伙伴》,(纽约:协同研究所,2003—2004 年)www.synergos.org/knowledge/03/asiafinancingthailand.htm。
⑤ 伊娃洛塔·E.海德曼:《争夺国家与公民社会:东南亚的轨迹》,《现代亚洲研究》第 35 期第 4 篇,2001 年 10 月,第 921—951 页。
⑥ 帕斯马南,第 33 页。

再度发展起来，民主重新回到泰国。①

随着 20 世纪 90 年代早期民主制度的恢复，公民社会日益受到重视。如素旺那拉（Suwannarat）所说，公民社会能在社会和政府议题上发挥明显的影响力。② 20 世纪 90 年代公民社会最高成就也许就是它在起草 1997 年新"人民宪法"中发挥的作用。在其他改革上，宪法确立了独立的由政府监督的组织，推动妇女和社群获得权利，解除集中化的中央权力。③ 对于公民社会而言更重要的是，新宪法清楚地赋予了公民社会监督政府行为的权力，包括政治家和官僚机构公务员，同时赋予了公民社会因腐败公开起诉政府部长的能力。④ 公民社会很快学会了利用新宪法。1997 年，农村医生协会成功地要求政府对卫生部药品买卖腐败问题进行调查。卫生部长随后辞职。⑤

尽管公民社会在泰国取得了长足发展，特别是在过去 10 年中，非政府组织依旧面临许多挑战。这些问题中最主要的是资金限制。国外自己支持减少，同时国内资助有限，泰国非政府组织通常职能将自己的活动缩小到相对狭小的领域，或者在地理区域上，它们更多关注国家和国际问题，以吸引国际赞助者，但这样付出的代价通常是无法继续关注当地的问题。一些组织甚至完全依赖政府的要求指定自己的研究议题。除了对资金的顾虑、派系斗争、协作的问题，以及受教育人群、城市中产阶级同贫困，通常是农村的群体之间难以建立制度化的联系，这些问题都困扰着泰国公民社会组织。最后，由于泰国人对公民社会的看法较为负面，这也对其形成不利影响。⑥

四、补充说明：泰国的今天

2006 年，泰国军队发动政变，在他信·西那瓦总理赴纽约参加联合国

---

① 帕斯马南，第 34 页，海德曼，第 929 页。
② 素旺那拉，第 2 页。
③ 同上，第 3 页。
④ 帕斯马南，第 34—35 页。
⑤ 帕斯马南，第 35 页；素旺那拉，第 4 页。
⑥ 素旺那拉，第 4—6 页。

大会期间,驱逐了他领导的政府。军队委任了临时总理,同时在 2007 年起草了新宪法。沙马·顺达卫(Samak Sundaravej)于 2008 年初成为总理,恢复了选举制。但是他的政府深受困扰,因为腐败问题,人们认为他的政府不合格、不称职、有污点。①

五、泰国智库活动的分析

1. TDRI

考虑到石油危机、经济发展速度加快以及世界市场变动,1984 年国家经济和社会发展委员会秘书长沙努·乌纳军(Snoh Unakul)认为泰国政策制定者需要独立、客观和有洞察力的研究和分析。乌纳军博士成为了泰国发展研究所(TDRI)的创始人,随后成为 TDRI 理事会和董事会主席、研究所主席。

泰国发展研究所从创立以来就得到了加拿大国际发展局(CIDA)、USAID、亚洲基金、日本、澳大利亚和德国政府、欧洲经济联盟(ECC)、泰国贸易委员会、泰国工业协会和泰国银行家协会的支持。②

被称为"研究所"清楚地"表明机构的作用不是以行动为导向,而是以研究为导向"。③ 成立之初,研究所认真思考了自身的使命,研究了如何在独立性和发展,进行项目研究和维持自身财务稳定之间保持平衡。研究所很快把自身打造成"泰国社会可信赖且不可或缺的一部分",其雇员超过 100 人。从一开始,研究所就率先获得了独立"智库"的口碑。

泰国从"一个传统的农业为基础的经济转向一个半工业化的经济体",④同时 20 世纪 80 年代末经济又获得大发展,这急需 TDRI 进行独立地分析以了解泰国社会的前沿问题。尽管有许多优越的条件,TDRI 还是

① BBC 新闻:《国家概况:泰国》,http://news. bbc. co. uk/2/hi/asia-pacific/country_profiles/1237845. stm,2008 年 2 月 7 日。
② 沙努·乌纳军:《TDRI 介绍:TDRI 的成立》,《TDRI 季刊》第 1 期第 1 篇,1986 年,第 3—6 页。
③ 乌纳军,第 3—6 页。
④ 同上。

要求 CIDA 扩大扶持力度，因为它获得的政府支持比预期要少。为了维持其研究的完整性，TDRI 寻求使自身财政不再依赖外国和政府资金扶持；越是 TDRI 建立了捐赠基金，并接受了更多私营机构的合同。1989 年以后，为泰国政府和公众机构的研究体量大幅增加。①

阿南·班雅拉春（Anand Panyarachun），TDRI 董事会和理事会主席，认为 TDRI 服务于"政府规划进程"，也是"泰国社会的良心"。② 起初，TDRI 最有影响力的研究主要是宏观经济项目中对经济增长进行研究和预测。但是，由于较多研究人员流向报酬较高的私营机构任职，TDRI 研究质量不能得到保证。于是 TDRI 改变了自己的薪资规模和福利，并鼓励各部门劝说高级研究人员留下来，并保证他们在 TDRI 有很好的发展前途。

20 世纪 90 年代期间，TDRI 在学术圈具有较好的声望，但是能在学术圈获得认可的研究却过于技术性，无法吸引草根阶层注意。为了弥补这一点，研究所开始讨论与公众日常生活有关的议题，比如环境、健康、教育、技术和收入分配。除了每年年末的会议之外，TDRI 开始举办一些小型研讨班，为不同人群（比如商务群体），之间对话交流创造机会。阿南认为需要加强 TDRI 研究向普通公众传播普及，以避免 TDRI 成为一个精英机构。在阿南看来，TDRI 必须提出更精致适宜的方法"抓住普通公众的心"。③

在 TDRI10 周年见面会上，乌纳军博士别要求客观坦诚地评价研究所自成立以来对泰国的贡献。他说，"TDRI 的贡献必须被公正评价。有时它的贡献是实质性的，有时则不是"。他解释说，这是因为既要保持独立，又要具有影响力，这是两个相互矛盾的因素。④ 在这次见面会上，TDRI 前主席安马尔·夏姆瓦拉（Ammar Siamwalla）解释了 TDRI 为什么不旨在成为创新者，而主要设法影响政府：

> TDRI 对思想和材料进行筛选和分类，这些思想和材料来源于政

---

① 杰弗里·泰嘉尔斯基（JefferyTelgarsky）、上野正希子：《民主社会的智库：另类声音》（华盛顿：城市研究所，1996 年）。

②《TDRI 季刊》第 9 期第 4 篇，1994 年 12 月，第 6—12 页（www. info. tdri. or. th/）。

③《TDRI 庆祝成立十周年》，第 6—12 页。

④ 同上。

府,TDRI 试图把这些信息提供给全国进行思考,并成立了一个全国论坛。我们试图在客观的经验数据基础上进行判断,并给出政策建议。TDRI 的价值在于它是信息外在的、独立评价者……TDRI 致力于从经验材料中严格考察政策选择,并尝试尽可能做到公正……TDRI 不畏惧自由表达自己的思想,甚至它敢于不认同政府,即便政府对 TDRI 的政策建议表达强烈反对。

相比于大多数泰国自由的非政府组织,TDRI 要更为温和。一些泰国公众批评 TDRI 过于精英,过于前工业。此外,一些政府官员批评 TDRI,只会提出已经广为人知的建议。毋庸多说,陈旧的信息和分析自然起不到催化剂的作用。

国家出版集团的素提猜·允(Suthichai Yoon)认为,一般而言,公众和媒体对 TDRI 普遍较为认可。允相信,泰国政策制定者通常会考虑 TDRI 的研究结果,但是不会提及 TDRI 是信息或政策建议的提供者。TDRI 也不会公开承认它为政府机构进行工作,但是这一"让步"只是为了维持其独立性的声望而采取的深思熟虑之举。允也注意到,对于 TDRI 已经具有明确立场的议题,这家研究所也不会穷追猛打地进行宣传。[①] 简而言之,"TDRI 会遇到预算限制;需要利用简单、具有可读性的报告吸引广大公众;需要用自己有限的能力影响泰国政府的发展政策;这些都对它构成挑战"。[②]

1984—1994 年,泰国发展研究会不能算作具有催化剂功能的机构。另一方面,TDRI 不需要在这一时期发挥影响作用,因为政府正在推动激进的自由化、去行政管理、私有化政策以实现其想法。随之而来的经济繁荣使市场改革受到中产阶级欢迎。但是,TDRI 再也不能在加强透明度、区行政管理或金融领域改革方面起到催化作用。此外,如果 TDRI 并不意在成为原创者,或者只是想对现有思想和政策提供客观分析,那说明它并不认为自己应起到催化作用。

---

① 《TDRI 庆祝成立十周年》,第 6—12 页。
② 同上。

1997 年经济危机以后，这一切都改变了，政府权威和合法性由于其改革而大大削弱，这些改革使国家经济陷入困境。公众和政府需要高质量、独立的政策研究，他们转而寻求泰国发展研究所的帮助。

1996 年，TDRI 主席差隆波·素桑甘（Mr. Chalongphob Sussangkarn）被认为是"这个国家顶尖经济学家之一，但是对于现实政治活动他只是个新手"。川政府邀请他参加一个经济稳定特别委员会。一些人认为他的出现受到两方面约束，因为必须遵从礼数，他不能充分批评政府，为了避免看起来受到政府操控，他也不能过分表扬。① 一位记者写道：

> 这个国家只有 3 个机构在合理的宏观经济分析中获得真正的声望：泰国银行，NSEDB，以及泰国发展研究所。暹罗商业银行的研究机构可算作第四个候选人。只有 TDRI 是真正独立的。②

尽管 TDRI 遭到国内许多人的尖锐批评，TDRI 在市场改革的第二阶段起到了催化作用。我们在情况介绍中对其进行了深入描述。

在 2002 年和 2003 年，泰国公众机构提供了 TDRI 运行资金中的大部分：分别占 75.7% 和 67.6%。③ 但是，只需要评价 TDRI 的三个经济项目，就可以知道其资金结构大幅改变。1997 年以来，65% 的宏观经济政策项目（MEP）都是外国非政府组织和政府间组织赞助的。④ 国际经济关系项目的研究活动中 55% 是由外国实体赞助的。⑤ 国际资金用于部门经济项目的比例与研究所总体赞助构成比较一致，大约为 24%，但是这包括了教育和医疗项目，这些项目与市场改革并不直接相关。TDRI 主席并不指望国内对宏观经济或市场相关研究的需求增加，未来还是主要吸引国外委托人：⑥

---

① 《曼谷邮报》，1996 年 6 月 14 日。
② 同上。
③ TDRI，《总统演讲》，www.info.tdri.or.th/。
④ TDRI，MEP.
⑤ 同上。
⑥ TDRI，《总统演讲》。

在国际上,特别是在区域内,TDRI 的独立性及其研究的质量一直以来享有盛誉。研究所与世界银行、亚洲发展银行、ASEAN 秘书处以及加拿大国际发展局(CIDA)一直保持良好的关系。[①]

TDRI 的目标转而聚焦在地区和国际议题上。更具体地说,该研究所希望减少来自国内公众部门的研究,"因为公众或半公众机构自己的研究能力已经增加,各种成熟的政治党派也已经可以自行进行更多政策研究"。TDRI 相信,"对独立研究机构的需求主要在于,在研究过程中,使这些结构起到核查或制衡作用,而不是为政府决策提供支持"。[②]

TDRI 限制自己对私营机构提供服务,因为 TDRI 认为应该把所有的研究作为公众信息加以传播。咨询从本质上说,更为隐秘,它会直接让商业机构受益。但是,TDRI 要从事的是"对公众利益有所贡献的研究项目,当然这也与商业部门相关"。比如,同暹罗水泥集团合作的项目获得成功,它会成为未来 TDRI 与私营部门合作的样板。[③]

1996 年以后,泰国发展研究所真正开始为政策制定者提供可靠的分析和政策建议。其影响力在市场改革的第二阶段达到顶峰,但是当泰国经济更加健康地发展,它的影响力又开始下降。TDRI 审视了自身影响力的减弱,政府对市场改革政策咨询需求已减少,TDRI 要做好准备适应这样的环境,哪怕只是心理上的准备。

2. 巴差提朴国王研究所(King Prajadhipok's Institute,KPI)

虽然 KPI 正式成立于 1994 年,该组织直到 1998 年才从政府独立出来。1997 年人民宪法颁布以后,它积极推动公众接受民主,为政府官员提供了许多培训机会。此外,KPI 出版了一些研究刊物,在新宪法确立之后促进人民理解与之相关的事项。KPI 只有 13 为研究人员,其中一半为研究助理,KPI 有潜力扩大自身运作,在影响政策上发挥更大作用。

2000 年,巴差提朴国王研究所提出:"选举委员会应该重构,其任务应

---

① TDRI,《总统演讲》。

② 同上。

③ 同上。

限制在制定选举规则，其监督选举的权力应该取消。"KPI 还提出在议会解散以后，部长们应禁止分配部门资金。① 巴差提朴国王研究所秘书长波旺萨·乌瓦诺（Bowornsak Uwanno）是审查选举委员会提名过程的专门小组成员。② 2001 年 4 月，参议院讨论了 KPI 的建议，并吸收了其中许多内容。委员会建议停止选举委员会管理选举，把选举申诉的裁定权移交给法院，并要求增加选举委员会人数，以"确保公正"。③

澳大利亚国立大学民主制度中心与巴差提朴国王研究所签订了理解备忘录（MOU），他们相互同意在推动泰国及区域内的民主上进行合作。MOU 下的第一个计划是在两个国家的参议员之间就议会民主进行对话。这次会议于 2001 年 7 月在大城府召开。④

KPI 出版了《泰国新政治：KPI2001 年年鉴》，这是 2001 泰国政治与民主研究系列丛书的第一本。此书由 2001 高级研究员迈克尔·H. 尼尔森（Michael H. Nelson）编辑，其中的文章涉及 1997 年宪法颁布以后发生的政治变化、政治党派的激增、工人的政治作用和泰国人权委会，还有一篇由编辑撰写的有关 2002 泰国选举的专论。

2002 年 11 月，KPI 推出了泰国新闻摘要，这本汇编主要摘自泰国英文报刊。在 2001 的网站上可以找到目前出版和已经发行的内容，KPI 的网站上还包括综合性的泰文政治学文献，由尼尔森先生编撰、注释，并一直更新到 2002 年 12 月。

他威瓦迪·布里库（Thawilwadee Bureekul），KPI 研究和发展主管以及密苏里大学的罗伯特·B. 奥尔布里顿（Robert B. Albritton）撰写了一些有关泰国民主化的文章。第一篇题为"泰国民主的支撑"，分析了城乡分裂及其对泰国民主的影响。第二篇，题为"泰国选举政治中公民社会的作用"，分析了公民参与公民社会和政治社会之间的关系。⑤

---

① 《选举委员会的权力可能被限制》，《国家（泰国）》，2000 年 7 月 19 日。

② 《国家（泰国）》，2001 年 10 月 11 日。

③ 《国家（泰国）》，2001 年 4 月 24 日。

④ 民主研究所（CDI），《CDI 活动》，www. cdi. anu. edu. au/activities/Activities_HOME. htm。

⑤ KPI：《民主研究新闻》，www. kpi. ac. th/kpi/en/DRN2003. htm。

布里库女士还主持了在 1997 年泰国宪法下推进参与民主的研究项目。这一项目的执行摘要在其专著《公民参与政治：2000 年议会选举案例》中可以找到，这份执行摘要还由 KPI 于 2002 年 12 月出版。①

2002 年 11 月，巴差提朴国王研究所在曼谷联合国会议中心举办了第四次年会。这次会议以"新宪法下五年政治改革"为题，评估了泰国宪法在公民自由、公众参与、新选举体系、泰国议会表现、行政部门、法院和独立机构等方面的优劣势。参加者包括 KPI 研究者和其他泰国学者，公民社会组织代表以及其他亚洲国家的政治改革专家。②

2003 年 11 月，KPI 组织了一天公众研讨会，与凯南亚洲研究所和宋卡王子大学一起讨论争端解决问题。

这次研讨会由 KPI 和平和良性治理中心主任万差·瓦达萨朴（Vanchai Vatansapt）组织。最高法院替代争端解决处主席办公室法官明翠·西拉帕玛哈布尼德（Mintri Sillapamahabunidt）先生提出了在法院框架下如何解决争端。在研讨会上，有关"泰国—马来西亚石油管道"的争议被作为案例进行研讨。研讨会由美国驻泰国使馆资助，以推动使用和平方式和手段抑制和解决争端——这是参与民主的一个重要组成部分。③

表 10.1　TDRI　泰国发展研究所（www. info. tdri. or. th/）简介

案例	市场改革
推荐人	麦甘博士
成立情况	TDRI 成立于 1984 年，是泰国第一家政策研究室。它是一家独立、非营利性非政府组织。[1]

---

① 他威瓦迪·布里库：《泰国 B. E. 2540 宪法推动分享民主制的发展方向：问题、障碍和解决方案》，KPI，www. kpi. ac. th/kpi/en/kpi03-1-cur-03. asp。
② KPI：《KPI 国会提案四：在新宪法下的五年政治改革计划》，www. kpi. ac. th/kpi/en/kpi03-kcIV1. asp。
③ KI 亚洲新闻字节（KI Asia News Bytes），《2003 年 11 月 63 号》，www. kiasia. org/mediaandpub/newsbyte/11-03. htm。

案例	市场改革
领导者	差隆波·素桑甘博士，主席
任务描述	为泰国长期可持续社会和经济发展政策的制定提供技术和政策分析支持，并将研究结果传递给公众和私营机构。[2]
工作领域	研究分类： 1. 基础技术研究 2. 政策议题和战略 3. 规划支撑项目 4. 监管和制度改革 5. 与国外机构合作研究
主要活动/信息传播类型	除了在每一整年举办各项活动，TDRI 通过出版，包括报告、季度评论和期刊，传播研究成果。TDRI 也经营自己的图书馆，图书馆可以通过网络进入，TDRI 也运营地理信息系统空间数据库，包括广泛的各类信息，可以通过网络阅览。
优先研究领域	宏观经济政策 国际经济关系 部门经济学 人力资源和社会发展 自然资源和环境 科学和技术发展 非专项研究
民主化相关项目	无
市场改革相关项目	TDRI 研讨会（1996 年 5 月 15 日） "王权统治下的经济和社会"以及"未来 25 年的经济、社会和政治稳定"近 3500 人参加 TDRI 的研讨会，研讨会回顾了过去 50 年国家发展情况，并展望了未来 25 年的发展情况。前总理炳·廷素拉暖是主旨演讲人，但是研讨会参加者还包括学者、商人和政策制定者，比如财政部常任秘书长、商会主席、国家安全委员会秘书长、总理办公室顾问、金融证券 PLC 执行主席，朱拉隆功大学政治科学系主任。研讨会的评论和观点被纳入了第八个国家规划，这些观点涉及 1997—2001 年的发展问题。[3] 经济稳定总理委员会（1996 年 6 月） TDRI 主席差隆波·素桑甘博士被任命为总理委员会成员，处理经济"稳定"问题，包括通货膨胀、商品和服务的贸易平衡。总理班汉·西巴阿差（Banharn Silpa-archa）主持委员会工作，副总理为副主席。关键政府部门代表处理宏观经济事务，包括财政部长、财政部常任秘书长、泰国银行总裁和国家经济和社会

案例	市场改革

发展秘书长。两位前财政部长、进出口银行主席、总理私人顾问委员会主席和外交部长也是成员。[4]

交通总体规划（1996 年 7 月）

TDRI 受雇于交通运输部制定交通总体计划。差隆波认为现有交通体系的无效导致污染和环境恶化，以及交通拥堵。TDRI 协同交通运输部组织研讨会听取相关机构意见。[5]

会议："面向 2000 年的想象，泰国研究范式的创新"（1996 年 8 月 13—14 日）

主流经济学和更大众化的方式之间的根本区别掀起了这次学术会议上的热烈讨论。参与者和非政府组织的普遍观点是，泰国屈从于西方贪婪的物质主义和消费主义，传统经济学应该收到批判。他们认为，个人进行理性抉择导致更倾向于个人主义的政策，而忽视了社群。

清迈大学裕·桑塔颂巴（Yos Santasombat），积极活动于泰国社会科学界的最年轻的全职教授之一，也是非政府组织中有影响力的思想家，提出了自己的看法。裕博士认为，意欲"造就无限制的经济增长（是）环境问题的主要原因"，同时是"抑制可持续发展和社会公正的关键障碍"。"经济学有问题，因为它把人与环境分开对待，"裕博士说。

泰国发展研究所前主席阿玛·西亚瓦拉（Ammar Siamwalla）为主流经济学进行辩护。阿玛博士批评裕博士对经济学的认识并不准确。他认为，增长知识用于评估经济表现的诸指标之一，大量经济研究处理的是经济中非商业性的问题以及自然资源的价值。他说，他从没有看到过一本经济学书籍，把社群作为一种生产要素。阿玛博士指出，非政府组织对市场经济进行批评前，没有费心理解这个问题，并阅读大量经济学文献。[6]

旅游业总体计划（1977 年 6 月）

根据由 TDRI 准备的旅游业者计划，泰国必须立即改善旅游景点的环境，以免其失去对游客的吸引力。TDRI 副主席明萨·高萨德（Mingsarn Kaosa-ard）博士说，在未来 5 年，旅游业必须立刻改善基础设施，保护自然和文化遗产，把旅游业税收分配给当地社群。许多国家公园已经超出其承载能力，濒于毁坏边缘，她说。TDRI 在一些景区提出制定游客限制人数。

TDRI 就该地区 7 个国家的旅游景区管理问题，调查了 389 名外国游客。泰国在污染和垃圾管理、健康和卫生、语言和交流、以及国家间交通便利程度中位列倒数第二。业者计划目标于 2012 年发展"世界级"旅游景区，这样泰国可以在世界旅游市场获得竞争力。为了达到这一目标，TDRI 提出，政府拿出旅游业税收收入的 1％用于这个改善项目。[7]

案例	市场改革

金融波动与货币投机(1997 年 11 月)

TDRI 为外交部完成了一项研究,评论了金融危机以及货币投机的作用,并提出可行的政策建议。这是外交部在准备 1997 年 11 月亚太经合组织(APEC)会议中所需的背景研究。[8]

商务部总体规划(1997 年 11 月—1998 年)

与商务部公务员合作,TDRI 为商务部准备了一份 10 年的业者规划。规划目标是使商务部适应经济全球化,刺激竞争。由于太过的贸易持续发生迅速变化,从传统的家庭模式向公司模式转变,需要对其进行新型管理,纳龙猜(Narongchai)博士说。总体规划聚焦在六个方面:出口提升、进口、国际贸易协商、农业稳定、国内贸易和服务发展以及消费者保护。前 TDRI 主席,阿玛博士说,商务部在未来十年的主要责任包括国际贸易谈判,监督价格保护消费者,以及阻止垄断形成。TDRI 经济学家敦登·妮孔波莉拉(Deunden Nikomborirak)认为,确定价格和发垄断法案已经过时,应该审核。[9] 草案使用了 34 项研究,包括各种贸易议题,从未来世界贸易格局预测、新毛衣规范、未来国内贸易模式、贸易法律、服务贸易、知识产权保护、电子商务等。TDRI 组织考察了日本经济产业省和澳大利亚外交贸易部。

总体规划制定了总体战略,意图在 2006 年以前重构商务部。这些结构性变化包括对各部门进行重新组织,一些部门将独立出来,或者部分由公共组织筹集资金;强化培训加强公务员专业、管理和技术能力;改革信息体系加强在商务部决策过程中的机构资源;创立更有效的信息中心为公众需求服务;法制改革,包括修订一系列法律和管理规定,制定新法律去管理化(通过公众进行自我管理)、加强透明度和强化执法。[10]

总理经济顾问团(1998)

泰国发展研究所"组织了庞大的团队,由公众部门和私营部门的重量级人士参与对川政府的咨询,以实现经济复苏"。前总理阿南·班雅拉春组织了整个进程。

总裁:阿南·班雅拉春,前总理和 TDRI 前主席

宏观经济:科实·班扁叻(Mr. Kosit Punpiemrat),前财政部长

经济结构:派集·瓦塔威军(Paichitr Uathaveekul),前财政部长

社会问题:参议员米猜·威拉瓦亚(Mechai Viravaidya)

当月末,推荐名单被提交给政府。TDRI 的建议包括向美国借款。差隆波·素桑甘博士贷款可以来自交易稳定基金,这笔资金受到美国总统直接管理,因此不需要经过议会批准。TDRI 对政府油价税收上涨的利弊进行研究。之前政府提高了油价税收,但是由于民众为期两天的示威,这项政策被撤销。会议由

案例	市场改革

公众人士、企业经理和经济学家参加,其中包括:前商务部长、进出口银行总裁、富士通泰国公司主席、国家经济和社会发展委员会前秘书长、政府储蓄银行总监、TDRI 前主席、曼谷石油公司管理主任、前交通部长、前副总理、前教育部长、泰国通信集团主席、塔塔钢铁前总裁。[11]

劳工发展总体规划(1998 年 3 月)

劳动和社会福利部雇佣 TDRI 进行泰国劳工总体规划。低技术含量和劳动力技术水平差导致生产成本过高,进而降低了泰国产品的国际竞争力。80% 的泰国工人只具有小学教育水平。TDRI 创立了人力资源发展计划以改善和保持泰国产品在海外的竞争力。[12]

石油市场自由化的经济影响(1998 年 5 月)

TDRI 从公众利益角度客观评价了 1991 年石油市场自由化的影响。他们发现,"与通行的看法不同,放松石油产品价格管制对长期价格稳定没有负面影响。此外,作为对国际市场价格波动的反应,国内价格变化速度几乎与之相同。因此,一般认为石油公司从事投机,这样的看法是不对的。第二,但从消费角度看,对价格扭曲的校正带来的收益以 1990 年消费水平看,大约在 64 亿至 130 亿泰铢之间。第三,在全国范围内对每种原油产品制定单一价格,对于促进公平而言是无效的,并会导致损失。因此,没有理由实施这项政策。考虑到普遍的误解,TDRI 建议进行公共关系拓展"。[13]

季度宏观模型和经济指标(1998)

包括三个部分:

1. 泰国经济领先指标的研发
2. 季度宏观经济模型
3. 商业信心调查

研究目标在于为更精确确定经济形势研发工具。项目主要为国家经济和发展委员会服务,该委员会始终在更新领先经济指标和进行商业信心调查。[14]

分析运算对经济影响的 SAM 数据库(1998)

这是 1997 财政年度,TDRI 为预算局提供技术支撑项目的一部分。项目确立了一个庞大的泰国经济社会核算矩阵(SAM),可用于研究预算支持对经济的影响。SAM 数据来源包括:国家收入账户、投入产出表和其他数据来源,如社会经济调查、劳动力调查、政府预算。SAM 以 1995 年数据为基础,运用预算支出影响的固定价格乘数分析。[15]

长期工业发展的人力发展(1998)

案例	市场改革

工业部工业经济办公室委托 TDRI 研究国家长期工业发展的人力条件，特别是那些科学、技术水平较高的人力。研究对经济部门劳动力和就业进行规划。评估了各类教育合格人力的供给，并研究了人力需求与供给之间关系。[16]

TDRI 认为，泰国工业更新和重构的速度相比于东盟邻国已经较低。主要原因在于僵化的教育体系、科学和技术引进速度缓慢、中学教育人口较低、工业政策缺乏激励。TDRI 认为应立即改革教育体系和工业部门激励制度。[17]

<u>20 项泰国最重要出口产品情况预测</u>
研究目的在于理解 1997 年泰国出口突然停滞的原因，并对 1997 年—2010 年泰国 20 种工业品出口进行预测。TDRI 认为，导致泰国出口增长停滞的最重要原因是美元贬值导致的实际汇率增加。泰国通货膨胀率高于美国，真实工资率也迅速提高。此外，有证据表明存在为获取增值税返还的出口虚高。TDRI 帮助建立了工业出口经济模型，以供商业经济部门在未来使用。"这一模型显示，大多数传统劳动密集型出口品预计增速缓慢，约少于每年 5%。它们是罐头海鲜、橡胶制品、鞋、珠宝、汽车及零配件以及电力设备。增长缓慢是由于过去几年泰国在这些产品上的相对优势迅速减少。但是纺织品、木制家具、橡胶球、运动鞋和塑料制品出口预计增速会超过每年 7%。"[18]

<u>决定泰国出口的因素：增加竞争力的对策（1998）</u>
这项研究考察了过去，特别是 1996—1997 年出口的趋势。提出了相对优势指数，和泰国在主要市场的市场份额，调查了相对优势变化，并明确了主要竞争者。TDRI 构建了出口需求计量经济模型，对五种主要出口产品的决定因素进行量化。这项研究还对国内变量和政府政策进行定性分析，这些因素影响了出口成本。TDRI 发现，国际贸易和实际汇率增长对泰国出口增长有着很强的影响。它认为，泰国已经在资源型、劳动密集型工业上失去相对优势，因为工资和利率相对过高，基础设施不完善，投资政策和税收价格偏向出口部门。

TDRI 强烈建议稳定金融部门，使之为资金流动存在问题的出口商提供信贷，改善增值税返还政策的效率。此外，建议国际社会帮助受困的亚洲国家采用有益的经济措施。
提高竞争力的对策包括："1. 通过改善技术和管理创新更新和重构工业。金融和财政支持、培训管理层和劳动力、中小型企业发展是这项工业重构计划的关键措施。2. 推动和支持外国直接投资。3. 发展市场，特别是提升企业在区域内的品牌知名度。4. 加强贸易协商减少贸易壁垒。5. 推动政府作用从控制向监督转型，以推动公平竞争为目标。私营部门允许投资和提供

续 表

案例	市场改革

一些服务替代目前由政府承担的责任。此外,着手结构改革提升出口竞争力"。[19]

21 世纪东亚工业重构(1998)

TDRI 分析了阻碍工业彻底重构的因素,以及为促进转型进程进行地区合作的可能性。TDRI 建议管理需要修正,技术需要更新,人力资源亟待增强。

政府对木薯行业进行价格干预的经济影响(1998)

1996—1997 年,木薯价格大幅下跌,及其农民广泛的抗议活动。作为应对,政府推动价格干预计划,之后又推动价格支撑计划。TDRI 对 1996—1997 年政府干预项目的影响进行评估。尽管有一个销售认证过程,但是木薯的腐坏还是使一般农民没能以政府支撑价格出售木薯。除了纳税人 192.7 亿泰铢的税务负担,干预计划还导致额外真是损失 30 亿泰铢。商务部和木薯加工商的法律纠纷导致上方都不愿在发展项目中进行合作。TDRI 建议政府不要扭曲价格,而是要提高出口产品竞争力。但是如果政府进行干预,最佳政策是基于农民低利率贷款,在木薯价格较低时延长木薯种植期。[20]

未来东盟经济合作指南(1997—2000)

商业经济部和商务部委托 TDRI 进行研究,以便更好地理解东盟经济合作。研究对东盟经济体的经济形势进行了评价,研究了东盟经济体之间贸易和投资自由化的潜在影响,为有益于泰国经济的经济合作进行了指导。这项研究聚焦在服务贸易,特别是电信、航空运输、旅游业、金融和专业服务,由于这些服务行业与制造业不同,相对而言依然受到严格管制。从开放地区市场角度看,会有很大潜在收益。TDRI 认为,通过增加生产力和技术转让,泰国服务业有待加强。TDRI 还对银行业如何进行有效和透明的管理提出建议,研究还包括为专业服务和国际劳动力流动给予资金和建议。[21]这项研究认为,从"除了新加坡,所有东盟成员在大多数服务业缺乏竞争力,包括旅游业,只在东盟国家内部实现服务贸易自由化不会带来很高收益"。"但是,为了在航运业和跨境投资商避免潜在的毁灭性竞争,成员国应该优先加强合作。设定税收上限和实施其他投资刺激政策,将有效实现这一目标。"[22]

不公平贸易活动:贸易竞争法案 B. E. 2542 第 29 章(1999 年—2001 年 8 月)

贸易竞争推进办公室、国内贸易部、商务部委托 TDRI 研究如何对不公平贸易进行区分,以明确何为违反贸易竞争法案 B. E. 2542 第 29 章的行为。这些研究包括调查国外竞争法案以及涉外竞争办公室在涉及不公平贸易实践中如何加强执法。通过识

案例	市场改革

别可被确定为"不公平"的商业实践，私营部门可以更好规避违反此法律。[23]

蔗糖和糖产业的生产潜力（2000）

尽管 1996 年泰国成为第二大糖出口国，该产业依然面领着包括生产和产量波动、糖厂产能过剩，以及包括美国和欧盟在内的主要发达国家实行保护主义政策导致世界糖价处于极低水平等问题。

工业部委托 TDRI 调查提高糖业生产的可能性，并找到最有效刺激蔗糖生产的手段。TDRI 分析了现有糖产业政策，以及国际农业自由化对泰国蔗糖生产的影响。[24]

电子商务对经济的影响（2000）

TDRI 的研究发现和政策建议如下：

- 贸易协商：在电子商务背景下的服务自由化应该在新框架下重新协商。泰国政府应该更加积极参与 WTO 贸易和发展委员会。
- 税收：根据 WTO 协定免除电子产品关税对政府税收影响较小。免除消费税的影响更大。
- 电子签名和许可权：从技术角度，电子签名法案应该是中立的，给国外竞争留下空间。许可权的操作应该留给私营部门解决，政府应成为监管者。
- 电子货币：电子货币和银行信贷一样会影响货币供给。发行者应该在中央银行保留货币储备以避免产生通胀影响。
- 确立泰国电子商务竞争力：电信市场垄断是阻碍泰国采用电子商务的主要原因。互联网加入应该无须许可，或者"自行"许可。[25]

地方商业的反竞争活动调查（2001 年 9 月—2002 年 3 月）

"贸易竞争推进办公室、国内贸易部、商务部委托 TDRI 识别和研究 12 个产业中存在的反竞争行为。研究结果有助于说明盛行于当地商业社团中竞争问题的本质，这样可以实施合适措施避免和减轻该问题。"[26]

泰国金融市场储蓄和投资税（2001）

证券交易委员会办公室为 TDRI 提供资金进行研究，从理论上分析对储蓄和投资征税以及其他重要的经济因素产生的宏观经济影响。该项目对泰国货币和资本市场上各种金融工具的储蓄和投资税结构进行研究，调查了金融市场储蓄和投资税的问题及其成因，分析了金融市场储蓄和投资的最佳税率，并建议把资本税政策作为基础性政策。[27]

评估橡胶改种扶持资金办公室工作（2001）

案例	市场改革

橡胶改种扶持资金办公室(ORRAF)成立于1960年,主要目的在于推动改种高产量橡胶代替天然橡胶。种植区和生产都大幅提高,确保了在那个时代泰国成为世界第一橡胶出口国。但是1997年泰铢实行浮动汇率以后,导致橡胶价格持续波动,甚至1998年前期泰铢实际价格下跌一半。由于不满意国际橡胶协会价格稳定措施,泰国推出该组织,并投入更多资金和农历对国内价格实施盖与,这些措施部分由ORRAF施行。

TDRI认为,现有改种计划对ORRAF之外的农民的生产力和技术没有影响。TDRI建议,农业研究部门和ORRAF通过更加聚焦于农场研究以及与有经验的农户合作,更有效地改善生产力。ORRAF高成本的价格干预计划对市场价格没有产生影响。大多数损失在于仓储和销售环节,因此TDRI为解决这个问题提出四项替代性方案,所有这些方案都旨在取消政府储备。[28]

泰国反腐败行动计划(2001年至今)

公民服务委员会办公室、朱拉隆功大学、泰国商会大学、TDRI和世界银行共同参与了这项对泰国腐败的研究计划。前三家机构分别负责政府官员、家庭和私营企业调查。TDRI负责分析调查结果,提出国家反腐败计划的指引草案。这项对泰国腐败的深入分析,有助于优先处理并形成反腐败改革措施。这项研究首先通过评价现有泰国和其他发展中国家的文献材料,给出了腐败的概念性框架,并描述了泰国的腐败问题。此外,这项研究对腐败进行定性分析,对民意调查进行补充,并且给出腐败的一些案例。[29]

产业组织经济顾问(2002年4月—2003年3月)

贸易竞争推进办公室、国内贸易部、商务部委托TDRI召开六场有关竞争问题的会议,并每周对企业合并分析、市场定义、有效辩护以及泰国贸易竞争法中各个方面给出咨询建议。

政治和商业利益项目(2002年11月—2003年9月)

TDRI接受巴差提朴国王研究所委托,研究新宪法旨在将商业利益与政治分离的意图是否实现。"这项研究包括1.研究政客可以通过运用自己的行政权力提升自身商业利益的渠道;2.具有威慑作用的法律体系以及相关法律和管理规定发挥的作用;3.政治权力和裙带同商业回报之间关系的经验型研究。"[30]

第九个经济和社会发展计划的国际贸易问题和政策(2002—2006年)

TDRI对第九个社会经济发展计划中的贸易发展对策做出了巨大贡献。第九个计划中有关思想是基于"充分经济思想"。这一理念并不拒绝全球化和国际经济联系。相反,它强调利用国际贸易收益建构防止全球化负效应的自我保护机制。TDRI提

案例	市场改革

出以下政策建议：

- 推进商品和服务国际贸易以维持经济增长。
- 根据真实相对优势发展出口部门。
- 通过发展基础设施和适宜的贸易环境，推动和利用国外投资。
- 重构税收体系以建立透明公正的竞争管理制度。
- 改进收入分配以推动经济稳定，这有助于经济稳定增长。
- 改进公众对信息、生产和市场要素的知情权。
- 提升国内储蓄以削减贸易赤字，通过削减国外商品消费确保国际部门稳定。
- 清楚认识多边贸易自由化对生产效率的益处。
- 选择重要的贸易伙伴，利用现有贸易协商机制，将之引入地区贸易谈判，而不是引入毫无益处的双边协定。
- 积极推动东盟自由贸易协商，处理贸易和投资各方面问题。尽可能劝说更多国家参与自由贸易协定，拓展成为"东盟+3"和"东盟自由贸易区+CER"。
- 成为APEC自由贸易协商领导者，考虑WTO相关议题。
- WTO协商具有最大利益，需要有一个较好应对措施。泰国需要一个清晰地计划实现贸易和投资自由化，并以此作为协商指引。在推动WTO下一轮协商中与WTO成员国合作，讨论各项议题。但是，避免使用社会议题，如贸易壁垒。
- 相比于私营机构，政府更适于收集国际贸易、投资和管理方式变化的信息，因此政府应该为私营部门提供有效和充分的信息。
- 此外，政府应该有一套机制以获取公众理解，以及给予公众与贸易和国际协商有关的信息，以推动合作和争取公众支持。

产业发展对策和行动计划（2002—2006）

TDRI提出促进工业发展目标达成的对策和行动计划，比如2002—2006年增加各产业部门的生产力0.5—1.0个百分点。在广泛评估泰国13个产业的相关文献以后，TDRI认为这些产业在劳动质量、技术和价值链都存在问题。其他领域的问题包括环境保护、消费保护以及管理措施。然后针对每一领域制定政策、措施、工作计划。TDRI建议激励操作和企业部门升级劳动水平；根据能生产较高价值的价值链确定生产阶段，或者削减生产阶段损失；确立污染性生产商数据库，推动第三方监督污染问题；以市场手段激励产业制造商通过绿色技术减少污染；推动消费品信息传播，利用非政府组织协助消费者保护政策。

续　表

案例	市场改革

TDRI认为,过去抑制工业成功发展的主要因素是缺乏直接负责相关领域的专业机构,预算分配碎片化。因此TDRI建议把产业经济办公室,以及第九个社会经济发展计划中五年1650亿泰铢的预算纳入TDRI的对策和行动计划的执行过程。这项计划建议,该机构有权掌握产业发展计划的招标过程。招标参与者可以是政府部门,无论是否是产业部或其他部门管理下的机构,也可以是独立机构或者私营机构。各项目根据实施表现可以获得奖励,无论这种表现发挥的影响是潜在的还是已实现的。[31]

金融政策分析的宏观金融模型(2003年12月)

TDRI为国家经济社会发展委员会,提出一个小型模型,这一模型将许多政策相关的金融变量并入传统真实模型。这一模型能够模拟众多金融政策,比如利率政策和信贷政策。模型把实体和金融部门,以及许多变量如收入、价格、货币、信贷、利率和汇率一同进行考虑。研究团队旨在探索以此模型探讨一个现代计量经济模型,并确保其成为一个对国家经济和社会发展委员会有益的政策工具,无论是在短期还是中期政策分析和建议中。[32]

私有化对泰国烟草垄断的影响(2003年12月)

TDRI受泰国卫生推进基金会的委托,对泰国烟草垄断私有化对烟草管制的影响进行研究,并分析和比较了泰国和其他国家烟草管制方法和法律执行情况。TDRI认为应该建立一个适合的烟草管制法律和管理构架。

政府储蓄银行国家管理对提升银行管理弹性和效率的评估(2003年12月)

这些研究受国家储蓄银行委托,国家储蓄银行当时由财政部管理。这项研究的问题是严格的投资管制和目的不明的政府政策导致的。TDRI评估了现有管制制度和执行情况。TDRI提出一个提高政府储蓄银行弹性和效率的体系,在政府指令项目上提升透明度,同时不会影响银行财务稳健以及对公众的责任。

出版物

《东亚区域货币和金融一体化》(2004)
《泰国金融部门重构经验的教训》(2003)
《历史维度中的全球化及其治理,以东南亚大陆为参照》(2002)
《全球贸易伙伴和当代国际贸易政策的问题》(2002)
《泰国经济危机以及劳动力市场政策对劳动市场的影响》(2002)
《援助之外:泰国的任务》(1993)

注释:
1. TDRI, "TDRI", www. info. tdri. or. th/#1997-2000.
2. TDRI.
3.《曼谷邮报》,1996年5月4日。

4.《曼谷邮报》,1996 年 6 月 14 日。

5.《曼谷邮报》,1996 年 7 月 31 日。

6.《曼谷邮报》,1996 年 8 月 12 日。

7.《TDRI 认为：景区受到威胁需要帮助》,《曼谷邮报》,1997 年 6 月 26 日。

8. TDRI，MEP.

9.《商务部要求 TDRI 聚焦六部门绘制 10 年蓝图》,《曼谷邮报》,1997 年 11 月 21 日。

10. TDRI，SEP.

11.《给予建议的"分量"：TDRI 合并四个工作团队》,《曼谷邮报》,1998 年 1 月 8 日。

12.《发展泰国人力资源的总规划》,《曼谷邮报》1998 年 3 月 5 日。

13. TDRI，SEP.

14. TDRI，MEP.

15. 同上。

16. TDRI,《国际经济关系项目》。

17. TDRI，SEP.

18. 同上。

19. TDRI，IER.

20. TDRI，SEP.

21. TDRI，IER.

22. TDRI，SEP.

23. 同上。

24. TDRI，SEP.

25. 同上。

26. 同上。

27. TDRI，IER.

28. TDRI，SEP.

29. 同上。

30. 同上。

31. 同上。

32. TDRI，MEP.

表 10.2　KPI 巴差提朴国王研究所(www. kpi. ac. th)简介

案例	民主化
推荐人	詹姆斯 G. 麦甘
成立情况	拉玛七世国王在泰国由绝对君主制向君主立宪制国家转变期间是泰国君主。为纪念这位在泰国国家向民主和宪政制度转型中发挥关键作用的君主,泰国议会以他的名字命名这家机构。研究所成立于 1994 年,成立日为这位君主 1894 年诞生的日子。在成立之时,该机构为参议院秘书处的分支机构。在巴差提朴国王研究所法案 B. E. 2541 颁布之后,该研究所独立于政府官僚体制之外,是一家自治组织。[1]
领导者	诺兰尼·社他普(Noranit Setabutr),秘书长
任务描述	"KPI 是一家全国性学术机构,目标是为了实现持久和平发展民主制度。"[2] 巴差提朴国王研究所致力于为了泰国社会每个人推进民主和泰国立法机构和政府发展。它希望通过研究、出版、

续 表

案例	民主化
	培训、会议和研讨班深化这些议题的探讨。[3]
工作领域	研究分类： 培训 支持国会学术研究 传播和公共关系 推进国际和国内机构合作 与巴差提朴国王有关的文博和保护性活动 行政管理
主要活动/信息传播类型	研究民主和和平问题 向公众和私营部门领导者提供学术培训，以深化其对民主和和平的理解 支持国会学术研究 传播与政治、行政和民主制度有关的信息 与国内和国际机构进行学术交流，深化民主规则的研究，在巴差提朴国王博物馆记录和展示与巴差提朴国王有关的历史材料。[4]
优先研究领域	政治改革 良性治理 公众参与与去集中化 公民社会 政府分支 独立组织
民主化相关项目	衡量泰国良性治理的指标（2001 年 9 月—2002 年 9 月） 受国家经济和社会发展委员会委托对衡量良性治理的指标进行研究。研究目的是确定一个监督构架，在第八个国家发展计划下公众发展战略中评价良性治理体系，以及第九个国家发展计划中政府和私营部门的良性治理。 KPI 聚焦良性治理观念，并将之体现于数值分析中。这项研究确定了良性治理的 6 个关键因素或规律。它们是法治、道德、透明度、参与度、责任和货币价值。 这不是一项学术理论的运用，而是一项有用的工具，可以为当选议员、政府官员、公民社会其他成员以及一般公众评价民主在泰国发挥了何种良性作用提供帮助。研究数据主要来自 KPI 调查，其他来自国内和国际机构和组织的出版物。 KPI 建议把指标修正，使之具有更广泛应用性。这项研究的报告后来于 2003 年出版，名为《监督国家的脉动：泰国良性治理和政府的指标》。

案例	民主化

向国家经济和社会发展委员会提供建议

KPI 认为国家经济和发展委员会应向政府提出与良性治理有关的建议，包括：

- 把这些规律的传播与实施作为主要政策，并建议政府采纳。
- 建立年度国家良性治理措施。传播年度评价结果，对评分高的单位给予奖励。政府为尝试这些措施和评估提供充足财政预算。
- 推动泰国成为地区良性治理中心，以传播这一观念，鼓励以地区为基础采纳这一观念，使之成为和平共存的标准。
- 确立一项政策，政府部门可以运用良性治理的规则作为年度奖励体系的标准之一，配合现有政治体制改革。
- 广泛传播与良性治理有关的信息，以及相关指标，提高人民对此的理解，特别是政治团体，以监督政府机构。
- 建立良性治理课程计划，在各类学校、大学和包括高级执行机构在内的其他教育机构实施。
- 安排培训计划，传播该理念，促进该指标体系在各机构中使用，包括政府部门、私营组织以及地方行政机构。指标结果以及良性治理评价会提高对这一概念的认识及应用。[5]

议会-社会团体合作活动中心(1999—2001 年 2 月)

在全国范围内，议会-社会团体合作活动中心计划为满足议会机构需求，在各省承担与议会活动相关的信息传播和交流任务。在 KPI，议会活动委员会成员、省级团体和地方学术机构协助下，1993 年初步设想提出，1999 年付诸实施。这一项目由 KPI 监督和管理，KPI 全权负责，通过其自身财政预算分配对项目提供资助。项目目标如下：

- 促进议会和社群合作
- 成为地方学术机构提供活动中心
- KPI 和活动中心在发展民主中共同发挥作用，并相互支持

1999 年，议会-社会团体合作活动中心在四个省建立——清迈、沙功那空、北碧、也拉。2000 年又有两家在春武里、北大年建立。所有家化在 2001 年 2 月 28 日结束。[6]

和平和治理中心

和平治理中心是巴差提朴国王研究所管理下成立，服务于议会和其他当选官员、政府官员和其他个人。其目标是通过在泰国发展民主，推动和平和促进争端解决以及良性治理。主任是万差·瓦达萨朴博士。

研究项目：

- 泰国争端解决
- 泰国东北部传统争端解决

案例	民主化

- 国家经济和社会发展委员会提供良性治理指标
- 泰国的和平和人权保障
- 2001 年泰国争议情况[7]

政治和治理学院

学院任务是组织学术论坛以促进与政治、治理和民主发展相关研究。学院希望"持续推动民主质量的提高"

目标：
- 理解泰国政治和治理
- 国家层面的民主
- 国际政治理论比较研究
- 讲座、团体讨论和调研
- 民主体系中政治和治理、公共法律、公共经济和管理高级认证

课程：
- 高级管理人员民主政治和治理
- 现代政治领袖
- 公共管理和法律
- 民主治理
- 高级管理人员公共行政

泰国政治和治理历史中心

泰国政治和治理信息中心

地方政府发展学院
- 课程为地方政治人员设计，主要包括省级行政组织、市政和区级管理组织
- 地方政治和社会经济研究和实践培训
- 各级认证

研究和发展
- KPI 主要构成
- 研究泰国政治中公众参与和地方治理
- 具体议题研究和信息收集工作，为议会提背景信息，提出发展政策建议（议会秘书处改革建议除外）
- 国内和国际组织网络，开展研究和数据交流
- 活动中心：良性治理发展中心、国内和平发展中心、比较法和国际立法信息中心，以及泰国政治和民主研究中心
- KPI 希望推动对政治改革、良性治理、公众参与和去集中化、公民社会、政府分支和独立组织这些议题的理解[8]

研究资助：KPI 研究和发展办公室向研究生（硕士和博士）提供研究资助，对以下议题进行研究：独立的宪法组织和议会、宪法精神、宪法规定的权利和自由、公民的知情权、立法和执行机构

续 表

案例	民主化
	工作的效率、民主文化和政治文化、国家权力审查、公众参与、良性治理和民主发展、地方治理和去集中化、争议解决替代方案[9]
	研究项目杰出奖 KPI 研究和发展办公室对以泰国政治和治理为题的非毕业论文的研究给予 10 万泰铢的奖励。
	培训、传播和公众关系 ● 民主原理普及化以及传播公众和泰国政治体系信息以推动对民主的理解。 ● 具体项目包括培训新议员、为国会成员助理提供议会行政课程、公众参与讲师培训计划。 ● 公众关系活动包括议会广播站每周广播项目、设立议会和电视、广播和纸质媒体信息中心，推动民众对选举信息的了解。
	民主推进俱乐部 在 KPI 支持下建立，目标是到 2002 年拥有 1 万会员。[10]
市场改革相关项目	无
出版物	《公民社会在泰国选举政治中的作用》(2002) 《泰国社会资本和治理》(2002) 《民主和当选议员行为评估》(2002) 《泰国新政治：KPI2001 年年鉴》(2001) 《泰国公众参与环境管理》(2000)

注释：
1. KPI，《历史》，www. kpi. ac. th/kpi/en/backgroud. asp。
2. KPI，《对策计划》，www. kpi. ac. th/kpi/en/strategic-plans. asp。
3. KPI，《对策计划》。
4. 《民主国际运动》，民主机构研究网络，www. wmd. org/ndri/ndri-associates. html♯KPI。
5. KPI，《泰国衡量良性治理的指标》，www. kpi. ac. th/kpi/en/kpi03-1-cur-01. asp。
6. KPI，《议会-社会群体合作计划中心》，www. kpi. ac. th/kpi/en/activities. asp。
7. KPI，《和平推进中心》，www. kpi. ac. th/kpi/en/peace. asp。
8. KPI，《研究与发展》，www. kpi. ac. th/kpi/en/kp03i-1. asp。
9. KPI，《研究资助》，www. kpi. ac. th/kpi/en/kp03i-1. asp。
10. KPI，对策计划。

表 10.3 泰国民主化和市场改革时间表

政府的行动	年份	智库的行动
和平政变推翻了绝对君主制，巴差提朴国王成为议会制政府的立宪君主。	1932	

续　表

政府的行动	年份	智库的行动
銮披汶·颂堪(Phibul Songkhram)发动军事政变。	1947	
非民主统治延续。军事政府在曼谷学生动乱后倒台;自由选举举行。	1973	
军事政府掌权。	1976	
新宪法产生。	1978	
炳·廷素拉暖将军执政。	1980	
炳·廷素拉暖退出军职,领导文官政府。	1983	
	1984	TDRI 成立
炳·廷素拉暖再度当选。	1986	
差猜·春哈旺当选。	1988	
军事政变,阿南·班雅拉春被军事政府任命为总理。	1991	
3 月,素金达·甲巴允姜军当选。抗议迫使素金达辞职。阿南重新掌权。 9 月,川·立派当选总理。	1992	
	1994	KPI 成立
政府下台,班汉·西巴阿差当选总理。	1995	
班汉政府被控腐败而下台,差瓦立·永猜裕当选总理。	1996	TDRI 举办名为"国王治下的经济与社会""未来 25 年经济、社会和政治稳定"的研讨会。TDRI 出版《金融动荡和货币投机》。
亚洲金融危机;泰铢汇率下跌。 IMF 干预。 川当选总理。	1997	TDRI 设计"商务部总规划",成为"未来东盟经济合作负责人"(该项目持续到 2000 年)。
危机使政府遣返数以千计的劳工回到他们的母国。 川政府与反对派一起进行经济改革,经济复苏。	1998	KPI 从政府独立。 TDRI 领导总理经济咨询团。
他信·西那瓦当选总理。	2001	KPI 在泰国提出良性政府施政指数(项目持续到 2002 年)。
	2002	TDRI 为贸易竞争推进办公室、国内贸易部和商务部提供培训(项目持续到 2003 年)。

政府的行动	年份	智库的行动
		TDRI协助制定第九个经济和社会发展计划（项目持续到2006年）。
政府打击毒品交易，引起质疑，2000名嫌疑人被杀。	2003	
1—3月，一系列袭击导致100人在穆斯林占主导地位的南部被杀害；政府颁布军事法。	2004	

注：表中所有信息来自 BBC 新闻《泰国发展时间表》，http://news.bbc.co.uk/2/hi/asia-pacific/country_profiles/1243059.stm。

第十一章　越南

经济自由化在越南造成了深远影响。在 1986—1995 年的 10 年间,越南真实 GDP 增长率在 1996 年世界发展报告公布的最穷 40 个国家中排列最高。[①]

一、越南民主化的历史

1975 年,越南战争结束,一个统一、独立的主权国家在越南共产党的一党领导下浮现出来。直至今日,越共依然掌握着越南的权力。一党制的构架下,民主化的道路还较为漫长。[②]

1992 年,越南颁布了新宪法,新宪法保证了更多的经济自由以及财产私有的权利,当然宪法也强调共产党的领导地位。国家议会的宪法和立法权力扩大,议会成员由普选和秘密投票方式产生。[③] 宪法试图重构越南的中央政府机构,也没有削弱执政党的权力。[④] 宪法重申了执政党在越南的领导作用。

1991 年,非政府组织合法化,之后这类组织开始增多,但是大多数非政

---

① 宁镇南(Bihn Tran-Nam),第 3 页。

② 卡格丽娜・肯瓦尔、克里斯蒂娜・琼森:《亚洲的全球化与民主化:身份构建》(伦敦:劳特利奇出版社,2002 年),第 118 页。

③ www. worldbank. org/participation/web/webfiles/vietnam. htm.

④ 《Tiscali 参 考 ・ 越 南》(2006 年),www. tiscali. co. uk/reference/encyclopaedia/hutchinson/m0019886. html。

府组织都在城市，并以精英为基础，其工作人员也通常与政府机构有关。[①] 1998 年的《基层民主法令》为公民参与乡级层面的地方决策制定过程，以及公民监督地方政府支出的权利奠定了法律基础。[②]

尽管发生了先前提及的改变，越南尚未完全实现民主。[③] 越共在越南地位依旧牢固。这种情况不利于智库发展。[④] 自由之家 2002 年调查把越南评为"不自由"。[⑤]

二、越南市场改革的历史

20 世纪 80 年代，越南开始了被称为"革新"（*Doi Moi*）一系列经济改革及部分政治改革。从字面上理解，革新意味着"新变化"或"新想法"。"在革新中，越南旨在重构自己的经济部分和政治系统中的一些方面，为国家注入活力，同时维持国家社会主义制度和目标"。[⑥]

越南战争之后，1978—1986 年，在贸易模式上，越南与经济互助委员会（COMECON）保持着联系，与主要欧洲国家和非计划经济国家的贸易伙伴关系较弱。[⑦]

20 世纪 80 年代，为了克服中央计划带来的巨大缺陷，同时减少对苏联等社会主义国家的资金依赖，越南开始了市场导向的改革。[⑧] 20 世纪 80 年代，越南遭遇了高失业率、粮食生产不足以及高通货膨胀；它成为世界上

---

① 克莱尔·莫瑟：《非政府组织，公民社会和民主化：文献批判性评论》，《发展进程研究》第 2 期第 1 篇，2002 年，第 15 页。

② www. worldbank. org/participation/web/webfiles/vietnam. htm＃_fn4。

③ 肯瓦尔和琼森。

④ 手稿。

⑤ 自由之家：《2002 年国家报告：越南》，www. freedomhouse. org/template. cfm? page = 22&year = 2002&country = 2414。

⑥ 乔安娜·哈林顿：《越南宪法修订：革新而非革命》，《CAPI 临时文件》第 7 期，1994 年，维多利亚大学，第 1 页，www. capi. uvic. ca/pubs/oc_paper/Harrington. pdf。

⑦ 《越南——贸易的方向与结构》，www. exploitz. com/Vietnam-Direction-And-Composition-Of-Trade-cg. php。

⑧ 《越南经济统计》，www. nationmaster. com/country/vm/Ecomony。

最贫穷的国家之一。[1] 通过 1986 年的革新，越南政府坚定地致力于建设"社会主义主导向的市场机制"。[2] 国家领导者意识到："尽管社会主义依然还是理想，但是市场经济和个体自主带来的好处是实质性的，尽管越南要解决可怕的经济问题。"[3]1992 年新宪法重申了越南构建市场导向、多部门经济的任务，这样的经济鼓励个人积极性和私有企业。[4]

革新使越南融入亚洲地区性的工业浪潮，并使其经济向世界各国开放。[5] 在 1990 年之前，越南超过 70％的国际贸易来自东欧国家，[6]到 1994 年，超过 70％的贸易来自充满活力的亚太地区。

越南经济从 1992 年到 1997 年经历了高速稳定的增长，年均增长率达 8％—9％，这高于许多邻国。1997 年亚洲金融危机使许多国家在 1998 年衰退，包括越南。越南年均 GDP 增速下滑到 4％—5％。[7]

尽管越南依旧是一个极度贫穷的国家，居民人均收入大约 300 美元，它依旧在市场经济道路上前行。尽管革新是在一系列宏观经济稳定计划和全面的经济增长计划下推动的，要维持改革还需要建设大量市场导向的制度，而这在目前的越南还十分虚弱，有些甚至几乎不存在。[8]

2003 年传统基金会/华尔街日报经济自由指数给越南经济的评分为 3.70，并将之归于"总体不自由"一类。[9] 在 1999 年与美国签订双边贸易自由协定之前，"经济改革步伐极度缓慢"，使得外国投资撤离了这个国家。[10]但是现在外国投资增长明显：私营经济在发展，私有化步伐在加快，国有企业转型成为私营实体，这些被视为近年来市场改革成功的表现。

---

[1] 哈林顿，第 1 页。

[2] 革新与人类发展。

[3] 哈林顿，第 2 页。

[4] 同上，第 6 页。

[5] 卡莱尔·塞耶：《印度支那：印度支那从社会主义计划经济到市场经济的转变及东南亚一体化》，阿德尔菲 297 号论文（伦敦：国际战略研究所，1995 年）。

[6] www. worldbank. org/participation/web/webfiles/vietnam. htm.

[7] 镇南，第 20 页。

[8] 《从市场到越南》。

[9] 传统基金会/华尔街日报 2003 年经济自由指数，http://cf. heritage. org/index/country. cfm? ID=158. 0。

[10] 同上。

20 世纪 80 年代和 90 年代经济改革之后，人们期望越南成为又一条亚洲小龙。但是这一期望能否实现很大程度上有赖于越南的政治条件。越南的改革更多体现在经济上，而非政治上。① 美国把多年来施用在中国的政策也用在了越南：通过自由贸易和市场化改革推动民主化。② 越南宪法的变化说明，"只要越南政治体制不发生变化，这个国家就会致力于经济改革"。③ 越南并没有进行剧烈的政治变革，像其他转型国家那样："与东欧和前苏联的发展相比，越南的改革更像其邻国中国，越共决定保持其政治体制不变。"④

很难预估成功的经济改革会对民主化产生什么影响。一些人相信，如果经济部分改革成功，"越南公民会发现他们还需要进行政治领域的改革"。⑤ 其他人认为，经济自由化并不必然引起政治自由化。相反，它会导致原有政治体制更加强大，以保证长期经济目标得以实现。⑥

三、越南的公民社会

自治的公民社会组织在越南基本不存在。社会中的大部分围绕在与政府有关的各类公众组织周围。在过去几年中，出现了宗教复兴。由于其他独立组织缺乏，宗教团体成为发展中的公民社会的重要组成部分。⑦

在越南，非政府组织登记缺乏法律基础，这经常被用来说明为什么自称为非政府组织的机构如此之少。一项研究现实，非政府组织这一术语"被一些[非国家发展]视为具有误导性的——它暗示机构游离于政府之外"。一些组织更喜欢以另一种方式称呼自己，"社会发展组织"。但是从20 世纪 90 年代以来，少量私营组织参与到与发展有关的活动中，比如研

---

① 福德·亚当和斯蒂芬·德·王尔德：《从计划经济到市场经济：越南的经济转型》（波尔德：韦斯特维尔出版社，1996 年），第 304 页。
② www.cipe.org/publications/fs/ert/e11/global-1.htm.
③ 哈林顿，第 2 页。
④ 同上，第 8 页。
⑤ 同上，第 15 页。
⑥ 肯瓦尔和琼森，第 118 页。
⑦ 同上，第 124 页。

究、培训、咨询服务以及社群层面计划的实施。一些组织作为政府的伙伴，参与到政府政策的实施过程中，比如反饥饿和减贫政策。大多数与越共保持着紧密联系。在面对执政党时，它们并不挑战或者直接反对前者，有些则以个人为基础，在政府政策制定过程中，贡献自己的观点和专业知识。①

四、补充说明：越南的今天

2006年6月，阮明哲当选国家主席。他因为反腐败而具有声望，他被视为经济改革者。2006年农德孟被再次任命为越共总书记。他被认为是越南政府中掌握实权的人物，他希望把越南变成一个发达的工业化国家。与此同时，美国——越南最大的贸易伙伴，和其他国家的国外投资持续增多。②

五、越南智库活动的分析

1. 民主化

中央经济管理研究所(CIEM)的结构体现了越南政治体系和权力分配的特点。CIEM 是这个国家两个主要智库中的一个，很难找到另一家智库国际关系研究所的信息。越南智库数量之少说明越南的环境不利于智库的发展和成长。越南缺乏必要的法律、税收和文化基础，促使公民积极参与独立的智库。

此外，CIEM 也是政府部门的一部分。它受到规划和投资部(MPI)的直接管理。这种有力的国家—智库关系反映了执政党对政治系统有绝对的影响力和统治力。这种关系也说明政策制定者允许的独立政策研究和分析的缺乏。作为政府的一部分，CIEM 主要根据国家安排进行研究。③

---

① www. worldbank. org/participation/web/webfiles/vietnam. htm#_fn4.
② BBC 新闻：《国家概况：越南》，http://news. bbc. co. uk/2/hi/asia-pacific/country _
   profiles/1243338. stm，2008 年 2 月 24 日。
③ 《MPI 介绍》，《越南规划发展部》，2002 年 11 月 27 日，www. mpi. gov. vn/introduction.
   aspx? Lang = 2&mabai = 26。

2. 市场改革

在艾伦·古德曼（Allan Goodman）看来，近年来越南对外政策背后的动力主要集中在开放经济和吸引国外直接投资（FDI）。与其他国家关系正常化甚至强化，已经成为"成功的主要因素"。[①]

CIEM 的功能之一就是研究"与国外组织和机构……合作"。[②] 为了实现这一目标，CIEM 对越南市场改革的主要贡献就在于与国际组织保持伙伴关系，发展研究水平和资源，进而促使越南加速经济发展。比如，当越南需要从经济更加发达的国家获得计算机、复杂的研究技术等资源时，越南就受益于同瑞典国际发展局（SIDA）的联合项目。作为 CIEM 和 SIDA 合作的结果，越南执行经济政策规划和分析的能力与技术提高了。

通过转入和分享资源与专业技术，CIEM 与其他国家组织的互动，帮助越南向世界开放市场。1989 年，越南只与 23 个非计划体制的国家保持关系，1996 年，这个数字增加到 161 个。[③] CIEM 与国际伙伴的合作不仅推动了市场改革，在越南与其他国家增强外交关系的过程中，它也起到了至关重要的作用。CIEM 已经成为，且将继续成为越南成功的重要组成部分。培养能使智库增加，并获得更多自主权的发展氛围，是十分重要的。

表 11.1　CIEM 中央经济管理研究所（www. ciem. org. vn/en/asp/default. asp）简介

案例	市场改革
推荐人	亚洲开发银行
成立情况	CIEM 是成立于 1978 年的政府机构，向政府提供政策咨询，[1] 由越南计划与投资部（MPI）直接授权。[2]
领导者	所长范文安博士（Dinh Van An）
任务描述	CIEM 是由越南计划与投资部直接授权的国家机构。其职能是在经济法律法规（机构）、政策、规划和管理机制、经营环境和经济改造方面从事科研和提出建议。除了研究之外，还对经济管理人员进行培训和再培训，并按照法律法规提供咨询服务。

[①] 艾伦·古德曼：《越南和东盟：谁会想到这样的可能?》，《亚洲调查》第 36 期，1996 年 6 月，第 594 页。

[②] 《MPI 介绍》。

[③] 古德曼，第 594 页。

续　表

案例	市场改革
工作领域	CIEM 强调研究所决策过程的协商一致性：它主要与越南计划与投资部合作，然后咨询其他部门和国民议会。[3]CIEM 与世界各地的许多机构、研究所、大学和国际组织（包括联合国工业发展组织、联合国开发计划署和世界银行）建立了伙伴关系。该研究所还与海外合作伙伴承接了了许多联合研究项目。[4]
主要活动/信息传播类型	研究所有助于制定适当的国家政策，为社会主义取向的越南新兴市场经济体制奠定体制框架的基础。CIEM 从事三个主要活动：提供政策咨询和政策制定，进行基础科学研究，培训政府官员和研究人员。
优先研究领域	经济改革 经济政策 经济规划 管理机制[5]
民主化相关项目	无
市场改革相关项目	最近，CIEM 被政府指定去推进国有企业改革，如起草国有企业法修改案，并在一些重点行业试点基础上研究建立企业集团的提案。CIEM 需要对经济和商业问题进行研究和政策分析，包括国有企业和一般公司的改革。CIEM 也在与商界讨论问题和分享信息方面发挥积极作用。 能力提升（Strengthening Capacity）（1998 年 4 月—2001 年） 这是 CIEM 与瑞典国际开发署（SIDA）的合作项目。项目旨在加强研究所建设和研究能力建设：通过提高 CIEM 在经济政策制定和分析上的专业能力和竞争力，加快越南经济改革和经济发展进程。凭借瑞典国际开发署（SIDA）的支持，CIEM 已经获得了更多的计算机来改善必要的研究条件，并与瑞典经济学院（SSE）和东南亚研究所（ISEAS）建立了合作关系。 东南亚研究所（ISEAS）自 1997 年 11 月以来一直为 CIEM 研究人员提供课程培训。1999 年 6 月，在越南首都河内举办了"加速贸易自由化背景下的竞争力：东盟国家（ASEN）的经验"培训讲习班，超过 50 多名研究人员、决策者和学者参加。[6] 提升 CIEM 能力（Strengthening the Capacity of CIEM）（2001 年 5 月—2004 年） CIEM 和北欧亚洲研究所（NIAS）发起了一个为期 3 年的合作研究项目。该项目旨在基于高质量研究上提升 CIEM 提供优质经济咨询的能力。三个联合研究项目分别是：全球化和越南在国际经济的表现；金融部门改革；农村就业，收入的宏观经济数据以及发布 CIEM 年度报告。[7]

续　表

案例	市场改革
出版物	《经济管理评论》(EMR)(Economic Management Review) 经济学杂志月刊,通过 CIEM 和非 CIEM 学者再现重要研究, 并提供有关该国社会经济和商业状况的最新数据。[8] 《与越南劳动力市场发展相关的一些问题》(2003 年) 《经济发展政策：中国经验与教训》(2003) 《越南农村经营环境：现状与对策》(2003 年) 《越南社会主义市场的经济发展》(2003) 《国家竞争力提升》(2004)[9] 《越南为加入世贸组织的积极准备：服务贸易》(2004 年)

注释：

1. www. sida. se/Sida/articles/3600-3699/3637/991707we. pdf.

2.《简介》,中央经济管理研究所,2004. 3. 10,http://www. ciem. org. vn/en/asp/InfoDetail. asp? area = 1&cat = 527&ID = 546。

3. www. sida. se/Sida/articles/3600-3699/3637/991707we. pdf.

4.《CIEM 研究活动概况》,中央经济管理研究所,2004. 3. 10,http://www. ciem. org. vn/en/asp/InfoDetail. asp? area = 1&cat = 528&ID = 595。

5.《简介》,中央经济管理研究所,2004. 3. 10,http://www. ciem. org. vn/en/asp/InfoDetail. asp? area = 1&cat = 527&ID = 546。

6.《1999—2000 年度思想年度报告》,东南亚研究所,31：www. iseas. edu. sg/arpt00. pdf。

7. 中央经济管理研究所和北欧亚洲研究所联合项目,北欧亚洲研究所,2002. 7. 11,http://eurasia. nias. ku. dk/ciemnias/。

8.《经济管理与研究概况》,中央经济管理研究所,2004. 3. 10；http://www. ciem. org. vn/en/asp/InfoDetail. asp? area = 1&cat = 533。

9.《出版物》,中央经济管理研究所,2004. 3. 10 http://www. ciem. org. vn/en/asp/InfoDetail. asp? area = 1&cat = 533。

表 11.2　越南市场改革时间表

政府活动	年份	智库活动
越南战争结束。 在 VCP 的领导下越南独立了。	1975	
越南成为苏联领导的经济互助委员会 (COMECON)成员。 国有企业三部分规划：国有企业更加自主。	1978	CIEM 成立。
入侵柬埔寨	1979	
开启改革 在 1986—1989 年期间,政府注意改革 步骤。	1986	

政府活动	年份	智库活动
外商投资法 颁布土地法 引入更多的市场决定汇率。 中央财政成立	1987	
出口首次达到 10 亿美元。 党的决议 10 号文件将农业从集体转向家庭	1988	
加快改革进程。 从柬埔寨撤军	1989	
非政府组织合法化。 与中国外交正常化。 允许私营公司从事国际贸易。	1991	
新宪法通过。 日本援助流入越南。 与欧盟签署贸易协定。	1992	
土地法允许人们转移土地。 通过破产法、环保法。	1993	
美国取消封港令。 "劳动法"规定了对雇主和雇员权利、合同规定、社会保险的保护，并设立仲裁机制。 经济法院成立。	1994	
成为东盟国（ASEAN）成员，承认东盟自由贸易协议（AFTA）。 与美国建交。 国有企业法律巩固了国有企业以前的立法举措。 除了稻米以外，解除所有出口配额。	1995	
共产党开启消除"社会邪恶"的运动，命令从店面撤出外语标志。	1996	
去除所有阻止国际稻米贸易的障碍。 通过"促进妇女地位国家行动计划"。 开启加入 WTO 进程。 开始使用互联网。 亚洲经济危机。	1997	

政府活动	年份	智库活动
批准基层民主法令。	1998	CIEM 与 SIDA（加强能力）联合开展项目。
美越双边贸易初步协议。 党和国家议会惩罚贪污腐败的高级官员。 实施增值税。 国内企业允许直接出口生产，无需进出口许可证。	1999	
正规股市在胡志明市开始经营。 政府认定信息技术是发展战略的关键要素	2000	
"2001—2010 年社会经济发展新战略"和通过 2001—2005 的 5 年发展计划。 国际货币基金组织和世行恢复结构调整贷款。 CIEM－NIAS 联合项目启动。 中越经济发展政策交流项目启动。	2001	

第十二章 结语

在发展中国家和转型国家，智库和公民社会组织的活动包含了许多有益于民主化和市场改革进程的因素。从最宽泛的意义上说，智库在以下方面有助于民主和市场转型：

- 鼓励和从事独立分析以及对议题的讨论。
- 培养未来的政策制定者，促使封闭社会获得有效转型。
- 推动公民在各个层次上参与到政府中。
- 提出具体的转型政策。
- 帮助构建法律和管理构架，创造政治空间使公民社会组织在运作中获得自主性。

通过这些工作，智库抑制了非民主的政治体制，用奥唐纳和施密特的话说："开始调整自己的作用，以为个人和团体的权利提供更多安全保障。"[1]

在向市场经济转型的过程中，智库起到了重要作用。恩卡纳西翁的"协商"理论认为，把不参与议会的团体，如工会、雇主协会，可能还有智库以及公民社会组织融入改革过程中，从长期看可以提升市场改革质量。把这些主体融入进来，让所有人说出他们的不满和想法，就好像所有人都与新秩序相关。[2] 此外，智库和公民社会组织经常让有能力的市场经济学家帮助全新的民主政府，制定复杂的经济私有化和自由化政策。

本书认为，智库和公民社会组织是民主和市场改革过程中的重要组成

---

[1] 奥唐纳和施密特，第6页。

[2] USAID美国国际开发署，第2页。

部分。在国家向民主政府和市场经济转型过程中，是什么使这些参与者发挥作用？这里有许多因素——比如资金、独立性、同公众进行接触的规模和效果，与政府政策制定者保持紧密关系——可以提到。但是最重要的有两个——全体公民的支持和政治家在公民社会参与改革过程上达成一致。这两个最重要的因素决定了在多大程度上，上面罗列的其他因素可以发挥作用，以把握住民主和市场转型的进程。

一、民众的赞同

为了在民主和市场改革中起到催化作用，智库和公民社会组织必须促使国家的全体公民支持自己，并保持这一状况。它们通常从与公众的广泛接触中获得支持，比如论坛和媒体活动。如果人们对于公民社会心怀善意，这会促发正面的改变，并进而获得更多来自人民的支持，并扩大自身影响。这最初的支持声浪使这些组织能继续在政府和全体公民中积累影响。智利和南非民主改革进场说明了公众支持公民社会参与政治是多么重要。在泰国，人民对支持公民社会并不积极，结果改革的速度缓慢，这也说明必须赢得民众的心。

在奥古斯托·皮诺切特将军巩固自己在智利的威权统治之后，智库和公民社会的地位提升，充斥着学者、工会会员、政党成员和中产阶级专业人士。这些不同的全体把他们的专业知识从他们的组织带到了他们对智利问题的研究和分析中，并通过与公众有效地接触得到了公众的支持。最著名的例子是发展研究中心（CED）召开的"转型方案与对策"研讨会。CED的计划有效劝说公众，只有选举而不是对抗才能终结皮诺切特统治，[①]CED也因此获得盛誉。当1988年全民选举举行，CED和其他机构的努力得到了回报。55％的智利人投票要求皮诺切特将军下台，让智利走上民主改革的道路。

和智利一样，智库和公民社会组织在终结南非种族隔离制度上，成功动员了公众，并获得了支持。因为与草根阶层广泛接触，这些组织取得了

---

① 特鲁伊特，第 543 页；普里尔，第 102 页。

成功,他们为自己的支持者提供的服务是失去信誉的南非政府所不能做到的。[1] 由于公众的支持,智库支持的同政府举行的协商谈判能够有效促进向后种族隔离制度转型。在 1994 年第一次自由选举之前的几年,像南非民主研究所这样的组织利用自己跨社群的吸引力,成功举办了转型论坛。[2] 如果不能获得众多白人社群和黑人社群的支持,IDASA 是不可能赢得信赖将政府吸引到谈判桌上的。

在获得民众认可、由智库推动市场改革方面,波兰是个杰出的例子。在计划体制崩溃之后,民众广泛认同,向资本主义经济模式转变,是与西欧融合的最快和最好的方法。[3] 所以,这个国家中最知名的智库专注于经济议题中。尽管波兰的经济增长存在问题,20 世纪 80 年代后期之后,波兰的经济改革有助于同西欧形成更紧密的关系。简而言之,波兰成功突显了民众对智库和公民社会认同的必要性,这有助于转型进程。

在泰国,缺乏对智库和公民社会组织的广泛支持,这是改革步伐迟缓。泰国人民高度尊重威权。所以在多数公民中,政府、文职官员和军人具有很高地位。因为公民社会总是挑战威权,这些组织在泰国的价值观中显得很古怪。[4] 此外,经费约束限制了许多泰国公民社会组织的活动,迫使他们听从政府指令开展自己的活动。[5] 在整个 20 世纪 90 年代和 21 世纪头 10 年,泰国当然从一些改革中得到好处,但是人们想知道如果公民社会在泰国社会中发挥更大和更好的作用,这些好处会变得更多。

二、政府的赞同(或者与政府保持伙伴关系)

此外,政府的赞同决定了智库和公民社会能否有效推动改革。如果政府觉得最好推动民主和/或市场改革,它会那么做,通常它会接受公民社会的参与。波兰和博茨瓦纳政府在向自由经济成功转型的过程中,就吸纳了

---

① 戈文德尔。

② 波耶特,第 11 页。

③ 林普顿、萨克斯、费舍尔和科纳伊,第 75 页。

④ KPI:《序言与摘要》。

⑤ 素旺那拉,第 4—6 页。

公民社会的参与。如果政府不支持，改革就会迟缓，在20世纪90年代斯洛伐克发生的事情就说明了这一点。

如前文所说，波兰快速地向自由市场的民主制度转型，原因在于人们广泛认同，这样的改革是获得西欧认同最快速的途径。① 如果来自著名的团结工会运动的政治家没有当选领导人，波兰不会开启自由化的道路。毕竟团结工会的政治家支持起草和推动向经济自由化转型的巴塞罗维兹计划。② 如果失去波兰新政府的积极支持，民主和经济转型不可能快速进行。

政府支持市场改革，扩大公民社会影响的又一案例是博茨瓦纳。为了促进经济多样化以维持增长，政府于1995年建立了独立的智库，博茨瓦纳发展政策分析研究所（BIDPA），帮助向市场经济转型。BIDPA的出现，同步于政府放宽长期反对公民社会组织与政府合作的政策。③ 这使博茨瓦纳受益，其人均GDP从1995年至2003年增长了两倍。④

斯洛伐克的案例说明，缺乏政府对改革的支持会延缓改革实施。在1992年斯洛伐克独立之后，弗拉基米尔·麦恰尔总理支持国家管理经济。政府、像欧盟这样的国际组织以及外部的外国投资者，他们之间意见不统一导致自由化的进程缓慢。麦恰尔政府对公民社会组织施加了很大压力，他使公民社会组织受到议会严格监督，并施以法律限制。⑤ 尽管有这些限制，经济和社会分析中心（MESA. 10）还是为意在市场改革的领导者构建了一个网络，并帮助人们在1998年反对麦恰尔政府，使之下台。⑥ 新选举的总理米库拉什·祖林达任命MESA. 10领导者伊万·米克洛什为管理经济事务的副总统，在担任副总统期间，祖林达主持了受人欢迎的经济改革。⑦

智库和公民社会组织必须得到民众和政府的认可，参与到民主化和市

---

① 林普顿、萨克斯、费舍尔和科纳伊，第75页。

② 萨克斯：《波兰休克疗法》，以及简·哈代，第5—6页。

③ 卡罗尔和卡罗尔，第340—341、334页。

④ 《博茨瓦纳：经济》，《CIA世界概况》。

⑤ 麦恰尔：《斯洛伐克公共政策》。

⑥ 《项目》，MESA. 10和CSIS. org。

⑦ OECD. org。

场改革进程中。全体公民从内心觉得通过这些组织的活动,获得了最佳的利益。政府则要觉得这些组织对于其自身利益而言是友善的,或至少不是敌对的。不幸的是,很难衡量这样的支持。就像民主化进程本身一样,只是当这个进程开始以后,民众和政府才会明确认同智库和公民社会参与治策。

三、有待深入研究的问题

精确衡量智库和公民社会对转型政府的影响是困难的。这些组织夸大自己在以往政策讨论中的重要性,为了加深这样的观念,他们在政策抉择过程中具有影响力。同样,是否公民社会组织赢得了民众的好感,支持自己参与改革进程,要回答这一问题也是困难的。公民社会参与治策,并影响已展现出民主化趋势的国家,需要人们的支持,但是要测定这种支持,或许还需要深入研究一下领域。

1. 在民主和市场改革转型时期,人们怎样才能试着衡量公众与政府对智库和公民社会参与治策的支持?

确定公众对智库和公民社会组织支持的显而易见的方法是通过科学的民意调查。但是这只有国家的民主和自由市场转型处于发生过程中,才能进行这样的民意调查,否则这种民意调查难以奏效。要完成这样的工作并非容易。想象一下,调查20世纪80年代生活在皮诺切特维权统治之下的智利公民的意见,或者格但斯克造船厂工作的波兰工人的意见,会是怎样的情况。

另一种可能性是测量智库和公民社会组织接触公众产生的效果。是否公众论坛、出版物等会吸引公众的捐助和关注?是否公众相信智库研究的真实性?如果公众关系得到有效管理,这些组织可以使人们认识到,它们是公正、有知识,且根据社会的最佳利益行事。这种认识来源于现实,而由此产生的好感可以很好地帮助智库和公民社会获得影响力。

要测量政府对公民社会参与改革的认同,人们可以调查这些组织与权力殿堂的关系。是否政府官员恳请智库或其他研究机构对政策发表建议?法律在规定公民社会组织的形成、税收和管理中施行了怎样的限制?有多少智库最后服务于政府，而有多少没能实现这一点？通过评估与这些问题有关的数据，对于公众和执政者支持公民社会及其对民主和自由市场转型过程发挥影响，或许可以得出一些结论。

2. 是否自由市场经济会引发民主改革，以及/或者反过来，民主改革是否引发自由市场经济？

是否一个国家可以拥有民主而不要市场经济，或者拥有市场经济而不要民主？这两者是彼此交织在一起的吗？如阿尔蒙德（Almond）所指出的，民主和自由市场经济彼此支撑。① 两者中，一个出现总是会引起另一个以某种形式出现。哪个会率先出现，民主还是市场经济？

伯杰（Berger）写道，对于引发民主，市场经济是必要但不充分条件。逐步受到市场因素影响的计划经济早晚有一天会使民主治理成为可能。最后，如果市场经济能带来使多数人受惠的经济增长，趋向民主改革的动力就可能会产生。② 波兰就适用于伯杰所说的第二点和第三点标准，因为在20世纪80年代波兰受到市场影响有限，而它觉得市场经济是给其公民带来实质性利益的最好方式。

扎卡里亚相信，来自市场经济的经济成功是引发民主改革的关键因素。根据普沃斯基和利蒙吉（Limongi）对人均收入和民主制度间关系的研究，扎卡里亚认为人均GDP在3000美元和6000美元之间的国家可能成功实施民主改革。人均收入的增加使中产阶级独立拥有财富，这个阶层要求进行改革，这样最终会推动自由。③ 这样的发展预示着，收入增长的国家，其政府会采取一些自由市场改革措施。扎卡里亚提到了许多东亚的案列，如韩国、中国台湾地区、泰国和马来西亚，在民主改革之前它们都成功进行了市场改革。④

阿尔蒙德认为，人们持续参与到国家体制中，以从国家那里要求得到社会福利，通过这种方式，民主制度带来市场经济（或至少能维持市场经

---

① 加里布埃尔·阿尔蒙德：《资本主义与民主主义》，《政治学与政治》第24期第3篇，1991年9月，第476—474、473页。

② 彼得·伯杰：《资产阶级革命》（纽约：基础书目，1986年）。

③ 扎卡里亚，第70页。

④ 同上，第55页。

济)。他认为,瑞典和英国较早采用福利规定,是工会和左翼政党游说的结果。由于民主在这些国家出现,所以这些组织可以要求进行这样的改革。①结果,人民愿意继续在市场经济中劳作。在这一点上,阿尔蒙德认为,"民主对市场经济产生了明确正面的影响"。②

研究公民社会在各类转型中的作用,是一项有趣的研究。比较智利转型(这个国家在其威权统治解体前已经开始使其经济自由化)和波兰的转型(民主制度和自由市场同时发生)或者博茨瓦纳(在政府于 1995 年之前决定使其经济自由化之前,民主改革已经开始)是这一领域可行的研究路径。

3. 未来在民主国家中智库和公民社会发挥怎样的作用?

随着民主社会持续发展和变化,当智库与其他机构,比如媒体、议题网络、政策制定者和只是致力于宣传的组织发生相互作用,智库对政治过程的影响是否会增加,亦或是减少? 智库具有回应危机、政策空缺、传递思想的能力,但是智库始终变化的作用会否影响它们的这一能力?

在这方面,对外政策研究所的"智库和公民社会项目"从事的研究,通过评价智库发展和资源分配,调查智库的研究成果,这些成果被政策制定者和公民社会参与者利用的情况,以及智库活动对治策过程和公众的影响,对智库在治策过程中的作用进行评估。

四、最后的思考

智库和公民社会组织在民主制度和自由市场转型过程中发挥了有趣而重要的作用。在每一个民主化和/或市场改革的案例中,这些组织参与转型的程度和方式虽有不同,但是它们始终存在于改革的整个过程中。随着公民社会发展,并更为全球化,其在全球的作用会持续扩大。

---

① 阿尔蒙德,第 473 页。
② 同上。

附　录

附录 1　　最初考虑的国家和智库

地区	国家	智库	成立时间
非洲	博茨瓦纳	博茨瓦纳发展政策分析研究所（BIDPA）	1995
	加纳	加纳民主发展中心（CDD）	1998
		政策分析中心（CEPA）	1994
	南非	南非种族关系研究所（SAIRR）	1929
		南非民主选择研究所（IDASA）	1987
		南非非洲研究所（ASIA）	1960
		战略研究所（ISSUP）	1974
		自由市场基金	1975
		安全研究所（ISS）	1991
		发展和企业中心（CDA）	1995
		南非选举研究所（EISA）	1996
		发展政策研究工作室（DRPU）	
		南非公共行政和管理协会（SAAPAM）	1999
亚洲	马来西亚	亚洲和太平洋发展中心（APDC）	1980
		发展研究所（IDS）	1985
		对策和国际研究所，马来西亚（ISIS Malaysia）	1983
		马来西亚经济研究所（MIER）	1985
	泰国	亚洲研究所（IAS）	1967
		聚焦全球南部	
		泰国发展研究所（TDRI）基金会	1984
		思考中心，亚洲	1999
	越南	中央经济管理研究所（CIEM）	1978
		国际关系研究所（Hanoi）	
欧洲	波兰	亚当·斯密研究中心（ASRC）	1989
		社会和经济研究中心（CASE）基金会	1991
		格但斯克市场经济研究所（IBnGR）	1989

续　表

地区	国家	智库	成立时间
		世界经济研究所(WERI)	1985
		国际关系中心	
		可持续发展研究所	1990
		政治思想中心	1992
		公共事务研究所	1995
		克拉考不动产研究所	1992
		基金会：私营企业和民主研究所(IPED)	1993
		民主基金研究所	1997
		民主发展国际中心	1993
		转型协助政策教育中心(PECAT)	
		东方研究中心	1990
	斯洛伐克	F. A. 哈耶克基金会(FAHF)	1991
		经济发展中心(CED)	1993
		经济和社会分析中心(MESA. 10)	1992
		社会政策分析中心(SPACE)	1993
		经济和社会改革中心(INEKO)	1993
拉丁美洲	智利	和平公民基金会(FPC)	1992
		拉美和加勒比海地区经济和社会规划研究所(ILPES)	1962
		国际研究所	1966
		自由与发展研究院(LyD)	1990
		公共研究中心	1980
	秘鲁	阿波伊研究所(IA)	1989
		自由与民主研究院(ILD)	1980
		太平洋大学研究中心(CIUP)	1972
		南秘鲁发展研究所	1990
		发展分析集团	1980
		自由企业研究所	1980

附录 2   巴塞罗维兹计划的关键措施

巴塞罗维兹计划是个仓促而完整的经济休克疗法计划。团结工会在选举中获得大胜,随后计划经济和国家机器迅速瓦解,当东欧其他国家在1989年爆发革命之前,波兰已经开始了这一进程,这种政治状态决定了巴塞罗维兹计划。① 以下为这一改革部分重要措施:

- "取消价格管制,除少量基本必需品,如面包、牛奶、燃料、交通费和租金,所有价格根据市场情况确定。
- "工业用途的煤、交谈和电力价格放开。
- "波兰货币兹罗提引入统一汇率:Z9500:\$1。兹罗提大幅贬值。货币汇率根据市场情况确定。
- "兹罗提在国内可任意兑换。个人,以及企业(无论属于内资、合资或外资)都可以用外币兑换兹罗提。
- "国内出口商必须将他们的收入所得以外币的形式存入波兰银行。
- "国家银行监督银行汇率与私营交易所汇率之间的差价,并在差价过大时,有权使用 IMF 备用信贷进行干预。新的交易管理制度只用于经常账户,不用于资本账户。
- "取消大多数进口数量限制,实行统一关税。
- "提高出口限制,阻止与 CMEA(经济互助委员会/COMECON)有特殊协议的再出口。但自由化程度大幅提高。
- "波兰国家银行行使中央银行功能,信贷和存款功能转移到商业银

---

① 国际私营企业中心与期货组织:《波兰:即使有外来援助,稳定措施的打击比预想更加艰难和深刻》,www. cipe. org/publications/fs/ert/e01/4poland. htm。

行机构网络。这终结了软信贷，软信贷在过去用来扶持为实现物理目标而制定的规划，也为了帮助陷入困境的企业。

- "大幅提高利率实施金融处罚，并吸引存款。
- "在整个经济施行统一利率，只在一年中的晚些时候有一些例外（农业）。
- "国家银行保持货币供给增长低于通货膨胀。
- "计划遏制，并在之后消灭预算赤字，包括大幅降低工业扶持资金（大约 GDP 的 8％），提高 GDP 中工业税收份额。

"施行超过正常水平的、惩罚性工资支付税（最高 500％），限制工资增长。"①

---

① 国际私营企业中心与期货组织。

附录 3　　　调查信

（联系人）：

为了撰写报告《思想经纪人和机构变革》，对外政策研究所智库和公民社会项目在研究智库在民主化和市场改革中的作用。这份报告将对在转型国家中影响改革进程的智库进行案例研究（见后文计划描述表）。

我们将评估以下国家：智利、匈牙利、秘鲁、波兰、斯洛伐克、南非、台湾地区、泰国和越南。可能包含在研究中的智库罗列如下。

我非常感谢您对这些作为案例的国家，以及这些国家的智库给出反馈性评论。

我们的目的是选出一系列机构，在可行的参数内，给予我们这项研究最有力的案例支撑。特别是，我们想把所选国家限定在 5 个以内，并选出 6—8 个智库，并给出这些智库的背景和经验型证据以供案例研究。

如果在我们的表格中需要加入哪些国家或者删除哪些，请告诉我们，并告知哪些国家，其智库在政治和经济改革中更具有催化剂的作用，此外，哪些智库在变革中最具影响，是否有具体案例支撑这一观点。

智利
- 和平公民基金会（FPC）　1992
- 拉美和加勒比海地区经济和社会规划研究所（ILPES）　1962
- 国际研究所　1966
- 自由与发展研究院（LyD）　1990
- 公共研究中心　1980

匈牙利

- 市场经济基金（FME） 1992
- 公共政策研究所 1991

秘鲁

- 阿波伊研究所（IA） 1989
- 自由与民主研究院（ILD） 1980
- 太平洋大学研究中心（CIUP） 1972
- 南秘鲁发展研究所 1990
- 发展分析集团 1980
- 自由企业研究所 1980

波兰

- 亚当·斯密研究中心（ASRC） 1989
- 社会和经济研究中心（CASE）基金会 1991
- 格但斯克市场经济研究所（IBnGR） 1989
- 世界经济研究所（WERI） 1985
- 国际关系中心
- 可持续发展研究所 1990
- 政治思想中心 1992
- 公共事务研究所 1995
- 克拉考不动产研究所 1992
- 基金会：私营企业和民主研究所（IPED） 1993
- 民主基金研究所 1997
- 民主发展国际中心 1993
- 转型协助政策教育中心（PECAT）
- 东方研究中心 1990

斯洛伐克

- F. A. 哈耶克基金会（FAHF） 1991

- 经济发展中心（CED）　1993
- 公共事务研究所（IVO）　1997
- 社会研究讨论研究所

南非
- 南非种族关系研究所（SAIRR）　1929
- 南非非洲研究所（ASIA）　1960
- 战略研究所（ISSUP）　1974
- 自由市场基金　1975
- 南非民主选择研究所（IDASA）　1987
- 安全研究所（ISS）　1991
- 发展和企业中心（CDA）　1995
- 南非选举研究所（EISA）　1996
- 发展政策研究工作室（DRPU）
- 南非公共行政和管理协会（SAAPAM）　1999

中国台湾地区
- 国际关系研究所（IIR）　1953
- 台湾经济研究所　1976
- 中华经济研究所（CIER）　1981
- 国家政策研究所（INPR）　1989

泰国
- 亚洲研究所（IAS）　1967
- 聚焦全球南部
- 泰国发展研究所（TDRI）基金会　1984
- 思考中心，亚洲　1999

越南
- 中央经济管理研究所（CIEM）　1978

● 国际关系研究所(Hanoi)

您所提供的所有有关国家和智库的信息对于本项研究都极有价值。如果没有时间进行陈述性回应，我们希望您从以上的列表中选取您推荐的机构。

祝好

詹姆斯·G. 麦甘

智库和公民社会项目主管和高级研究员

计划描述

在全世界发展中国家和转型国家,对于公民社会和民主机构而言,独立的智库起到了催化剂的作用。在波兰、秘鲁和南非这样各不相同的国家,通过(1)创造空间进行独立地分析和讨论国家感兴趣的议题;(2)培养政策制定者和知识研究队伍,促使封闭社会转型;(3)推动公民参与到各个层面的政府中;(4)提出和推动具体的转型政策,智库推动了政治和经济转型。在从威权政体向民主社会转型的初期,智库以上这些活动显得特别重要,而在民主社会,智库可以提供一个公民社会安全网络以支撑破碎的民主。

这项预期中的研究将考察亚洲、拉丁美洲、非洲和中东欧国家的经验,以记录智库在推动法治、民主化和市场改革中的作用。在 80 年代和 90 年代,智库受到赞誉,因为它们有助于推动立法,为公民社会组织和像政党、工会、利益团体、宗教组织以及社群发展组织创造生存空间;为部长和立法委员会成员草拟法律规定中的关键内容;有助于告知公众政策和制度改革的内容,并争取获得公众的支持;最后,为了与这些先前的封闭社会中那些顽固的官僚阶层进行斗争,培养领导者和有生力量。这项预期中的研究将考察许多国家的案例,以记录智库为推动世界范围内发展中国家和转型国家的改革,而起到的至关重要的催化作用。

智库联系方式

拉丁美洲

智利

Center for Development Studies (CED), 1981
San Crescente 551, Las Condes
Santiago de Chile
Tel: 56 - 2 - 231 - 2723
Fax: 56 - 2 - 232 - 6860
Email: ced@ced. cl
Website: www. ced. cl

Institute for Liberty and Development (LyD), 1990
Alcántara 498, Las Condes
Santiago de Chile
Tel: 56 - 2 - 377 - 4800
Email: info@lyd. org/consultas@lyd. org
Website: www. lyd. cl/

Center for Public Studies (CEP), 1980
Monseñor Sótero Sanz 175, Providencia
Santiago de Chile
Tel: 56 - 2 - 328 - 2400
Fax: 56 - 2 - 328 - 2440
Website: www. cepchile. cl/

秘鲁
Apoyo Institute (IA), 1989
Calle Juan de la Fuente 625, San Antonio
Lima 18, Peru

Tel: 51 - 1 - 213 - 0616
Fax: 51 - 1 - 447 - 4190
Email: postmast@iapoyo. org. pe
Website: www. apoyo. com

Institute for Liberty and Democracy (ILD), 1980
Las Begonias 441, Of. 901
Lima 27, Peru
Tel: 51 - 1 - 222 - 6800
Fax: 51 - 1 - 221 - 6949
Email: postmaster@ild. org. pe
Website: www. ild. org. pe/
Washington, DC, 20001
Tel: 202 - 244 - 9525
Fax: 202 - 244 - 9559
Europe

波兰
Adam Smith Research Centre (ASRC), 1989
ul. Bednarska 16
00 - 321 Warszawa
Tel: 48 - 22 - 828 - 47 - 07
Email: adam@smith. pl

Center for Social and Economic Research, (CASE) *Foundation*, 1991
ul. Sienkiewicza 12
Warsaw 00 - 010, Poland
Tel: 48 - 22 - 622 - 66 - 27 or 828 - 61 - 33
Fax: 48 - 22 - 828 - 60 - 69
Email: case@case. com. pl

'*Institute for Private Enterprise and Democracy*' (IPED), *Foundation* 1992
ul. Trebacka 4, Room 319
00 - 074 Warsaw, Poland
Tel: 48 - 22 - 630 - 98 - 01 - 04
Fax: 48 - 22 - 826 - 25 - 96 or 48 - 22 - 827 - 46 - 73
Email: iped@kig. pl

Transformation, Integration and Globalization Economic Research (TIGER),
2000

ul. Jagiellonska 59
03 - 301 Warsaw, Poland
Tel: 48 - 22 - 519 - 21 - 07
Fax: 48 - 22 - 814 - 08 - 70
Email: kolodko@tiger. edu. pl
4620 North Park Avenue, Apartment 1005W
Chevy Chase, MD 20815 USA
Tel: (301) 718 - 2848

斯洛伐克
Center for Economic Development (CED), 1993
Bajkalská 25,827 18
Bratislava 212, Slovak Republic
Tel: (004212)- 5341 - 1020
Fax: (004212)- 5823 - 3487

Center for Economic and Social Analysis (MESA. 10), 1992
Hviezdoslavovo nám č. 17
811 02 Bratislava, Slovak Republic
Tel: 421 - 2 - 54435328
Fax: 421 - 2 - 54432189
Email: mesa10@mesa10. sk

F. A. Hayek Foundation (NFAH), 1991
Drienova 24
826 03 Bratislava, Slovakia
Email: Hayek@changenet. sk
President: Dr Ján Oravec[1]
Africa

博茨瓦纳
Botswana Institute for Development Policy Analysis (BIDPA), 1995
Private Bag BR - 29
Gaborone, Botswana
Tel: 267 - 397 - 1750
Fax: 267 - 397 - 1748
Email: webmaster@bidpa. bw
Website: www. bidpa. bw

南非
Centre for Policy Studies (CPS)，1987
Construction House
PO Box 16488
Doornfontein 2028，1st Floor
9 Wellington Road
Parktown，Johannesburg，South Africa
Tel：27 - 11 - 642 - 9820
Fax：27 - 11 - 643 - 4654
Email：portia@cps. org. za
Christopher Landsberg，Director
Steven Friedman，senior research fellow

South African Institute of Race Relations (SAIRR)，1929
Website only：www. sairr. org. za

Institute for Democracy in South Africa (IDASA)，1987
Kutlwanong Democracy Centre
PO Box 56950，
Arcadia，0007，South Africa
Tel：012 - 392 - 0500
Fax：012 - 320 - 2414/5
Cape Town Democracy Centre
PO Box 1739
Cape Town，8000，South Africa
Tel：021 - 467 - 5600
Fax：021 - 461 - 2589

Center for Research and Communication (CRC)，1967
Asia

泰国
King Prajadhipok's Institute (KPI)，1994
47/101 Seminar Center Building
Civil Service Training Institute Tiwanon Road
Talat Kwan Subdistrict，Muang District
Nonthaburi 11000，Thailand
Tel：66 - 2 - 527 - 7830
Fax：66 - 2 - 527 - 7826 or 66 - 2 - 527 - 7828
Email：anocha@kpi. ac. th

Primary contact：Noranit Setabute，Secretary-General

Thailand Development Research Institute（TDRI）*Foundation*，1984
565 Ramkhamaeng 39（Thepleela 1）
Wangthonglang
Bangkok 10310，Thailand
Tel：66 - 2 - 718 - 5460
Fax：66 - 2 - 728 - 5461 - 2

Think Centre Asia，1999
910/79 Rama 3 Road
Bangpongpang，Yannawa
Bangkok 10120 Thailand
Tel/Fax：+66 - 2 - 682 - 9889

菲律宾
Philippine Institute for Development Studies（PIDS），1977
NEDA sa Makati Bldg.
106 Amorsolo Street
Legaspi Village
Makati City，1229，Philippines
Tel：63 - 2 - 810 - 6261
Fax：63 - 2 - 893 - 9591
Unit 1103 Pacific Center Building
San Miguel Avenue
Ortigas Center
Pasig City 1605 Philippines
Tel：63 - 2 - 631 - 1284；634 - 2831；634 - 5874
Fax：63 - 2 - 633 - 6741
Email：crcfi@info. com. ph

越南
Central Institute for Economic Management（CIEM），1978
68 Phan Dinh Phung，Ba Dinh
Hanoi，Vietnam
Tel：84 - 4 - 843 - 7461
Fax：84 - 4 - 845 - 6795
Email：tttl@ciem. org. vn
Website：www. ciem. org. vn/

图书在版编目(CIP)数据

　　智库的催化作用：转型国家的改革之路 ／（美）詹姆斯·G.
麦甘(James G. McGann)著；谢华育等译.—上海：上海社会科
学院出版社,2017
　　(当代国际智库译丛)
　　书名原文：Democratization and Market Reform in Developing
and Transitional Countries：Think tanks as catalysts
　　ISBN 978 - 7 - 5520 - 2155 - 4

　　Ⅰ.①智…　Ⅱ.①詹…②谢…　Ⅲ.①咨询机构-研究-世界
Ⅳ.①C932.81

　　中国版本图书馆 CIP 数据核字(2017)第 256132 号
　　上海市版权局著作权合同登记号：09 - 2017 - 203

智库的催化作用：转型国家的改革之路

著　　者：[美]詹姆斯·G. 麦甘(James G. McGann)
译　　者：谢华育等
主　　编：杨亚琴　李　凌
责任编辑：董汉玲
封面设计：周清华
出版发行：上海社会科学院出版社
　　　　　上海顺昌路 622 号　邮编 200025
　　　　　电话总机 021 - 63315900　销售热线 021 - 53063735
　　　　　http://www.sassp.org.cn　E-mail：sassp@sass.org.cn
照　　排：南京前锦排版服务有限公司
印　　刷：上海万卷印刷股份有限公司
开　　本：710×1010 毫米　1/16 开
印　　张：15.25
插　　页：2
字　　数：222 千字
版　　次：2017 年 11 月第 1 版　　2017 年 11 月第 1 次印刷

ISBN 978 - 7 - 5520 - 2155 - 4/C·158　　定价：60.00 元